中國學術思想 研究輯刊

三七編

林慶彰 主編

第3冊

儒、道兩家「中道思維」的生命底蘊（上）

白恒旭 著

花木蘭文化事業有限公司

國家圖書館出版品預行編目資料

儒、道兩家「中道思維」的生命底蘊（上）／白恒旭 著 -- 初
版 -- 新北市：花木蘭文化事業有限公司，2023〔民112〕
目 2+194 面；19×26 公分
（中國學術思想研究輯刊 三七編；第3冊）
ISBN 978-626-344-171-2（精裝）
1.CST：先秦哲學 2.CST：儒家 3.CST：道家
030.8   111021695

中國學術思想研究輯刊
三七編 第 三 冊   ISBN：978-626-344-171-2

儒、道兩家「中道思維」的生命底蘊（上）

作　　者　白恒旭
主　　編　林慶彰
總 編 輯　杜潔祥
副總編輯　楊嘉樂
編輯主任　許郁翎
編　　輯　張雅淋、潘玟靜　美術編輯　陳逸婷
出　　版　花木蘭文化事業有限公司
發 行 人　高小娟
聯絡地址　235 新北市中和區中安街七二號十三樓
　　　　　電話：02-2923-1455 ／傳真：02-2923-1452
網　　址　http://www.huamulan.tw 信箱 service@huamulans.com
印　　刷　普羅文化出版廣告事業
封面設計　劉開工作室
初　　版　2023 年 3 月
定　　價　三七編 17 冊（精裝）新台幣 46,000 元

儒、道兩家「中道思維」的生命底蘊（上）

白恒旭　著

作者簡介

　　白恒旭，東海大學中國文學博士。自幼熱愛台灣傳統信仰文化，對於民間習俗及其種種相當熟稔。其性情溫雅、喜好思辯，自高中時期受師啟蒙，遂而進入中華文化思想殿堂；對於孔、孟、老、莊之生命哲思及其體現，深感興趣，故鑽研其中。攻讀博士班期間，因受西方思維及其諸位漢學家之觀點影響，其研究、分析、詮釋中華文化思想之方法及見解，有別於一般。

　　平時喜歡舞文弄墨以及東方藝術文化，對漢字書法藝術、東方水墨、茶道、花道、古琴等皆有所涉獵。運動喜好健身及游泳。曾任國立臺北大學中國文學系兼任助理教授、靜宜大學中國文學系兼任助理教授、東海大學華語文教學中心助理教授。教授中華哲學思想等課程，以及對外華語文教學；其對外華語文教學生涯長達十七年之久，相關經歷豐厚。現任東海大學國際學院不分系助理教授、東海大學中國文學系及通識中心兼任助理教授。

提　要

　　「中」，這項思維模式，對於華夏文化之推展而言，是一個極為重要的思考概念，甚至是一個影響華夏整體生命運作至深、至切的潛藏意識。早在遠古時代思維萌芽的初期，人們已經透過生活中的事物、言語、行為，以及整體活動，在在展演著這項重要的思維方式。

　　從感知宇宙的基本秩序到實際方位的界定，及其安置方式等推演之歷程中看出，人對宇宙的認識，實際上是在展現人對於自我的再認識，這實際意味著，「人」將思考他自身在這「宇宙」之「中」的位置與其意義；「天」（宇宙）與「人」的關係，形成一個可以相互貫穿且融通的思維結構。於是，「中道」的精神活動與其課題便就此展開，並源源不絕從人們的種種思維當中持續湧出。人們就此開始思索展演生命的方式，更重要的是，人們也必須因而去思考如何尋得並可作為永續經營且最具理想的生命運作模式。

　　先秦諸子中，古典儒家體系有所謂「過猶不及」、「叩其兩端」、「中庸之道」等見解，而古典道家體系則有「多言數窮，不如守中」、「樞始得其環中，以應无窮」等思考之提出，實為探索「中道」課題及其思維之重要材料；本文正藉由中國思想之兩大傳統體系對其「中道」所展演之思想內容進行剖析，希冀藉由儒、道兩家所呈現的生命情態來勾勒出──「中」──此重要思維意識所呈顯的精神義意與文化價值。更為深入地，希能從中整理出各自的思維特點、互為兼容並蓄的共通本質，以及其思維模式在日後對整體中華文化思想發展上之影響。

　　全文共分上下兩篇。上篇，以古典儒家為其探討對象，其中又分四大章節。第一章以「學思並重」之關鍵為其主軸，藉此切入探討之主題；第二章就「立於禮」的外在活動，來思索「中行」之道的意義；第三章則回返「依於仁」的內在省思，來觀察「中庸」之德之精神；最後第四章，則以孔子之「從心所欲而不踰矩」的整體生命情態為上篇作一全面性的討論、整合與總結。而下篇，則以古典道家為其探討對象，其亦分四大章節。第一章以《老子》「正言若反」之思維為其研究課題，並依此來論述其中所意涵的「中道」精神；第二章則以《莊子》「彼是莫得其偶」為其探討對象，深入探求所謂「得其環中」之生命體認與意義；第三章則整合道家所謂「無用」而「用」的觀點來進行分析，試圖找出道家生命情態中的「中」與「庸」之意義；最後第四章，則以「逍遙遊」為名，總體探討古典道家對中道思維的生命體證與實踐。

緒　論

一、研究的動機與緣起

　　「中」，這個影響漢文化發展至深的重要概念；早在華夏遠古文化社會結構群進展歷程中就已經產生、成型，並且以某種成熟度表現在人們的思維模式與日常行為當中；在當時的整體社會結構裡，其思維模式與行為意識都隱含、反映出此重要之概念——生處於「宇宙的中央（中心）」。

　　根據張光直對良渚文化裡，「玉琮」，這樣一種特殊「法器」的研究報告，我們可以得知，遠古中國文化社會中人們對宇宙的理解方式，以及對自身生命所能感知的基本依據；更重要的是，我們可以重新建構出在經其感知之後所呈顯而出的思維狀態，以及在其生活中的種種行為表現；他提到：

> 琮的實物的實際形象是兼含圓方的，而且琮的形狀最顯著也是最重
> 要的特徵，是把方和圓相貫串起來，也就是把地和天相貫通起來。
> 專從形狀上看我們可以說琮是天地貫通的象徵，也便是貫通天地的
> 一項手段或法器。〔註1〕

　　誠如「方」與「圓」的形式，正隱含著遠古中國文化社會中人們對天地（宇宙）的基本認知方式，而其中連貫串起之天地相通的器物結構體，更表達出視天地為一體的重要理解意義。它實質表現出一種「天圓」、「地方」的基礎概念，以及「空間」與「時間」的連貫結構；「內圓形體」的連貫，代表一種對時間序列與其循環不已的觀念，而「外方形體」的延展推出，更說明一

〔註1〕參見張光直：〈談「琮」及其在中國古史上的意義〉《中國青銅時代（第二集）》
　　　　（臺北：聯經出版社，1990）頁，70。

種對空間結構與其方位確立的認知。深入而言,「外方」的形狀,象徵著對「四方」概念的建立,是在「空間地域」思維上的基本呈現;而「內圓」的結構,則意味著對「天體」的基本見解,它實際包含著對「空間」概念的掌握,同時也是對「時間」概念之建構;而在其層層互為連貫的整體實物面貌中,我們則可以意識到在遠古時代的中國人們,其思維結構中早已建立起一種以「中央混沌」之體而貫穿天地(時間與空間)的基本概念。從一個中央(中而空的結構體)的基礎點,外推出四方的概念,以及連貫天地宇宙的思維模式中得見,「中」這個概念在此時已經形成,並且這樣的概念正在引導出人們更多的相關思維,以及在這樣思維推展之下所建立的思維結構。

而從持有這樣「法器」的一批中國早期文化知識人的身上看來──「巫」,張光直先生則認為,在「玉琮」之「外方內圓」的連貫層次結構體中,實際與「巫」字之古代象形字體之形構,及其背後整體巫文化社會之結構有著密切的關聯性。〔註2〕「巫」在甲骨時代之字形作「✚」,形體如「兩工」之相交疊;而《說文解字》言:「工,巧飾也,象人有規榘,與巫同意。」〔註3〕「巫」正是持有「工」的一批文化知識人,他們掌握了一種對天地秩序的詮釋權,在「工」的本形、本義中,所謂「規矩」,即能與天圓地方之概念相容,也意味著這批文化人有一定的生活知識以及掌握此知識的能力。張光直認為:「巫的本身首先能掌握方圓,更進一步也更重要的是能貫通天地。」〔註4〕就人以持「工」而測量、記錄天地之秩序等之相關概念看來,與「琮」的「方圓同構體」相比對,這是一個連續而完整的思維模式;這也可以說明,像「玉琮」這樣的一種特殊的「法器」,是此時人們認知宇宙秩序,思索秩序本身,以及展現秩序的一種重要方式。

更深切的意涵是,在遠古時代中國文明的發展歷程中,對於時間次第與空間的分布概念早已萌芽;而這樣的「秩序感」就顯現在日常生活當中的實際反應上,而在那些使用的器具與文字上,將直接訴說當時人們的思維方式,以及對這生命中「秩序感」的解讀與詮釋。然而更為重要的是,時間的次第與空間的分布正依據在這「中空連貫」且具「方圓」的器物中;「中」的概念也在人

〔註2〕詳細論述內容請參見張光直:〈談「琮」及其在中國古史上的意義〉《中國青銅時代(第二集)》頁,70至73。

〔註3〕參見許慎:《說文解字》(臺北:黎明文化,1996),頁203。

〔註4〕參見張光直:〈談「琮」及其在中國古史上的意義〉《中國青銅時代(第二集)》頁,72。

們對時間與空間秩序的思維以及其所建構的事物裡成形而日用。

　　「法器」的使用代表著儀式正在進行，儀式的進行同時凸顯社群結構的運作，而一個社群結構的運作，也正告訴我們人們已經在此活動之中產生某種程度之認同。藉由「玉琮」的形體，「巫」持「工」以測天地而生其法度的象形文字看來，正可呈顯出人們在其思維結構中的三層課題：其一‧人們正以這種形式來認識宇宙天地；其二‧人們也在此形式當中進行對自我的理解；其三‧人們也同時在對自己所建立的世界，以及因而所產生的世界觀進行理解與認同。就整體而言，這是一種「天」、「人」、「事物」的類比建構。這更意味著，生命的「秩序感」已經被喚起，而「權力之核心」也同時被建立，在推向生活的實體操作中，所有的規則、方式、行為取向等，都開始同時運作。據此，宇宙的自然力量已落實到人們的思維當中，透過思維而展現出一種對自然力量所帶來的秩序信仰；這種信仰進而在人們生活的實際狀態中產生一種結構體，而成為指導生活的秩序；那麼，完整的知識群也就能因應而生，從符號、器具與文字的使用看出，思維的呈顯與行為的展露都有其系統。

　　除此之外，與「巫」有其密切關聯的是「史」，「巫」與「史」是中國古代第一批的文化知識人；他們觀察宇宙天地、記錄名相事物，他們主導著對歷史文明的詮釋權。「史」字的出現，更能引領我們思考此時人們對「中央」概念的深化與推展。《說文解字》言：「史，記事者也，從又持中，中正也。」〔註5〕而在甲骨文中，「史」字作「𠭏」、「𠭎」；馬敘倫認為：「史字裡的中是筆，從又持中，是會記事的意思。」〔註6〕根據《說文》的看法，所謂「正」也，便是一種「秩序」的展演，而以「持中」的觀點推展來看，這項「秩序」的思維核心正依循「中央之地」而來；然而，更重要的是，一種「記錄」行為的出現，實代表著，這種「秩序」已經被系統化而能在實際生活之中運行。在這批文化知識人身上，我們可以意識到當時人們共同對此「秩序」的思考、掌握與推行。

　　據此，統整而言，從對天地宇宙的感知到思維活動之運行，再到將此思維活動落實在某種實際生活型態之歷程中；生命的整體性在「中」的思維底下被貫穿起來。葛兆光為此整體，提出了三項觀察：

　　　　中國古代思想世界一開始就與「天」相關，在對天體地形的觀察體

〔註5〕參見許慎：《說文解字》，頁117。
〔註6〕參見于省吾主編：《甲骨文字詁林》（北京：中華書局，1999），頁2947。

驗與認識中，包含了宇宙天地有中心與邊緣的思想，這於中國這一
名稱的內涵有一定的關係，對天地的感覺與想像也與此後中國人的
各種抽象觀念有極深的關係。〔註7〕

在第一層次中，我們意識到此時人們對「宇宙」的理解，而在這種中心與邊緣
的概念當中則呈顯出一種最為基本的「秩序」認知，這是一種對宇宙本身所產
生之「秩序感」的一種學習與推演。更重要的是，「人」意識到自身正處於天
地之中，而佇立在這「中央」位置的用意，就是要推展出對這秩序的認同；從
「中央」以推，成為人們對生命認知的一種重要基本形式，乃至影響往後中國
文化在其思維方式上，以及思想建構上的發展。

而在這樣的基本思維結構底下，不斷地在其思維活動歷程中產生其意義
性與價值觀；人們從「秩序感」到「秩序」的建立中，尋得一種依歸與理據，
而「中」（佇立於中央）的思維，則有了許多諸如和諧、穩固、平衡等相關概
念的推展。葛兆光進一步認為：

由天地四方的神祕感覺和思想出發的運思與想像，是中國古代思想
的一個原初起點，換句話說，是古代中國人推理和聯想中不證自明
的基礎和依據。它通過一系列的隱喻，在思維中由此推彼，人們會
產生在空間關係上中央統轄四方、時間順序上中央早於四方、價值
等級上中央優先於四方的想法：天穹運轉，天道左旋的現象會是人
們生出一種天地中央螺旋形生成的觀念；極點不動，天如穹蓋的感
覺會使人們形成一種天地均有中心和四方的觀念；而當這種觀念與
神話相遇，就會在人間的意識與儀式中形成中央之帝王與四方之神
祇的整奇神譜；當這種觀念延伸到社會領域，就會成為中央帝王領
屬四方藩臣的政治結構的神聖性與合理性依據。〔註8〕

在第二層次中我們可以覺察，所謂的「秩序」正在其所處的空間與時間的架構
之中進行，並且在實際的生活歷程中逐步建構；透過實際的活動行為與形式的
展演串連起這一個重要的概念——「中」；相對的，「中心」這個概念也已經成
為一種思維模式，而更為重要的是，這種思維模式已經在思維推演上居有一定

〔註7〕參見葛兆光：《中國思想史（第一卷）七世紀前中國的知識、思想與信仰世界》
（上海：復旦大學出版社，2001），頁19。

〔註8〕參見葛兆光：《中國思想史（第一卷）七世紀前中國的知識、思想與信仰世界》，
頁19。

的主導地位。而這卻意味著，從感知宇宙的基本秩序到實際方位的界定，與其安置方式等推演歷程之中看出，人對宇宙的認識，實際上是在展現人對於自己的再認識，這實際意味著，「人」將思考他自身在這「宇宙」之中的位置與其意義。這　項貫穿天地的主要力量實際又可以歸源於「人」的存在而更顯其意義，它實際可以從對宇（空間）宙（時間）的同構歷程中回返，而照見思索「人」的實際意義；在「人」的自我確立與認同中，又同時能推出對天地宇宙的確立與認同；在遠古時代對生命價值的認同結構中，天、地、人三者形成一個相融貫通的生命體，這個結構貫穿了感知、思維，以及人們所能推展而出的種種行為；而「人」正在這樣的概念裡位居其「中」。

　　而這種從「中央」所開出的思維主體，則引領出對秩序的一種維護與認同，「人」透過此思維的建立，上接宇宙之秩序而下開人間之制度，思維觀念與生活知識相互成為一個不可拆解的整體結構。葛兆光再進一步指出：

> 這種象徵天地的器物與解釋宇宙的知識，由於前者擁有與天地的「同構性」和後者擁有解釋的「權威性」，所以也含有神秘力量，並成為一種技術，但是，這些器物並非全體所有，這種技術也並非人人皆有，只有同時擁有權力與知識的人才能擁有它，於是，神秘力量也就成了少數人的專利，思想也就成了思想者的職業，「巫」與「史」的形成，即其與「王」的卡里斯瑪的合一，雖然破壞了上古平靜的氣氛、簡單的心情和平等的社會結構，但是，它卻真正使「思想」從實用的、個別的、具體的、一般的意識活動中分離出來，一方面提升成為具有普遍性的、指導性的「觀念」，一方面具體化為制度性的、可操作的「知識」。〔註9〕

主導力量被集中在一個「核心式」的思考當中（中央）進行，所有的觀念與知識皆由此而推展開來；與上下四方之觀點皆由「中心位置」所推展而出的一致；在「中」的思維概念中可看出，主導意義的顯露、權威價值的產生，以及人間秩序的依據及標準。

　　另外，在殷商時期，「中」這個概念已經透過符號的型態來展演人們多重的思維內容。在甲骨卜辭當中，「中」的概念相當豐富，已經從原先某種程度上的象徵意義，走向一種具有成組概念的思維結構發展，在其更為複雜的引申

〔註9〕參見葛兆光：《中國思想史（第一卷）七世紀前中國的知識、思想與信仰世界》，頁19。

意義之發展中，我們可以清楚看見，「中」的思維，與其整體之思維架構正在日益成熟當中。相當重要的，「中」的概念在此時不但於人們的生活當中發揮出更為實際的思想意義與效應，在經由某種概念而推展至某種程度以上的思維架構之進程裡，乃至一種符號可以被統理整合而代表一個成組且成熟的概念時，思維活動本身就如實地展現在這些生活的實際運作當中；「中」的概念已經生活化，乃至與生命的整體表述方式結合為一體。

　　文字學家唐蘭認為，甲骨文中的「中」字有其社會之徽幟、用以集眾、中央之地，以及從中央之地之思維所引申而出的一切相關意義。〔註10〕這裡清楚地展現出「中」的概念在經歷某種程度上的統整與拓展之後，已經可見其推演背後思維的複雜性與成熟度，以及在生活中實際對此概念的運用與操作；此時，人們已經將天地宇宙中的秩序接連並融入在生活之中，並且透過自身的思維模式來詮釋自我之生命、詮釋宇宙存在之意義，以及詮釋自我與宇宙之間的

〔註10〕文字學家唐蘭對甲骨「中」字的本形、本義及其引申意涵有其深入的見地，其以為：余謂中者最初為示族社會之徽幟，周禮司常所謂：「皆畫其象焉，官府各象其事，州里各象其名，家各象其號。」顯為皇古圖騰制度之孑遺（周禮九旗以日月、交龍、熊虎、鳥隼、龜蛇等畫之，亦皆由圖騰變化而來）。此其徽幟，古時用以集眾，《周禮・大司馬》：教大閱，建旗以致民，民至，仆之，誅後至者，亦古之遺制也。蓋古者有大事，聚眾於曠地，先建中焉，群眾望見中而趨附，群眾來自四方，則建中之地為中央矣。列眾為陣，建中之酋長或貴族恆居中央，而群眾左之右之，望見中之所在即知為中央矣。（若為三軍，則中軍也。）然則中本徽幟，而其所立之地，恆為中央，遂引申為中央之義，因更引申為一切之中。（如上下之中，前後之中、大小之中等。）後人既習用中央等引申之義，而中之本義晦。徽幟之稱，乃假常以稱之，（周禮記常有十二斿、九斿、七斿、五斿，明即中。）中常聲相轉也。而其分別，則十二斿為常，九斿為斿，七斿為旟，六斿為旗，四斿為旐，而中字遂無用徽幟之義矣。參見于省吾主編：《甲骨文字詁林》，頁 2937。

對甲骨文「中」字的看法有另外一派，即認為是一種古代「測風」之儀器。如黃德寬則認為，甲骨「中」字是古代測量風向的特殊工具，「中」是一個測量風向的象形文字；其指出：從辭例和卜辭有關「風」的記錄入手，我們認為「中」是測風的工具，考之於字形，「中」作為測風器具的象形字，也甚契合……「中」所附之物，不是旗之斿，而是用於測定風之有無和方向的「綂」。「綂」用帛條或羽毛編織而成帶狀，只是與斿類似而已。就「中」字I型而言，直畫乃像長標竿，上下對稱地繫以「綂」用來測風。「綂」之所以取上下對稱，則是為了確定風向的準確性。唐蘭先生認為I型是「中」字原型，而這種原型正是早期原始而又簡單的測風器具的形狀。I型「中」字在中部加上方框，我們覺得它不是標明中間位置的指示符號，也非「飾點」。以雙鉤寫成，而是代表四方。四方坐標的確定，就可以準確無誤地測定八面來風了。參見于省吾主編：《甲骨文字詁林》，頁 2942。

種種連帶關係。從感知宇宙的秩序，到象徵社會結構的圖騰，再到一種對生命秩序之掌握的思想推演過程中，人們更為清楚地意識並思考到自身存在的意義與其價值。

　　然而，承繼歷史文明的發展與其轉移，這樣「中央」同心結構體的思維模式（中）一直延續到周朝的建立。宗周社會的基本結構，正依據於這種宇宙中心思維之模式而被推展開來；以天子為共主（天下），從這一個核心向外推出四方諸侯（國）與大夫（家）等層級，整體封建結構是一個完整且嚴謹的同心體。這樣的理據正源自於「中央之地」的古老意識。葛兆光指出：「作為『空間』的宇宙，在殷周人心目中投射了一個根深蒂固的深層意識，即以中央為核心，眾星拱北辰，四方環中國的『天地差序格局』。」〔註11〕從對宇宙中心位置的同構思維開始，到種種秩序的建立與展現，以「中」而推展開來的思維架構及內容，更可以在宗周完整的社會結構及其成熟的思想體系中看出；這實際包含概念的實證化、觀念的系統化，以及生活方式上的制度化。

　　以天為中心，「天下共主」的觀念，正依循著遠古社會發展之下對宇宙中心的感同認知結構；由天子、諸侯、大夫、士，到民，「中」的思維模式被具體地落實下來，宇宙的秩序正呈顯在這樣的封建結構之中，所謂「親親」與「尊尊」，就成為一個重要的思想根本和生活依據。四方之地，共主中央，「中國」一詞早在西周初期出現，「中國」（中或）者，中央之域，或言中央之地也；它實質呈顯出一種權力的核心論、生活秩序的歸宿感，以及思維推展的理據。〔註12〕

〔註11〕　參見葛兆光：《中國思想史（第一卷）七世紀前中國的知識、思想與信仰世界》，頁53。

〔註12〕　就目前所能發現的古代文獻材料裡，「中國」這個名詞已出現在西周初期的青銅器《何尊》的銘文裡。這篇銘文把「中國」的最早所在地明確地指為洛陽盆地及以其為中心的中原地區。其銘文之內容為：「隹（唯）王初壅（遷）宅于（於）成周，復稟武王豐（禮），福自（躬親）天。才（在）四月丙戌，王誥宗小子於京室，曰：『昔才（在）爾考公氏，克速（弼）文王。肆文王受茲大令（命）。隹（唯）武王既克大邑商，則廷告（於）天，曰：余其宅茲中或（國），自茲乂民。嗚呼！爾有唯（雖）小子，亡識，視于（於）公氏，有爵（勛）于（於）天，徹令（命）。敬享哉！會（唯）王龔（恭）德谷（裕）天，順（訓）我不每（敏）。』王咸誥，何賜貝卅朋，用乍（作）庾公寶尊彝。隹（唯）王五祀。」其銘文之大意為：成王五年四月，開始在成周營建都城，對武王進行禮福之祭。周成王於丙戌日在京宮大室中對宗族小子──何──進行訓誥，其中詳盡談到何的先父公氏追隨文王，而後文王受上天大命而統治天下的歷史過程，以及武王克滅殷商之後而告祭於天，並以此地作為天下的中心（中國），統治民眾的實際建樹內容。於是，周成王賞賜何貝三十朋，何

　　就在展演宇宙結構的同時，生活中的種種方式就如同一個運行中的宇宙，所謂的「秩序感」就走向一種「秩序化」的狀態；從感知到思維，再到實際生活程序之建立，宗周的「禮樂」文明便自然地展現其中。然而，最為重要的是，秩序的推展必須在生命的自我認同當中才得以進行，這些秩序的建立必須經由歷史的發展與選擇才能淬煉成形，這絕非只是一人之力所能完成，它需要在群體當中尋得共識方能推行；這意味著，人們在此時期對「中」有了全新的體認；從巫史文化到禮樂文明，以「中心」為思考的生命整體架構並沒有消失，而是更為完善的，「中」這樣的一個思維模式正在整體社會結構所依據的禮樂制度中體現出來。

　　這裡相當清楚地呈顯出一個完備而成熟的生命總體樣貌，即以宇宙為基礎的主體、以社會國家為運作的主體，還有人接連二者而形成的思想與行為之主體；在感知建立與思維運行時（秩序感），人自身之生命格局正承接於宇宙的格局（思索秩序），也同時開展出運行在種種生活形式之中的格局（秩序化）：「秩序」於是串連起「天」、「人」、「事物」，而成為一個生命全體大格局。

　　「禮樂」的精神與實際的作用正是在呈顯一種「和諧」的生命狀態，也象徵一種古老思維的基本架構──「中」的狀態。誠如《禮記》所謂：

> 樂者為同，禮者為異，同則相親，異則相敬。樂勝則流，禮勝則離。
>
> 合情飾貌者禮樂之事也。禮義立，則貴賤等矣；樂文同，則上下和
>
> 矣；好惡著，則賢不肖別矣。〔註13〕

推演出「和諧」的思維，正是源自於認知到事物之間的「同」與「異」；「禮」以注重形式分別的意義來推展生活中的次第，而「樂」則是在情感認同層面上來串連生活中的統一。從「中心」思維的基本架構向外推展，天子、諸侯、士

因此作此尊，以為永保紀念。其銘文資料亦可同參中國社會科學院考古研究所編：《殷周金文集成釋文（第四卷）》（香港中文大學中國文化研究所，2001），頁 275。

所謂的「中或」（中國），是指「中央之域」的意思；這表示，宗周社會的思想核心與其社會結構，實依據於此地域之中心所開出。王輝指出：《說文》：「或，邦也。從口，從戈以守一。一，地也。域，或又從土。」中或即中國，指周王朝的中心區域，亦即成周。成周居「天下之中」，故有是稱。參見王輝：《商周金文》（北京：文物出版社，2006），頁 42。

〔註13〕《禮記·樂記第十九·第九》。參見國立編譯館主編：《十三經注疏分段標點10·禮記注疏（中）》（臺北：新文豐出版社，2001），頁 1668。筆者按：凡本論文引《禮記》之原文者，皆以參見國立編譯館主編：《十三經注疏分段標點10、11、12·禮記注疏（上）（中）（下）》為本。

大夫的封建結構中實突顯出等差與次第的關係，這種差異性的存在最終指向於一種相互之間的敬重。再者，從「中心」的基本架構思維向內收起，人們對起自於血緣關係，而連結天地生成的同構思維中心所開出的秩序，產生一種生命相互關聯的認知，同心體的結構連結了各自層級與層級之間的認同感，以及層級相互之間的連貫性。許文偉指出：「它既表現了天命的不可侵犯性，又表現了上下安於天命的和諧性。」﹝註14﹞「不可侵犯性」是秩序中的分別，是尊敬；而「和諧性」是秩序中的認同，是和睦。禮樂制度，因有其「別異」，所以能產生「敬」的態度；因有其「感同」，所以能產生「和」的狀態；然而，這兩種要素卻能相互影響，正因能感受彼此之內在德性，所以能生其敬重之心，而因為能有其禮讓之行，所以才能促使生活狀態之和諧。

這樣的「天命」觀，正源自於一種「敬命」的省思﹝註15﹞，而這樣的「敬命」思維，則投向一種全體所能認同的秩序而持續發展下去。從巫史文化到人文精神的自覺，「禮樂」的完備，即呈顯「中」的概念更加被具體化而融入生活與其生命之中，由「中央之地」所開出的思維主體正不斷地在進行改變與演進；「中」，在此時，便有了人文精神所推展而出的「和諧」涵義。

這種「和諧」，不僅是社會國家得以運行的整體依據，更重要的是，它亦是人的心理與其精神的依據；人在這種「和諧」當中融入自己而又重新發掘自己。誠如《左傳》成公十三年記載了劉康公因感成肅公之受禮，「不敬」，而由衷所發的一段話：

> 吾聞之：「民受天地之中以生，所謂命也。是以有動作禮義威儀之則，以定命也。能者養以之福，不能者敗以取禍。是故君子勤禮，小人盡力。勤禮莫如致敬，盡力莫如敦篤。敬在養神，篤在守業。國之大事，在祀與戎。祀有執膰，戎有受脤，神之大節也。今成子惰，棄其命矣，其不反乎！」﹝註16﹞

人間的秩序正依據於天地宇宙的秩序，這種古老「天人同構」的中心思維模式，

﹝註14﹞　參見許文偉：〈略論禮典的實行和《儀禮》書本的撰寫〉《宗周禮樂文明考論》（杭州：杭州大學出版社，1999）頁，5。

﹝註15﹞　筆者按：徐復觀指出，在周朝人文精神的發展中，「敬」的思維，是一個重要的發展關鍵，它引領人們開始思索自身的合理性；在「敬命」的思維底下，文化整體啟動了一種影響中國思想發展至大且深的意識型態，即所謂的「憂患意識」。參見徐復觀：〈周初宗教中人文精神的躍動〉《中國人性論史》（臺北：臺灣商務印書館，1999），頁20至24。

﹝註16﹞　參見楊伯峻編著：《春秋左傳注》（北京：中華書局，1995，10），頁860。

在周朝社會裡並沒有受到改變，但是，「敦篤」與「致敬」的內在省思，卻更加豐富了這項「人間秩序」的質地，以及提升且深化這「宇宙秩序」的聖潔；那麼，人間秩序與宇宙秩序之間的連結就不只是「秩序」，而是一種「態度」，生活之中的「態度」。所謂：「受天地之中以生」，即能意識到生命的秩序感，並對此生命中的秩序感產生認同，而依據此認同，人即能從中認同自我。而所謂：「有動作禮義威儀之則」，則是能進而在此認同之中創造出新的認同，即是群體之間的相互認同；秩序不只是感受，更為深刻的是生活的實際操作。

「命」的思維歷程，正是一場尋求自我認同的歷程，在感知受天地而生的思維中，我們清楚地看到人們對宇宙的認識，也意識到「天人同構」的思維主調。而在「定命」的思維與其推想的歷程中，「天人同構」的思維已經產生具體的作用，並且在思想落實的意義上不斷產生新的同構模式，進而更多依據此秩序的種種形式也就能不斷地被推展出來；人們透過與宇宙秩序同步的生活形式來闡釋自己，所謂「定命」，即是能藉由自身之認同而找尋生命的秩序，而在這個歷程之中，人們又能再度昇華宇宙秩序的意義。從感知其「命」，到所謂的「定命」，人所能確立的是自我存在的價值與意義；周朝對於這種「天人整體同構之和諧」（中），已經具有其深厚的人文自省能力。而正是在這樣的一種轉化之上，由中心向外推展而源於宇宙秩序所建立的人間秩序同構體，在每種層級上，都有其實際的權力與權利；然而，也有其相對上的責任與義務。權力與權利的產生，在其「別異」；而責任與義務的返照，則在其「認同」。誠如之前所言，「認同」則能促進「相親」，「別異」則能開展「相敬」；「尊尊」與「親親」的結構體正是此時秩序的總和。所以，「受命」於天地，並不是一種制式與限定，「定命」於禮樂的生活形式，更不是一種霸權與暴力；在尊崇的同時，認同感是必須的。此時的「和諧」是一種共榮狀態，別以禮敬，同以相親；在認同一個中心的同時（大宇宙），自身就如同是一個中心（小宇宙）。這是宗周時代對「生命的整體和諧」──「中」的闡釋方式。

「中」，這種思維，由基本的時間次第與空間方位之同構開始，人與宇宙（天地）的關係不曾脫離（中的發展之初級階段）；而在種種器物與文字的實際使用上顯示，人們的思維模式與整體概念正依循於此──「中」而推演；在更為成熟的生活方式與制度相繼產生時，一種「和諧」的整體性正源源的引領著生命的發展（中的發展之中程階段）；更重要的是，人在此發展的歷程中，漸漸意識並自覺到自我的價值與自身的認同，最終，人所建立的是自己，並且

是自己與宇宙之間的整體秩序與和諧。從「天」到「人」，再由「人」回歸於「天」；宇宙的秩序及形式正與人間的秩序及形式相融為一（中的發展之成熟階段）。

最終，以整體歷史演進的角度來審視，從巫史文化到禮樂文明的建立，「中」的意涵日漸豐富；從對宇宙基本秩序的感知，到人我自身的思維連結與同構，以及最終一種可以仰賴、依循並且藉以推行天下的秩序的建立，「中」由一種概念，深入到人們的思維結構中再加以思索與發想，進而形成一種可以落實於實際生活當中的形式與規範。從「中」的概念，到「中」的思維，再到「中」的運行法則之成立，一個「和諧」的共同認知於是成型與完備；這意味著，人正在不斷地於天地之「中」思考自我的價值與意義，以及依據這樣的價值與意義而推展出自身的生命走向。可以深思的是，生活方式的成形與實際的運作正依據於此而統理出種種觀念，而這些觀念則又依據在這中心位置所開出的「和諧」之基本概念上；這種思維活動的歷程與推演，正意味著，甚麼才是生命中可以做為依據而且是最為理想（中）的運行狀態（道）；所以，這樣的歷史演進的本身，正是人們思維的展演，人們正是在思索並探尋一個完善的生命理據與規則，我們可以這麼說，人們便是在思索「中道」（和諧的理據與規則）；換言之，所謂的「中道思維」也就在整體歷史演進當中不斷浮現。因此，「中道思維」之本身，正是一種對於宇宙之認同、自我生命之觀照，以及人間課題之操作三大層次之相為連貫的思維整體。

由此反觀，在中國思想史中，對「中」的概念所進行的探索、思維歷程與內容的分析，以及對由此所開出的種種價值觀點進行研究，是一個重要的課題；因為，它實際上正是一種對整體生命進行省思的呈顯，研究此項議題之意義可以讓我們深入理解到：人對宇宙的認知方式，人對自我認知的方式，以及人對自我所建構而起的世界的認知方式。那麼，在進行所謂「中道思維」研究的同時，可以解讀人們是如何在不同歷史條件的轉換之中而重能新理解宇宙之意義，在重新理解宇宙之同時又如何面對自我，更重要的是，我們也可以探知人們是如何尋得一種秩序來面對其自身所處的世界。

夜闌人靜之時，你是否聆聽到自己呼吸的韻律，或心跳的節奏？還是只有在倉促之際或臨危之時才能感受到它們的存在？似乎沒有一定的答案，不過，正常之下，生命本身不會因為任何原因而停止運轉；生命的節奏正因處在節奏之中而能與之行進，而吐納的韻律也依據自己內蘊的韻律而綿延不絕。生命所

依止的時空總能顯出種種不同的狀態，不管是寧靜，還是擾動，天地的運行就在它自身的運行之上，持續不間斷；一如日月相代，物換星移，我們實際親臨時空的交錯，並藉此認知到自我的存在。因此，我們欣喜、悲傷，我們也因此開始思考，卻也不禁開始疑惑重重；生命真正的秩序到底為何？時間與空間又將如何界定呢？當我們在思索宇宙是什麼的同時，實際上，我們正是在思索著我們自己。這正是本論文的研究動機與緣起。

二、論題的延伸與導出

整個「秩序」的問題、生命的課題，一直延續到西周末年這群中國思想史上的文化知識人身上，而有了一個重大的轉折。周朝以「文」取代了殷商重「質」的生命認知，進而對生命的「秩序」有了全新的展現與詮釋；這項認知產生了某種程度上的認同，而維持了一段可以平衡推行的「秩序」。然而，時間過渡到西周末年的時空轉換中，因為物質文明的改變，貴族文飾的淫放，整體社會之行徑與思維上產生了「太過」的問題，進而造成整體生活「秩序」的失調；故此，賴以生存的時空，以及所構成的種種生活條件，就必須接受全面性的檢討與調整，甚至是進行重整過去所能依靠的認同。

事實上，「太過」也是一種「不及」，也就是說，這是一個「失衡」的狀態。身處在這樣「失衡」的生活結構中，其認知理據已經產生在認同意義上的動搖，那麼，也就勢必引起所謂合理性、適宜性、正義性等相關思維的探討；這群文化知識人必須重新思考這過去長久以來所進行的「秩序」之內部到底產生甚麼問題。對此「秩序」的重新檢視，也正是對生命進行全面思考，這無非就是對「中」，即對「生命整體性的和諧」進行思索與表述。面臨這種局勢的大轉折，人不能再單憑一種形式來面對生命的總體，他必須有其實質上的思維反應與自我觀照；而所謂的「秩序」的「重整」，其實是一個內（思考）外（行為）兼具且必須進行圓熟調整的過程；歷史環境與條件的演變所呈現的背後意義，正是一場生命的展演。

課題的思考可以從另一個角度推進而再深入。「禮壞樂崩」的歷史條件確實造就這群文化知識人的思維轉動；但是，以歷史發展的整體意義而言，就絕非只能是簡單推論出「禮崩樂壞」與這群文化知識人之思想產生有其因果關係的歷史表述而已；事實上，當這群文化知識人在進行反省的同時，「禮樂」本身就是在進行它自身的反思，而當這群文化知識人在進行思維調整的同時，

「整體文化視野」本身也在進行相當程度以上的自我反省與重整；這是一個整體性的生命省思——生命應當如何走向「平衡」的省思。所以，人們在所謂「失序」的狀態中，雖然遇見許多難題，但也必須從中進行調整與應對，思維也就必須帶動而引領出它必然的作用，而社群結構也就必須朝另一個階段前進；這是一個整體且接連的歷史運作。也因此，人們必須再度思索過去所依據的「秩序原理」是否出現問題，而人們也必須重新思索身為一個「人」的定位與意義，以及「人」所身處的這樣一個社群關係，乃至所身處的這樣一個生態環境。

　　換言之，這群文化知識人的自省出現，將指向一種整體性的生命反思，它實際意味著人對宇宙天地的重新理解、人對自身的重新理解，以及人對整體社群國家、生命環境的重新理解；三種層次一貫而起地必須接受整體性的全新闡釋。這樣的整體省思，實意味著，身處「其中」的生命體，應當思索如何重新解讀並獲取這「秩序感」的依據，以及如何在這樣的身處環境中重新建構這「秩序感」所能推行的「秩序」；「處其中」、「思其中」、「用其中」三種層面的生命課題同時一併而出。重新對「秩序」進行思索，實際上是對「中」的思維的一種深層表述；「人」必須接連並發展這樣的「生命秩序」。所謂的「周文疲弊」，是中國思想發展上的另一契機，是一個探求「生命整體和諧性」的重要契機；在此階段，人們開始重新思索「人」與「宇宙」的關係，「人」也開始重新思索自身的意義，更重要的是，「人」也將必須重新思考如何面對這生存的「人間」。從實際的歷史條件中來說，他們必須重新詮釋「禮樂」的存在意義與價值，以及人在此生命形態中的體驗與其體驗背後的省思，當然，人也同時在思索他自身存在的價值與生命的意義。

　　一九四九年，德國哲學家雅斯貝斯（Karl Jaspers）在其《歷史的起源與目標》一書中提出世界各大重要思想發展的歷史新觀點，在他所建立的「軸心時代」之論述下，一改過去人們對人類歷史研究的傳統思考；他認為，「軸心時代」結束了以往人類的古老文明，在這個時代中，各大思想有了超越性的突破，並且在此種超越性的突破作用基礎之下，開展了往後這些世界重要文明的歷史與其發展。他指出：人類一直靠軸心時代所產生的思考和創造的一切而生存，每一次新的飛躍都回顧這一時期，並被他重燃火焰，自那以後，情況就是這樣，軸心期潛力的甦醒和對軸心期潛力的回歸，或者說復興，總是提供了精神的動力。〔註17〕面對這樣的軸心時代，我們可以這麼說，整體人類的思維向

〔註17〕　參見〔德〕雅斯貝斯：《歷史的起源與目標》（北京，華夏出版社，1989），頁14。

度，正在共同尋求另一階段生命得以發展下去的秩序，各大文明正在開展它們各自對生命意義之探尋。以中國思想的發展而言，亦是如此；同處於這樣的時代，中國思想史中最為重要的諸子與其思想學說和其中所引領發展而出的種種思潮流派都相繼出現，思維的整體發展朝向一種全新的生命認知，以及在這層認知底下所重新建構的生命認同前進。連結對生命秩序的審視與省思，「生命整體和諧性」是這群文化知識人所必須思考的，「中」的概念在此必須重新接受檢視，「中」的思維也就再次啟動，而「中」的實質思想也在此時重新建立而運行。

余英時先生曾以「軸心突破」這一概念作為分析主軸，並藉此重新詮釋中國於思想發展史上先秦時代諸子在面對「禮壞樂崩」之歷史局勢的種種現象及其背後的時代意義；基本上，余英時以為，中國思想史上的這一次蛻變，是一次全體性的思想的「突破」歷程。且具深入性的，余英時也從中分別出中西方在其「突破」上的差異，並更為詳盡地說明了此「突破」在中國當時「禮壞樂崩」的實質意義，與其背後諸子思想的推想意涵。余英時對此中國思想史上之「突破」背後的精神意義言及：

> 以整個「軸心突破」為比較參照，我強調中國古代的「突破」有其
> 獨特的取徑。儒、墨、道三家都是「突破」了三代禮樂傳統而興起
> 的。而所謂禮樂傳統則包含著很大的「巫」文化的成分。這三家都
> 曾與「巫」的勢力奮鬥過，最後「揚棄」了「巫」而成就了自身的
> 「超越」。這是為什麼它們一方面致力於消除禮樂傳統中的「巫風」，
> 另一方面又對禮樂本身作了新的闡釋。他們的「超越」不是與禮樂傳
> 統一刀兩斷，徹底決裂。中國古代「突破」所帶來的「超越」與希臘
> 和以色列恰恰相反，我現在可以更明確地界說為「內向超越」。〔註18〕

不難理解，這一次的思想「突破」，對中國而言，是一場精神上的總體「超越」，它深具承接而轉化的意義，是一場轉向朝往內在心性思維向度而發展的超越；相較其他文明而言，在中國文化思維底層裡，這是一個極為重要的特殊現象。中國古代文明演進的一大特色是文明發展的連續性。固然，春秋戰國時代的精神躍動比起以前的文化演進是一大飛躍，但這一個時期的思想與西周思想之間，與夏商周三代文化之間，正如孔子早就揭示的，存在著因襲損益的關

〔註18〕 參見余英時：〈軸心突破和禮樂傳統〉《知識人與中國文化的價值》（臺北：時報文化，2007），頁75。

聯。〔註19〕接連對「生命整體和諧性」的重新探索而言，這群文化知識人並無
全然與過去的「秩序」決裂，反倒是能站立在過去的思想基礎上重整出一個更
為適宜的因應「秩序」。極為有趣的，這樣的「超越」正以一種較為「平和」
（中）的方式來面對時代的課題，這群文化知識人一方要重新思索過去秩序的
理據，一方也要重新建立新的秩序，在承繼與再造的歷程中，人對自我的思索、
人對自我生命的重新認知與轉化更得到其深化的基礎，而這種「內化」的精神
思維深具一種整體性的生命自省意義，這也對中國往後的思想發展有了特殊
的價值與意義。

　　所以，這場「禮壞樂崩」，理當有其正面的意義；葛兆光提出以下的看法：

> 造成這種思想世界變化的原因至少有三點，第一，秩序的變化使得
> 過去天經地義、不言而喻的「知識」和「思想」不再擁有不言自名
> 的權威性，重新建立思想與知識對於世界的有效解釋，是一種必然
> 的趨勢。第二，王室的衰微使過去獨占的文化、思想與知識流入諸
> 侯的領地，而諸侯國的長期穩定和富庶則逐漸生養了一批新的文化
> 人，這些文化人在王朝格局中地位的上下移動，使他們的思想和知
> 識處在變化中。第三，「知識—思想」體系在不同職業的文化人中，
> 有不同的側重面，王官失守之後，文化人的分化則使「知識—思想」
> 也在分化之中，並形成了不同的思想流派。〔註20〕

這的確是一次巨大的挑戰，「重整」的意義必當蘊藏強烈的反省意識。不但如
此，在這些全然被喚醒的詮釋中，也必須符合且因應時代的需求，儘管有些思
想內容是過於理想化的，但卻也因此進而引領出各自思維在其彼此之間的相
互刺激與成長；也正因為如此，所謂的「有效解釋」才能進一步對失衡的秩序
做一次有意義的調整或是轉化。回顧中國整體生命秩序的發展與建構，身處天
地宇宙的中心同構思維是一個重要基石，而人的自身價值與意義也同時就此
而呈顯出來，也因此，一個可以施行的共同認知之秩序也就依此而被推展出
來；然而，當一個運作常然的秩序日漸走向必須重新建構的時空條件時，反省
的思維效應也就直接迎面而來，故此，人們必須重新思考自我生命的意義與價
值，也就接連必須重新思索過去所依據的宇宙秩序其本質到底為何；生命整體

〔註19〕　參見陳來：《古代宗教與倫理：儒家思想的根源》（北京：生活·讀書·新知三
　　　　　聯書店，1996），頁 4。

〔註20〕　參見葛兆光：《中國思想史（第一卷）七世紀前中國的知識、思想與信仰世界》，
　　　　　頁 69。

相關的課題一併同時受到牽引與帶動。這個時期，所謂「道」，一再地被提及與討論；一個平衡、和諧，得以運行的生命整體觀點與其延伸之種種課題，已成為這個時代的論述核心；人們必須重新面對他所處而正在不斷改變的生活環境，也同時要進行調整並重構一個合宜的生活法則，更要的是，人也在進行一場自我的再認同。「中道思維」的意義，在此時，不言而喻。

這樣的思維聯想絕非偶然，在許多材料中顯示，這樣對「生命整體和諧性」的總體檢討，是讓這批文化知識人是相當感興趣的，甚至隱藏著一種對歷史進程的責任與使命；而且，在這些深層的思考內容當中，都蘊涵著他們對「秩序」本身以及對自我精神層次上的全新解讀。

誠如在《莊子・天下》篇中之所論，使我們真切意識到在這一次重要的學術檢討以及生命省思背後之總體意義。在這次總體檢討與省思當中，針對各家思維以及其如何進行秩序重整所能提供的方案進行探討時，不難想像的，《莊子》（莊子）自身也同時顯現出對這一課題的關懷與企圖。甚麼才是最為完善的方式？甚麼才是生命得以持續前進的方向？實際隱含在這次的檢討當中；人何以重尋秩序而安頓此生命，一直在此總體思維中展演開來。所謂「道術將為天下裂」的思索與其意涵，正與此時代之有其「破裂」而必須再度進行「重整」的整體發展相為呼應。一個原先可以維持平衡的秩序（道），現在必須接受更為多元的思想刺激來尋得其平衡的持續，一個原先可以被認同的方式（術），也必須接受全新的檢視與調整。以此反觀之，這樣的檢討意義與其精神不是失望與悲觀，而是更為企盼地在思索與尋找最為適宜的生命整體方向。

之前的「中」破裂了，但此破裂卻引領出下一個「中」的思考。正如同《莊子・應帝王》中的深刻自省，所謂「日鑿一竅，七日而混沌死」，實意味著，面對一場「失序」的時代課題，生命理當如何進行重整，人如何藉此重獲前進的方向，時時反應在這種反向思維的理路當中。事實正是如此，當原本「和諧」的狀態遇到某種「失衡」時，我們必須從中檢討，更重要的是如何重新整肅這樣的「和諧」。據此，思維起了轉化，思想也由此開始建構；如同所謂：「彼是莫得其偶，謂之道樞。樞始得其環中，以應无窮。是亦一无窮，非亦一无窮也。故曰：莫若以明。」[註21]的思維方式，正直接凸顯出對於「秩序」重構的思

[註21] 《莊子・齊物論》。參見〔清〕郭慶藩：《莊子集釋》（臺北：貫雅文化，1991），頁66。筆者按：凡本論文引《莊子》之原文者，皆以〔清〕郭慶藩：《莊子集釋》為本。

考推演，以及實際應對之方式。這正是對「中」，即「生命整體和諧性」的再度省思與重構。

亦誠如在儒家思想中，我們也看到對於「生命整體和諧性」——「中」的關懷；所謂：「行夏之時，乘殷之輅，服周之冕，樂則韶舞」〔註22〕之觀點，所謂的「秩序」的重構正在一場需要思索其中而取之有所損益的歷程中展開；甚麼才是最為完善的方式？甚麼才是生命得以持續前進的方向？亦在此思考與發想之中看出。透過對「生命整體和諧性」的叩問，人們進而可以思索到的正是自身存在的意義與價值；所謂：「不得中行而與之，必也狂狷乎。狂者進取，狷者有所不為也。」〔註23〕的省思意義，正是在期許自我能朝向生命之和諧而穩固的方向前進；而所謂：「中庸之為德也，其至矣乎！民鮮久矣！」〔註24〕之感慨，則實際呈現出對古代秩序敬重之態度，與其從中審慎檢閱之精神，然而更重要的是，我們將如何予以重整而推行之。

孔子曾言：「過猶不及」〔註25〕；面對生命的課題，我們勢必需要從中進行思索與調整，所謂：「好仁不好學，其蔽也愚；好知不好學，其蔽也蕩；好信不好學，其蔽也賊；好直不好學，其蔽也絞；好勇不好學，其蔽也亂；好剛不好學，其蔽也狂。」〔註26〕的人格養成，正是一場尋求「生命整體和諧」的精神訓練；學習生命中的秩序，從對宇宙天地的感悟到人的自省，以至推展而外的應對方式，天、人、事物，無不緊密相扣在一個「中」的概念中持續推演。正如《論語》對孔子所謂：「子溫而厲，威而不猛，恭而安。」〔註27〕之評述，其待人處事所展現而出的態度與容貌正環繞在「中」（中道）的思維語境裡。

〔註22〕 《論語·衛靈公》。參見國立編譯館主編：《十三經注疏分段標點19·論語注疏》（臺北：新文豐出版社，2001），頁350。筆者按：凡本論文引《論語》之原文者，皆以參見國立編譯館主編：《十三經注疏分段標點19·論語注疏》為本。

〔註23〕 《論語·子路》。參見國立編譯館主編：《十三經注疏分段標點19·論語注疏》，頁299。

〔註24〕 《論語·雍也》。參見國立編譯館主編：《十三經注疏分段標點19·論語注疏》，頁146。

〔註25〕 《論語·先進》。參見國立編譯館主編：《十三經注疏分段標點19·論語注疏》，頁250。

〔註26〕 《論語·陽貨》。參見國立編譯館主編：《十三經注疏分段標點19·論語注疏》，頁389。

〔註27〕 《論語·述而》。參見國立編譯館主編：《十三經注疏分段標點19·論語注疏》，頁172。

而在《老子》的思維體系中，我們也可以意識到對「秩序」必須接受重整的反省與思考。所謂：「故失道而後德，失德而後仁，失仁而後義，失義而後禮。大禮者，忠信之薄而亂之首。」〔註28〕一場反向思維的推演啟動了對「秩序」的深層叩問；人對自身的檢討於此時不再只是片面性的切入，這裡所關注的是生命的整體，它引領出對生命本質、意義的深切探討。從「道可道，非常道；名可名，非常名。」〔註29〕的思索得知，過去一切所依賴的秩序與其所開出的價值如今都需要進行一番本質性的探討；生命的秩序在此思考中徹底翻轉，但也從中開啟思維的活化。《老子》亦言：「道沖而用之，或不盈，淵兮似萬物之宗。」〔註30〕在這眾聲喧嘩的年代，思維的多元促使思維本身的活絡，一個真正具備和諧與穩固的秩序當必須接受更多的思維參入；所謂「道沖」，實意味著對一個需要持續不斷進行轉化與生成之秩序之期待。《老子》這場反向思維的邏輯背後，亦可嗅出對「生命整體和諧性」的關注；所謂：「生而不有，為而不恃，長而不宰。是謂玄德。」〔註31〕的生命總體表述，正是對「中」的另一種全新詮釋。

在這些知識文化人所留下的思維以及文獻材料中，我們將可以重新清楚地意識到一項事實，即是對「秩序」—「生命整體和諧性」—「中」（中道）的探索，這些材料正與其重整秩序之思維結構深切地緊密相合。所以，這場「秩序」的「重整」就不只是一種表面行為而已，它這將包含著對內在思維的喚醒；因此，這批文化知識人，在面對、思考，並且提出能讓「秩序」平穩發展下去的方案的同時，也在「重整」自我的思維與生命的意義；他們在關注社會國家的發展時，也同時在進行一番對自我生命整體重組與詮釋。嚴格來說，他們是一群具有思維能力，且能提出一套思維理路的思想家（諸子）。深切而言，諸子的這場精神「自覺」與「超越」，實際上是一次對「道」（生命的秩序）的覺醒與再造，是一次對生命應該如何穩定、和諧，而得以發展的叩問。

牽動整體社會、政治結構之變化，也同時意味著在牽動整體「思維」的變

〔註28〕《老子·三十八章》。〔魏〕王弼等著：《老子四種》（含：老子王弼注、老子河上公注、馬王堆帛書老子、郭店竹簡老子）（臺北：大安出版社，1999），頁32。筆者按：凡本論文引《老子》之原文者，皆以〔魏〕王弼等著：《老子四種》此書為本。

〔註29〕《老子·第一章》。〔魏〕王弼等著：《老子四種》，頁1。

〔註30〕《老子·第四章》。〔魏〕王弼等著：《老子四種》，頁4。

〔註31〕《老子·第五十一章》。〔魏〕王弼等著：《老子四種》，頁44。

化；這批文化人知識人必須思考過去傳統的優劣，並從中選擇最為適宜的方式
來面對這個時期的課題；這將反應一項事實，即思維的結構、理論的發想、觀
點的建立，都在這場歷史變動中暗自流動而改變著。葛兆光以為：

> 「道術將為天下裂」，這並不是一個悲哀的結局而是一個輝煌的開
> 端，「神化時代與其心靈的平靜和自明的真理終結了」，過去那些無
> 須思索的真理崩潰之後，人們不得不思索，過去那種神化時代的自
> 信消失之後，人們不得不在理智的思索中重建自信，過去那些天地
> 有序的觀念傾斜之後，人們不得不在觀察中重新修復宇宙的格局，
> 在這一思想分裂的時代，人類才真正的開始不完全依賴幻想的神明
> 和自在的真理，而運用自己的理性。〔註32〕

思維的參與可見是必然的，而且這批文化知識人的思維核心必須落點在對於
整理一個全新的「平衡」架構而努力，對於自信的重建（人）、宇宙格局的修
復（天），將顯現出一種對生命整體認同之重整歷程，這深沉地意味著，這是
一場對「和諧」的總體檢討，對「生命整體」之全然關懷與觀照。這樣的切入、
連結與推演，實讓我們思考到一個相當古老的思維傳統──「中」（中道──
生命整體之和諧），正在接受一場因整體意識之翻轉而必須面對其中的深切檢
討。過去的中心思考（中央之地）勢必要有所突破，然而也同時意味著，將必
須找出另一個可以作為依據的新的中心。在這場「軸心突破」之背後，其意味
著，這批文化知識人是如何展現「處」其「中」、而「思」其「中」，進而「用」
於「中」的生命情態；而這一次的「突破」，正也引領他們重新思索所謂「平
衡」、所謂「秩序」、所謂「和諧」的意義。

　　這些文化知識人在面對此歷史轉折時，也同時在撰寫他們自己的歷史，他
們並沒有離開這個歷史舞臺，他們相當切合實際地在為新的「生命整體之和
諧」作努力。就儒家而言，余英時以為：孔子的突破基本就是在於對當時的禮
樂實踐做出哲學上的重新闡釋……。孔子的突破始於追問禮樂實踐的精神基
礎。〔註33〕而就道家來說，余英時亦言：不難看出，這正是《老子》所見「墮
落」過程的逆反。莊子在此告訴我們如何從現在的「墮落」狀態回歸到「道」：
第一步忘禮樂，第二步忘仁義，只有這樣才能回歸大道。〔註34〕從「軸心時

〔註32〕參見葛兆光：《中國思想史（第一卷）七世紀前中國的知識、思想與信仰世界》，
　　　　頁69。
〔註33〕參見余英時：〈軸心突破和禮樂傳統〉《知識人與中國文化的價值》，頁80。
〔註34〕參見余英時：〈軸心突破和禮樂傳統〉《知識人與中國文化的價值》，頁90。

代」的觀點出發，實讓我們思考到，中國此時的「突破」是一場「回顧」與「重整」的歷程，而絕非全然地對過去斷絕；所以，在其歷程中，對「和諧」與「穩定」的探尋，正是這批文化知識人思維的核心；這些「思想家」都在對生命的整體和諧進行叩問，他們也在重新檢閱著自己，在其思維中，將充滿建設的藍圖與解決問題的方案，這是一次將如何持續行進才能得以「平衡」的智慧之考驗。事實上，從另一個角度來看，我們可以說，中國的這場「軸心突破」，是對「中」這樣的思維模式的延伸與喚起，這群文化知識人正在重新尋得那生命中的「和諧」。這場「秩序重整」之旅，實際是凸顯出對「中道」的追尋。

　　然而，反向而思；倘若「天」、「人」、「事物」這條整體生命之共通軸線在中國文明發展上是不能切斷的，那麼，面對這一個「失序」的時代，這批文化知識人的「省思」意義就不僅僅只是在面對所謂「禮崩」、「樂壞」的問題而已；因為，在思索「行為秩序」的同時，人們也同時在進行自我「思維秩序」之統整，而在重整自我的「思維秩序」的同時，人們也在尋求一種整體性的「生命秩序」。深入而言，面對這一個「失序」時代的來臨與轉變，其意義不僅代表著這批文化知識人必須重新檢視「禮樂」本身，而更重要的是，他們也正在思索這其中的「精神」與「意義」，這意味著，人所思考的對象已經由外部回歸到自身這個生命個體上，這批文化知識人也同時在重整自我；也正因為有此重整自我之認知，思考一個「生命整體和諧性」的課題實際正投向一種對宇宙的再認識，這批文化知識人也同時在重新建構這自我心中的天與地。誠如余英時所指出的：以禮樂為例，孔子提出「仁」為禮的精神內核，莊子重視「禮意」都是其例。儒、道兩家都擺脫了古代禮樂傳統中「巫」的主導成分，「天」與「人」之間溝通不再需要「巫」為仲介，代之而起則是「心」。莊子的「心齋」尤其值得注意。總之，在「軸心突破」之後，人與超越世界（可以「天」為代表，無論取何義）的聯繫主要是靠「心」。中國無西方式的「神學」，而「心性」之學則自先秦至後世有種種發展，這絕不是偶然的。〔註35〕人在對此和諧秩序的探尋中，覺察了自我的意義，也同時在重新面對人與天地的關係，更切要的，也在重新建構一個更為完善的生活方式與其心目中的理想世界。這種連鎖反思，實際呈顯出對整體生命和諧（中道）的探尋，它實質也反映出對「群體」、「自我」、「宇宙」進行重構的意義。

　　「禮壞樂崩」所呈顯的是「天」、「人」、「事物」三種層次的總體反省，它

〔註35〕參見余英時：〈軸心突破和禮樂傳統〉《知識人與中國文化的價值》，頁75。

所投射的是對宇宙天地總體之秩序、人的身心個體之秩序，以及社會國家群體之秩序的全面關懷；對這些「秩序」的關注與探討，就呈顯在這批文化知識人對「中」的思索上，一個甚麼才是生命中可以做為依據而且是最為理想（中）的運行狀態（道）之思考將在此點燃。探討人們對「中道」的「思維」，正是在重新閱讀人們對自身、群體，以及宇宙的詮釋。

三、研究的對象與範圍

　　本論文所研究的對象是以中國思想史中兩大傳統思想體系為主，即是針對儒家與道家在其「中道思維」上進行探索與參照。其實際研究之範圍則縮小在先秦古典儒家與古典道家的思想上進行剖析，此項研究之核心正是以傳統思想界定中之孔孟、老莊兩大思想體系為主。此次研究將鎖定在此範圍來進行探討，希望能在此研究中建立一些基本的論述要點以推日後更大範圍之研究。

　　此次研究將以宏觀的視野來鳥瞰兩大系統中的材料與其內部的思維體系，實暫時不進行各自系統中的細分研究。諸如孔子、孟子、荀子雖同為儒家一系，但其思想實有不同之處；又如同老子、莊子雖被後世歸為一家，然其思想也有所差異；對於這些各自系統中思維之細部差異性，本論文將留待日後再進行分別之探索與研究。此次探索，將視其為兩大思維體系來進行，希望藉此研究之大方向來討論出一些基礎觀點以利往後之研究。

　　除此之外，還有一點需要補充說明的：正是眾所皆知的，在中國古代文獻當中，尤其是在先秦的材料裡，有許多文本是經由歷史發展而日漸成形的，材料中有著顯著的學術流變意味，它們雖被視為而被整理成為同一部典籍，但其思想內容還是有其不同之處；例如《老子》文本便是如此，而《莊子》內、外、雜篇，也都有其思維上之轉變以及差異處。然而，因本論文之論述取向是以兩大思維體系來進行宏觀之探討與參照，所以我們將視其《老子》以及《莊子》之文本內容及其各自之思維為一個獨立完整的體系來進行研究，對於其中思想的差異，我們也將留待日後再進行細部的探討。

　　總言，本論文有三個重要的研究課題，希望能在此探討歷程中得到梳理：

　　其一：就儒家而言。在過去豐厚的研究當中，《中庸》這部典籍似乎是在探討儒家「中道」思想時的重要文獻，這部具有其系統性以及其深具哲學思辨的敘述內容，早在唐宋時期就被深切地關注；然而，本論文正希望藉此種種研究之基礎上，繼續往上溯源，特別是對《論語》一書的思維進行深入的爬梳（我

們所關注的是：身為儒家思想中的第一人——孔子，是如何來展演生命中的「和諧」的？這將是本論文在其探討儒家部分中的一個重要關鍵點），實寄盼能找出儒家對所謂「中」的思維之推想歷程及其思考的向度，以對應出日後《中庸》所發展之思維體系。當然，研究歷程中，我們也會參照許多相關材料來建構前《中庸》時期的相關思維發展。

其二：就道家而言。此研究之發想，有另一個思考的維度；即是：以往在對「中道」課題的研究上，都較偏向於儒家體系來進行探索，甚至以為《中庸》一書就能作為體現中國思想在其「中道」思維部分的核心位置。甚至許多傳統見解認為，只有儒家體系才講求「中道」，並依此而定調「中道」思維就等於是儒家所謂的「中庸之道」，或是儒家才能全然體現所謂的「中道」，這不免會讓人從整體「軸心突破」的歷史環境觀察視野中起了一些質疑；因為，還有許多不同的檢討聲浪也在同時間響起，在面對「秩序」需要重整的歷史條件轉變上，思維多元的意義正是必須相互尊重，至少還有道家的聲音。在這些不同思想的背後，理當需要再度深入探討才是。從「軸心突破」的觀點切入，在探尋與重建秩序的歷史舞臺上，道家體系應當有其獨到的見地與其別出心裁的思維運作才是；藉由這樣的連結，由「中道」思維來重新觀察道家的生命情態是本論文的另一重要課題。在過去的研究中，從「中」的觀點來探討道家的思想意涵確實比較少，我們希望藉由這次的研究，從內部思維出發，來挖掘道家體系中對「中道」的詮釋與其思維背後的意義。

其三：就整體而言。本論文希望藉由兩大中國思想體系之探索與參照（儒道之間）來呈現較為全面性的「中道」思維體系，在同為對「生命的和諧」—「中」這樣的秩序之重建歷程中，我們應當有更為寬闊的胸襟來欣賞他們彼此之間的差異，更重要的是，能會通他們之間的思維本質；從這「軸心突破」的歷史條件上，我們當思考到，這場對「生命的和諧」之努力在往後文化發展上所保藏的思維底蘊。

四、研究的方法與途徑

本論文希望藉由「思維方式」的探尋，來重新檢視「中道」在儒家與道家之生命情態中的位置，以及「中道」在經儒家與道家的展演過程中所建立起的「思想」體系；換言之，我們將對其各自「中道思維」的內容與其底部進行深入的拆解，並且將兩家在有關「中」的思維意識上作一參照與連結，希望透過

此「中道思維」的挖掘，找出儒家與道家在其相關思維發想上之生命底蘊。

　　所謂的「思維」是：「對由體內引起的內在刺激或由環境引起的外在刺激做出的內隱的符號性反應。人們認為，思維（英語又稱 thinking）在內部活動與外界刺激之間起中介作用。依照內在和外在影響的相對強度，可分為表現性思維（想像的和充滿幻想的）和邏輯性思維（指導的和訓導的）。用另外的術語說，二者分別是封閉性思維（主觀的、感情的）和現實性思維（客觀的、有外部指導的）。兩類思維均包含在正常的調節行為中。」〔註36〕從「思維」的角度進行研究，正可以探知人們是如何認知這個宇宙，以及認知自我這個身體的；接連之前所言，研究「中道」這項課題，正可以同時審視人對宇宙的思索，以及對自身價值與意義的判定，以「思維方式」進行探討，是相當契合的。

　　黃俊傑對所謂的「思維方式」的研究方法，在中國思想研究的探尋之途上有這樣的評述：

> 傳統的歷史學研究側重在歷史事件的重建與疏證，或是對歷史現象提出因果解釋…至於第二序的思維方式，也就是創造歷史的人，如何去認識他們自己及其所處的世界；人以何種方式去思考問題，建立其世界觀；這種世界觀與外在的自然環境、社會環境又如何交互滲透或影響等問題，則一向為傳統歷史學家所忽視。「思維方式」這個課題的分析與解答，對未來的中國思想史研究之所以特具重要性，乃是因為這個課題直接觸及中國文化傳統中所謂「隱默之知」（Tacit Knowing，用美國當代哲學家 Michael Polanyi 所著 The Tacit Dimension 書中之名詞）的層次問題。對於這個問題進行深入剖析，可以加強我們對中國文化及思想傳統中所謂「深層結構」的了解。〔註37〕

不難想像，黃氏所關注的研究取向，正是著重在其思考運作的發想與其意義上，而非只是在進行簡易化的史料堆砌與陳述，單從平面化的角度去看待史料或文獻，實際很難顯現出思想背後的立體生態；對此立體生態的探析，將必須回顧文獻史料背後中的思維結構，也就是人與事物之間的對話，透過這些「隱默之知」的重現以建構全新的史料詮釋；更具意義的是，經由這些思維模式的

〔註36〕 美國不列顛百科全書公司編著：《不列顛百科全書（國際中文版）第十七冊》（北京：中國大百科全書出版社，1999），頁43。

〔註37〕 參見楊儒賓黃俊傑編：《中國古代思維方式探索》（臺北：正中書局，1996），頁4。參見黃俊傑為此書所作之引言。

探尋，研究者可以更為深入提出這些文化現象背後的統一性，及其整體思維意識；反觀其中，研究者也可以實際地進入與思想家對話，並提出深具立體意義之評述與其價值觀點。

楊儒賓對「思維」之研究取向有這樣的看法，其以為：

> 其中有一條線索，至少顯示學者重視的領域多少開始由知識的客體轉向認知的主體，由主題學的知識對象轉向文化積澱塑造成的主體認知模式，這是種「統之有宗，會之有元」的追求。「宗」、「元」不是落在認知對象上的析辨、歸納、大造系統。而是構所歸能，落在主體自己都不一定意識到的前認知之「濾過模子」。透過這個「濾過模子」，學者才可以將雜碎零亂的一般經驗，整理成「具有某某文化特色」的知識體系。〔註38〕

從人的「思維」進行研究，將可看出一個人，乃至一個文化的思想整體架構；所謂的「濾過模子」，正是在探尋其「思維方式」的歷程中所尋獲的結果，特別是探尋出一種文化的共同思維認知、結構與模式。這樣的研究取向可以體現出一種文化的基本知識體系。

誠如本論文所寄盼的，透過儒家這些平面材料與典籍的研究洞悉，實希望看出在《中庸》一書深具「中道思維」體系成形之前，其前後思維體系之連貫的線索與其意義，並且依此找出儒家對「中」的思維背後的基本模式；相同的，論文的另一部分，則透過道家而思，希望經由「思維方式」的探討來挖掘過去對道家在其「中道思維」探究之疏漏，並進而深入探討這些「深層結構」背後所要呈顯的意義，且更為精微地去進行儒、道之間的思維互較，以便看出其中之差異與融通之處。

這樣的研究取向，實可反思一項事實，即研究者必須進入思維的運行當中，以便重新看待文獻的內在質地；在探究所謂「創造歷史的人」思維是如何進行的同時，我們也同時在與文獻產生思維上的對話，新的文獻詮釋空間也就此而產生。這讓我們思考到清代學人章實齋之所謂：

> 「史貴筆削」之真義，其言：筆削之義，不僅事具始末，文成規矩已也；…固將綱紀天人，推名大道，所以通古今之變，而成一家之言者，必有詳人之所略，異人之所同，重人之所輕，而忽人之所謹。

〔註38〕參見楊儒賓黃俊傑編：《中國古代思維方式探索》。參見楊儒賓為此書所作之序言。

　　繩墨之所以不可得而拘，類例之所以不可得而泥。而後微莊秒忽之
　　際，有以獨斷於一心。〔註39〕

對於史料文獻的解讀，正在其活化，而活化之關鍵就在其對思維架構底下之探
求與交流，而思維之交流與探尋就必須重新回顧在這些面對歷史歷程中之人
們的思維方式，透過這些層層思維結構的開展，以現傳統之新意。筆者此項連
結，無非是希望透過對儒家與道家在其豐厚的文獻中，去探尋其中所發揮的思
想內容、思維的架構，與其推演之歷程，以彰顯其各自對「中道思維」之發想
與用意，進而找出新的詮釋視野。一個良好的詮釋，正是在傳統之中有其創新。

　　當然，全新的詮釋或是獨到之見地，絕非無的放矢，這必然是一場「溫故
知新」的歷程。從「思維方式」的取向進入，它必須重拾並且更為深入原有具
備的史料與文獻，它必然需要站在此平面的基礎上，才能以開立體之探尋；換
言之，傳統研究的成果是拓展新意的重要基石，要深入思維的結構，對材料的
基本掌握與解讀是需要的；更為深切地說，研究分析是有所程序的，尤其行走
在思維方式的探尋上，勢必有其一定且需要的推演歷程。

　　傅偉勳曾在「思想研究」之方法論上提出一種推演理路，他稱之為：「創
造詮釋學」。此研究方法正可以提供在我們所謂「思維研究」取向上一些參照，
本論文希望藉由此分析方式及其推演架構來探究「中道思維」在儒家與道家生
命情態中所能對應出來的思想意義，以及其中的思維結構。然而，我們研究的
實際方式並非以套用的模式進行，而是以此研究推論之方式做為啟發，以其論
述之層次為主軸來串連與詮釋這些相關材料。

　　傅偉勳對作為一種研究之方法─「創造詮釋學」，有其底下五項重要而不
可僭越的推展層次，他指出：

　　一、「實謂」層次─「原思想家（或原典）實際上說了什麼？」；二、
　　「意謂」層次─「原思想家想要表達什麼？」或「他所說的意思到
　　底是什麼？」；三、「蘊謂」層次─「原思想家可能要說什麼？」或
　　「原思想家所說的可能是蘊含什麼？」；四、「當謂」層次─「原思
　　想家（本來）應當說出什麼？」或「創造的詮釋學者應當為原思想
　　家說出什麼？」；五、「必謂」層次─「原思想家現在必須說出什麼？」
　　或「為了解決原思想家未能完成的思想課題，創造的詮釋學者現在

〔註39〕參見錢穆：〈第九章章實齋〉《中國近三百年學術史》（北京：商務印書館，1997），
　　　　頁451。

必須踐行什麼？」。〔註40〕

一個深具意義性的思想研究，不能只是平面的陳述，誠如我們必須進一步去探究「人以何種方式去思考問題」，以及如何「建立其世界觀」；然而，當我們要進入「思維模式」的探究時，思維的推展應當有其探索之理據；所以，透過這五層論述程序，希望本論文能找出「中道思維」在儒家與道家之生命情態上所呈顯的生命底蘊。

誠如「中庸之為德也，其至矣乎！民鮮久矣。」是《論語》中相當重要的材料，也是「中庸」一詞第一次以合文的方式出現在古代典籍中；這句話確實是孔子所說，然而這又將代表些什麼，以及能推展出哪些思維結構與其意義呢？（此乃「實謂」的層次）。

進而，我們必須透過整體思維的脈絡，文本的透析，以及邏輯的探索，去尋找《論語》當中可以相為呼應的材料，並儘量依此方式來探尋思想家想要表達的是什麼？進而去思索，他（或說《論語》，或說儒家）的思想意向到底為何？（此乃「意謂」之層次）。

再進一步，我們必須去思考這樣的思維方式與其內容，將代表什麼意義？以及其對後世《中庸》一書體系的影響和其思維脈絡的關聯性；甚至可以與道家材料進行比對，以看出其思維方式的底蘊與其可能的寓意（此乃「蘊謂」層次）。緊接下來，我們必須進行思考與評斷，對儒家在「中道」思維的所呈現的思想意義做出定位（特別是對「古典儒家」），這將串連起前三者的探尋成果，並予以適當的研究洞見（此乃「當謂」層次）。

最後，我們必將此研究歷程化整為零，投身到我們的生活時空當中，並對原來孔子（或說《論語》，或說儒家）所思考的議題（中道）加以修補或擴充，讓其思維方式能實證在現今的生活當中，以成為一種立體且活絡的思維運用（此乃「必謂」之層次）。

更如同我們必須重新檢視道家的材料，特別是在過去少有從「中道」思維之核心對道家進行研究的情形下。在道家的材料中，誠如《老子》所謂：「多言數窮，不如守中。」〔註41〕、「道沖而用之，或不盈；淵兮似萬物之宗。」〔註42〕、

〔註40〕參見傅偉勳：〈創造的詮釋學及其應用〉《從創造的詮釋學到大乘佛學——「哲學與宗教」四集》（臺北：東大圖書公司，1999），頁10。

〔註41〕《老子·第五章》。〔魏〕王弼等著：《老子四種》，頁4。

〔註42〕《老子·第四章》。〔魏〕王弼等著：《老子四種》，頁4。

「生而不有，為而不恃，長而不宰。是謂玄德。」〔註43〕等，亦如《莊子》言：「彼是莫得其偶，謂之道樞，樞始得其環中，以應無窮。」〔註44〕、「是以聖人和之以是非而休乎天鈞，是之謂兩行。」〔註45〕、「至人之用心若鏡，不將不迎，應而不藏，故能勝物而不傷。」〔註46〕等；在這些「實謂層次」的語句中，將隱藏哪些思維結構，又如何透過這些原始材料說出原思想家在「中道」範疇中的思維方式與意義，實為重要之課題。

　　然而，我們將如何進行分析呢？實然必須進入到往後的四種層次中，才能證成其思維理路。是故，我們必須經由文本的整體、其他相應之材料，以及對應的思維觀點來勾勒出道家在這些材料中所「意謂」的內涵；透過這些文本的穿插研究，我們可以建構起「中道思維」在道家生命情態中的影像，最重要的是，能重新建構起在過去研究中可能被遺漏的部分；進而找出道家思維體系當中對「中道思維」的體驗、呈現與其架構（研究者必須透過文本的爬梳、思維結構的分析等，來樹立原思想家的思維體系）。

　　當然，更須探討的是，在這些思維架構中，道家的「中道思維」將蘊含什麼意義，以及這些「蘊謂」的背後所帶來的啟示與發想（研究者必須闡發原思想者，及其思想內容的豐富意涵）。

　　藉由前面研究步驟的掌握，進而我們必須為這些研究之成果找出其在思想上的意義與定位；我們可以透過儒、道傳統思想之間的比較，或是思維結構的相互參照，來重新定位道家在整體中國思想中之「中道思維」的位置，並從所謂的「當謂的層次」中作出適當的研究檢討（研究者也可以從中進行自我的檢閱）。

　　最終，我們必須將其研究之定位或其成果放在生活當中去演練與證實，思維方式的研究必然需要回到當下的時空中去相應原思想家的用意；我們可以說，這是一種更為深入且具實證性質的研究，也是一場自我的精神訓練；在道家所提供的發想泉源中，「中道思維」的意義將必須透過我們的生命而說出什麼，所謂「必謂層次」正是如此。

　　研究必須從思想家原先所碰觸的舞臺、所言及的、所思考的開始；然而，

〔註43〕《老子·第五十一章》。〔魏〕王弼等著：《老子四種》，頁 44。
〔註44〕《莊子·齊物論》。參見〔清〕郭慶藩：《莊子集釋》，頁 66。
〔註45〕《莊子·應帝王》。參見〔清〕郭慶藩：《莊子集釋》，頁 70。
〔註46〕《莊子·應帝王》。參見〔清〕郭慶藩：《莊子集釋》，頁 307。

研究的終結卻必須回到現在的我們，從我們所碰觸的舞臺，所能思考的，所能再延伸的話語中持續思維的慧命；如果問及中國思想史上這次的「軸心突破」所能帶給我們的是甚麼？那麼，不斷對「生命和諧」之叩問就是其中最為重要的啟示。本論文希冀藉由對這樣的思維體系之探索，以深入挖掘出儒家與道家是如何在其各自對「中道」進行思索、參與以及體證，並且從中思考所能給予我們的生命啟示。

上篇　透過儒家而思

第一章 學思對中道思維開啟的意義
——學而不思則罔、思而不學則殆

本章提要

我們確實需要再度深入思考一個問題：在被認同為是一位文化「繼承」與思想「轉化」者的歷史定位上，孔子在中國思想史中所展現的姿態，其實是由一位「師長」（教師）的角色所開始的；而在孔子為後世所留下的印記中，也正是由其潛移默化而充滿「啟示性」的文化容顏所展開的。

《論語》中言：「溫故而知新，可以為師矣！」〔註1〕；這位「師長」正以「反觀自我」的心境來檢視自我，身為一位「人師」，從不以他自身的唯一思維來衡量一切事物；能成為一個「師」，必定是先從叩問自我開始的，以藉由自身的吐納過程來傳遞所學所思，所謂：「溫故而知新」，是一個不斷重新檢視自我，進而重新推出自我的歷程。嚴格說來，這位古典儒家思想中極為重要的人物代表，並沒有以「師」為「名」，或是「師心自用」；因為，他生命中的基本質地將行走在永遠「學習」的進程上；「溫故而知新」的真義，實意味著對生命進行某種程度的「調整」，其蘊藏著一場對生命中「平衡」的探尋；而所謂「學而時習之」〔註2〕的生命情態正與此思維之主軸相為呼應。本章即從這種自我叩問——「學習」的角度切入，以觀察古典儒家在此思維架構下對「中

〔註1〕 《論語‧為政》。參見國立編譯館主編：《十三經注疏分段標點19‧論語注疏》
（臺北：新文豐出版社，2001），頁45。

〔註2〕 《論語‧學而》。參見國立編譯館主編：《十三經注疏分段標點19‧論語注疏》，
頁17。

道」思維的基本呈現。

第一節　自省啟動思維的轉化──古之學者為己

　　古典儒家對生命的整體思維，即是從此時此刻入手，即是從「自我」這個個體下工夫；對古典儒家而言，「學習」本身就是一個全然性的生命節奏，在不斷轉換的人生歷程中，對生命和諧的探尋正是由此開始的。「學習」意味著對自我不足的反省，而它所接連啟動的是自我必須有所「思考」的連鎖效應；「為己之學」，使自身進入「學思」的歷程中，以帶動對自我的重新檢閱。尋求「中道」的第一步，正是由此行為之改變與思維之轉化而開始的。

　　以文化視野的角度來觀察孔子於中國歷史上的定位，可以從其思想及其思維方式對後世的影響中看出。誠如他實際地對過去的古老文明在其發展歷程中做了考量、參照、檢討，以及選擇（對過去的文化積累以及其成果而言，他有一定的信心，至少這股信心是出自於他自身的參與以及親身的體驗）；並且他自認為自己是一個誠懇的「傳述」者，在更為實際的行動上，他便把自身所領會的種種（涵蓋實際上的省思與體驗）以誠摯的心境來教導他的門徒（實際上是一種分享的態度）。從一位「師長」的角色開始，文化的活力在「教導」與「學習」的實境歷程中被如實地呈現出來。孔子曾經自述他對文化傳承的看法：

　　　　子曰：「述而不作，信而好古，竊比於我老彭。」〔註3〕

對於古代文明的檢閱、消化與再度肯定，實際上是來自於他自身的學習以及切身的經驗；而能深信其中並因而產生某種程度上的「信仰」力量，則源自於他自身的思考以及徵信。徐復觀以為，「信而好古」的自述內涵正體現出孔子對知識體系的學習與其檢討，以及最終經由學習、檢討而推演出來的反思能力；特別重要的是，對自我的省思。〔註4〕「信」不但只是相信，在建立一定「信心」乃至於最終於內心所萌生的「信仰」歷程中，實際上包含對每項事物的領會以及判定，從而才能回歸到對古代文明的真實認知與其確切的落實。

　　然而，回到最終的一個角色，身為一個文化的傳遞者，孔子將自身所體驗

〔註3〕《論語・述而》。參見國立編譯館主編：《十三經注疏分段標點19・論語注疏》，頁149。

〔註4〕徐復觀指出：「所謂信者，蓋亦指有徵驗而言。古今豈有無徵驗而可成為知識？」參見徐復觀：〈孔子在中國文化史上的地位及其性與天道〉《中國人性論史》（臺北：臺灣商務印書館，1999），頁72。

的心得以「教育」的方式來開展其對文化的崇仰，進而展現出其對文化的使命感。能夠「陳述」其中的義理乃至思想，必當經由一番的消化與整理，「學」（教育與學習之整體）的積極效應便如實地展現在「思考」的運作上。事實足以說明，「述而不作」已經是一種經由「自得」〔註5〕之後的心境分享，他必須對他所面對的事物進行消化，並反芻自己的思考與見地；在孔子自謙的語境中（不作），文化的質地被提升了、豐富了，並且有了更多的生命力；事實上，「陳述」正是一種態度的表明，「述」極有可能已包含了某種程度以上的「作」之本質。在傳承的歷程中，「學」與「思」被融通地展現在許多對自身的反省與自我的成長上。

　　我們可以說，「述而不作」的本質裡已經產生某種程度上的思想「轉化」成分；這樣的歷程，已經產生某種思維交替的作用。這樣的觀點，使孔子不僅僅是一位文化的「傳承者」，或是一位「教師」；在某個意義上看來，以「學習」為其本質而藉此展現自我的孔子，實際上可被稱之為是一位「生命的導師」，是一位對過去歷史經驗進行檢討並予以開創新意的文化人。

　　從「五倫」關係的應對上來看，「師生」之間顯得格外特別。它雖無父子之間的血緣關係，但卻有情同父子的濃厚情懷；站在古代君臣關係上做一比較，它雖有其上下之分，但卻不依此而處於決然尊卑的狀態；相較於兄友弟恭的關係、夫妻之間的尊敬與相愛，它似乎還存在著一種較為接近朋友之間的情感，並能以平等且客觀之心境來相待；學習的角色定位有時可以互換，所謂亦師亦友，所謂教學能相長；事實上，這樣的關係充滿著「靈活」的機制。因此，所謂「師生」關係或所謂的「學習」態度，實際上已被隱藏在這些生活的種種應對中，無論是父子、夫妻、君臣、兄弟、朋友等關係，都將隱含著「學習」的基石。一個完整的生命之所以能不斷推進並展演出其不同的角色，其所能依循的基本條件即從所謂的「學習」開始，這是一種深具協調性的品質與動能；透過學習，我們可以改變、轉化，進入更為和諧的狀態當中，並且能依此不斷前進。身為人生中的生命導師，孔子正藉由他自身的生命歷程，以最為平和的方式，不斷地在眾多門徒眼前體現他對人生的見地；教學正是一個良好的對話平臺。

〔註 5〕孟子曰：「君子深造之以道，欲其自得之也。自得之，則居之安；居之安，則資之深；資之深，則取之左右逢其原。故君子欲其自得之也。」《孟子・離婁下》。參見國立編譯館主編：《十三經注疏分段標點 20・孟子注疏》（臺北：新文豐出版社，2001），頁 356。筆者按：凡本論文引《孟子》之原文者，皆以參見國立編譯館主編：《十三經注疏分段標點 20・孟子注疏》為本。

　　據此，從某個角度看來，在整個「教育」歷程當中（教導與學習），「教育」並不是一個被制式化的形式；生命在這樣的互動中（學而不厭，誨人不倦）所展現的是，交流的狀態、調整的節奏，以及相輔相成的共性；學習的本身其實被巧妙地融入於這「五種關係」當中。換言之，不管身處於那一個狀態，我們時時都需要學習，因為我們時時都在面對自我。「學習」的方法自然是有的，但它卻不只是一個可以被獨立出來的形式；嚴格地說，它沒有形式，學習早就融入在我們每一個生活的角落裡。也正因於它自身可被融入，所以方法也就沒有被固定，答案也就沒為唯一，畢竟它最終要回歸的，正是課題繁雜的人間。在此，我們先從「十五志於學」的生命態度開始談起。

　　態度是恭敬的，行為舉止是平靜與緩慢的。在一次可以侍奉宗廟朝政的機會中，孔子以「敬畏」的心境展開他在政治體制運作中的抱負；宗廟朝會中的禮儀活動，實際蘊含著對公共事務的參與以及學習。在這一次重要的祭典活動裡，孔子似乎對某些事務（禮儀活動的內容）是不盡了解的；正因他還處於摸索的階段（孔子正在親臨其中以及體會其中），許多在朝官員與人士對他的當時的「請益」狀態是予以鄙視的。然而，這些鄙視的眼光並沒有打擊他過去所學與積累的知識，反而在親臨實境的同時增加了許多不同以往的經驗（似乎有些體驗是超乎一般所謂「理論」的）。孔子所表現的並非是初生之犢的莽撞行徑，因為他知道，所有經由學習而得的知識將在現實的事務運作當中受到檢視；對學習的認定，將從實際的行為與活動中去認知，更重要得是，對這些所能親身進行或接觸的實務產生認同。

　　看似一個宗廟禮儀活動中，孔子真實體會的，不僅是活動的內容，在其歷程中，孔子所體會的是：「學習」的意義，是體驗到我將能成為一個甚麼樣的人，一種對自我成長的督促以及其精神體驗。當個人存有一顆真誠「學習」的心境與其動力時，一切所謂有「意義的」人生也就從此開始展開，並且為他在未來的路程上提供前進的動能。所謂：

　　　　子入太廟，每事問。或曰：「孰謂鄹人之子知禮乎？入太廟，每事問。」
　　　　子聞之，曰：「是禮也。」〔註6〕

　　學習是如何被展開的？確切的理由是：「每事問」的積極的精神，以及其思維背後所展露的謙卑態度。這種真實面對自我的態度，能確切地引導並輔助

<hr>

〔註6〕《論語·八佾》。參見國立編譯館主編：《十三經注疏分段標點19·論語注疏》，頁72。

自我的不足。在一切處於「摸索」的階段中，孔子不會以自己所知道的來掩蓋所有的未知、不知與無知；因為，畫地自限將使自我無限膨脹於自己的心虛。然而，對一位正在「摸索」的學習者而言，更不會以個人所見視為唯一的準繩；在實境當中，考驗的不只是過去習得的知識，這同時也在考驗個人有多大的寬度與厚度去接受他所「未知」與「不知」的種種狀態。

　　然而，最為重要的是：他是否可以參照他者的經驗，從自我與他者之間尋得一種可以共同認知的觀點；進而在這等和諧的「經驗值」中，去提升自我的生命質地，以轉化自我的「缺失」，並進而調整自身所原有的「失衡」狀態。「學習」的另一層真實意義是一場「重新調整自我」的歷程，是使其生命「活化」的最佳基本動能。

　　從「每事問」的實際對應方式與其思維中，我們可以得到一個重要的啟示意義：即「學」的實質精神是一種對「生命」的「調整」。我們可以就此看出三層意義：

　　其一：從一個自我個體出發，「學」的意義首先讓我們思考到我們原有的種種侷限，我們必須透過這樣的生活方式來相應於生活中的種種事物；簡言之，我們要「學習」我們所不懂的與不足的。正當我們投身在一個「學習」的狀態裡，這一個自我的個體其實也已經開始接觸群體生活之種種。「每事問」的第一層基本意義，正是藉由在對這樣的公共事務的參與歷程中來啟發思索自我這一個個體的義意。所有一切事物應對的基本理論與方式之習得，將由此而建立之。

　　其二：正當一個個體與群體產生某種程度的接觸時，「學」所能啟動的另一層深切的義意正是「思考」本身。在參與一項公共事務的運作時，相對之間的認同感正需要透過彼此的互動來尋求其認同；在「每事問」的行為表現歷程中，事實上是在詢問「自我」，是在其中尋求「自我」存在的義意。所有一切事物應對的基本理論與方式之習得，將由此而進行一翻深入的思索。

　　其三：一切知識系統或是所謂的理論，將有待實際的行為應對與推出才能得到完整的呈現。「學」的真實意義，就是能在生命的進程當中予以實踐。當所學的知識實際進入到生活的狀態時，「學」便能激發出另一個全新不同的「學」，實際狀態將知識引領至生活當中；知識性的獲取將轉變成為生活化的感受。據此，「學」而「思」的生命體更能就此而呈顯。所以，「每事問」的精神與意義，便能就此而提升到在每次當下所必須應對的生命課題上予以調整及轉化，我們必須「學習」在每次需要「學習」的狀態中。那麼，這也就是「思」而「學」了。

第一層是「吸收」，第二層是「推出」，而第三層的意義是「再吸收」與「再推出」；生命不斷在進行「調整」與「轉化」。

《左傳》昭公十八年有一段這樣地記載，是關乎於閔子馬對於「學習」真義的論述：

> 秋，葬曹平公。往者見周原伯魯焉。與之語，不說學。歸以語閔子馬。閔子馬曰：「周其亂乎！夫必多有是說，而後及其大人。大人患失而惑，又曰：『可以無學，無學不害。』不害而不學，則苟而可。於是乎下陵上替，能無亂乎？夫學，殖也。不學，將落。原氏其亡乎！」〔註7〕

閔子馬以為，「學習」正如同培植一般；生命的一切根基正是由此開始的，除了能使生命充滿活力之外，「學習」更保有一股「謙卑」的品質。反觀「不害而不學」的淺薄認知，則是使之生命封閉，看待「學習」只是一種功利行為而已，最終也只能是苟且的心態。當閔子馬聽聞大夫周伯魯「不說學」時，他便深感當朝即將有所動亂。

聖者之所以具備著寬度與深度，乃在於他自認為自己什麼都不知，以及什麼都不是。正因為如此，「摸索」的積極意義正是：「學習」；一個讓自我朝向良性發展的認知過程。他將自己回歸到似乎無所知的狀態，把對話的平臺建立在兩者之間；一個是自我內心的認知（對自我是出自於省思），一個是親臨實際環境的參與（對外在是出自於一種尊敬）。在我（自我心境以及自我認知的部分）與他者（外圍環境與群體的關係上）當中，孔子以「問」（學習的本質）的模式拉近彼此之間的距離；嚴格說來，這是在尋得彼此之間關係上的「平衡」，以便建立起一種良好的「溝通」機制與其「互動」關係；即思索如何調整自身（自我）與外境（非我）之間的關係，進而達到「和諧」的狀態。

所以，對於身處「每事問」的孔子而言，其真實內心的回應是：正因我有所不足，所以我必定要積極的詢問與學習，在更大的學習意義與定義上，通達知曉禮儀之外，其深刻的確切意義是，我能「不恥下問」〔註8〕，我能透過此

〔註7〕參見楊伯峻編著：《春秋左傳注》（北京：中華書局，1995，10），頁1397。

〔註8〕子貢問曰：「孔文子。何以謂之文也？」子曰：「敏而好學，不恥下問，是以謂之文也。」《論語·公冶長》。參見國立編譯館主編：《十三經注疏分段標點19·論語注疏》，頁114。筆者按：在這樣的學習心境與過程中，「禮」的和諧意義不僅表現在「外顯」的眾多儀式上，更重要的是，它也同時表明著自我「內化」的精神意涵。

次的「互動」關係與「溝通」機制來培養，並建立下一次其深具能因此而促進彼此成長的關係與機制。

據此，我不僅是在向他者學習，我同時也是在叩問我自己一件事實，即我能否在此活動中去展現我自身的意義。嚴格的說，「問」實包含著「學」，而「學」也體現著「問」；所謂的學習，正是從「學」與「問」的互動開始的；「學習」實際上蘊藏著「溝通」與「對話」的本質。

學習讓我們感受到生命的存在與意義。

從「對外」的角度來看，「學」與「問」都將指向於對一個外在他者的學習，其正意味著，生命本身都將在其所處的環境底下進行活動，並給予調整。然而，從「向內」的角度說來，「學」與「問」則將指向於對自心的一種省思，其所意味的，便是生命本身對自我的認識，以及對自我存在價值的判定。但是，總觀全體，生命最終的轉化不是單一趨向於純粹的「理論形式」，或全然不可言語的「精神象徵」；恰恰平衡地，孔子所要表明的，正是展現在「對外」與「向內」的融合，在二者之間真正學習到融通與整合的能力，歷程中所達到的，是一種「共識」的形成。

當孔子真誠地回應出「是禮也」這一項見地時，具體的知識習得是不容懷疑的（禮儀的形式）；然而，更為具體的思維體驗是，內心的謙卑與認真學習的態度也同時被召喚出來（情感的內涵）。對孔子而言，叩問自身所不足，進而學習於他者，在自我與他者之間尋得一種「和諧」，這便是他對自身生命的定義。

值得注意的是，就「禮儀」本身最為根本的意義來說，恰恰也就是從「和諧」所開出的（「禮儀」正是公共事務推行中的一種象徵，它象徵著「秩序」）。換言之，對於這種謙卑與認真學習的態度，在其真實的禮儀活動中，便能進而展現出一種不會「不及」，以及不會「太過」的和諧品質。

如果我們仔細推敲《論語》一書編輯者的心態與用意，有一件事實是毋庸置疑的，即「學習」這一重要觀點被置於整體思維的第一順位（《論語》的第一篇章正是〈學而〉篇）。〔註9〕《論語》一書對「學習」的重視，是出乎我們

〔註9〕筆者按：孔子弟子及其再傳弟子，被視為是《論語》一書的整理及編輯者；在這群儒學的傳承者身上，可以強烈感受到他們對「學習」的敬重與尊崇。無庸置疑，起於〈學而〉終於〈堯曰〉的《論語》，將「學習」一事，擺在生命中的第一順位。這樣的「編輯心理」，與孔子「吾十有五而志於學」的生命情態完全相符。然而，更令人感到意味深長的是，《論語》一書實企圖透過「學習」這項議題，來傳達人生總體之哲理及其道途前進之方向。

想像的，更是一個值得深入探索的課題。徐復觀為此提出他的觀察：

> 由孔子開始有學的方法的自覺，因而奠定了中國學術發展的基礎。
> 人類很早便有學的事實。西周金文中，已出現不少的學字；春秋時
> 代，已經有很明確地學的自覺，如左昭十八年閏子馬說「夫學，殖
> 也，不學將落」，即是。但似乎還沒有明確地方法的自覺。由學所得
> 的結論，和對學所使用的方法，有不可分的關係。有學，必有學的
> 方法；但方法須由反省、自覺而始趨於精密，學乃有其前進的途轍
> 與基礎。中國似乎到孔子才有此一自覺。〔註10〕

這樣的思維推想並無過度的演繹；誠如朱熹的看法：

> 今讀《論語》，且熟讀〈學而〉一篇，若明得一篇，其餘自然易曉。
> 〔註11〕

又言：

> 〈學而〉篇皆是先言自修，而後親師友。〔註12〕

其中所謂：「熟讀〈學而〉」與「先言自修」的見解，實闡明《論語》一書對「學習」一事的基本看重；更為重要的是，我們可以藉由「先言自修」的見地上與古典儒家在所謂「為己之學」的傳統觀點上做一連結與發想。就某個意義上看來，這是所有待人處事之道的第一步，也是處於世間的最大根本。

如果我們的推論無誤；正因「學習」的目的是出自於對生命平衡的探索——透過「學習」得以調整原本的失衡狀態（即是我們生命中的不足與缺失）——那麼，我們便能在學習的過程中，朝向更為「和諧」（應對於我們生活中的事物）的方向前進。

事實上，在每次學習的歷程當中，調整與轉化自我的心境是必然的效應，這也是傳統觀念中所謂「古之學者為己」的重要核心。徐復觀以為，孔子的「學」已經被賦予了「方法」，在通過自我內心的省思之後，經由外在所「學」進而轉化出來的便是內在的「覺」（事實上，這正是外在與內在的相融狀態——「學」而「思」；「思」而「學」）。從學習的實際體驗到自身的「自覺」，我們可以清楚地認識到，孔子對於學習的態度不但建立了「方法」，他同時也確立了「方

〔註10〕 參見徐復觀：〈孔子在中國文化史上的地位及其性與天道〉《中國人性論史》，頁71。

〔註11〕 參見〔宋〕黎靖德編：《朱子語類》（北京：中華書局，1999，6），頁446。

〔註12〕 參見〔宋〕黎靖德編：《朱子語類》，頁446。

向」，這等「方向」便是能時時讓自我處於調整與轉化的機制上。我們可以更為確切的說，「方法」其實沒有被限定，正因為是出自於最終的「自覺」，所以必能因應於多變的事物上；在未來的生命進程中，我們將不斷地在「充實」自我；「自覺」引領了生命的整體「方向」，這便是對「學習」的真正認知。

朱熹且將孔子的「學習」內涵分析得更為深入；他說：

> 今且理會箇「學」，是學箇甚底，然後理會「習」字、「時」字。蓋人只有箇心，天下之理皆聚於此，此是主張自家一身者。若心不在，那裏得理來！惟學之久，則心與理一，而周流泛應，無不曲當矣。且說為學有多少事，孟子只說：「學問之道，求其放心而已矣。」蓋為學之事雖多有頭項，而為學之道，則只在求放心而已。心若不在，更有甚事！〔註13〕

朱熹不僅認為學習一事對生命而言有其重要地位，並且將學習的核心回歸到自心的對應上，從另一個角度看來，朱熹所強調的其實是「實踐」問題。〔註14〕這種對應關係當然不只是獲取知識的滿足而已，當自我的內心能與知識體系契合而達到「周流泛應，無不曲當」時，我們的生命才能與這運行的宇宙中同步，進而認識到自我存在的意義與價值。從朱熹對事務所謂：「周流泛應，無不曲當」的觀察中得知，「學習」最終的效應，是培養自我有其因應的能力，是對事物的掌握與取捨，當然也包含著自我對這些事物的感受；這顯現而出的是一種「平衡」（無不曲當）與「靈活」（周流泛應）；而更為深層的意義是，在生命的互動中，生命將有所改造。

誠如杜維明所言及：

> 由於假定對自我的真正認識必然導致改造自我的行動，因而在這個意義上的知，就不僅是反思和理解，而且是塑造和創新。認識自我的同時就是完善自我。〔註15〕

〔註13〕　參見〔宋〕黎靖德編：《朱子語類》，頁446。

〔註14〕　筆者按：在漢代儒者的解釋當中，「學習」可能單只被看成學得其智與反覆記誦之意而已。然朱熹則深化其意，以為「學習」是效法與實踐，是將知識落實於日用當中，進而深化自心的反省能力。而相較於清代儒者的看法，則在「實用」之角度上更加深化，「學習」被賦予另外一層新的涵義，即往後發展出來所謂「實學」的觀點。

〔註15〕　參見杜維明：〈東亞思想觀念中的「道德共範」〉《儒家思想——以創造轉化為自我認同》（臺北：東大書局，1997），頁16。

相為呼應的，藉由孟子對為學之道的觀點來看，朱熹所謂：「心若不在，更有甚事！」確實一語道破「學習」的真義；倘若我們沒有一顆真實應對的「內心」，那麼，「學習」就會被簡化為是一種因外來的施壓而產生的反應，在沒有以「內心」體驗而分享的教學歷程中，知識就只是歸知識，學問也就被弱化為是一種虛榮的表現。誠如出自於自身的一次「自覺」，「學習」將體現在我們所生活的環境當中，甚至已經成為自己生命中最為重要的一部分。

　　我們若從學做「更好」和更「完全」的人之目標來看，「求放心」這一思考正意味著：我們必須對「失衡」的生命負責，更重要的是，我們應當找回「原有」的那顆完善的心智。這一切將回到最為根本的問題：即面對「學習」一事，除了「信」、「解」的基本認知條件之外，它還必須包含著「行」與「證」的實際工夫；這便是之前所言及的——我們將必須在不斷變動的生命歷程中，持續地對自我原有的生命質地加以努力並且給予提升。

　　更為深入的，「學習」的真實內涵將引領我們去深思，生命本身「對外」的敬重與「於內」的省思。從更微細的解讀上來看，「學」的基本意義是初步的認知，而「習」則是重覆的訓練與思考，「學習」正說明著對自身永無止盡地再認識；透過「新知」我們可以提升自我，經由「舊聞」我們可以沉澱自我。

　　事實上，沉澱自我正是在提升自我；因為，「學」正有待「習」而證明，而「習」則依存於「學」為其根本，「溫故而知新」的道理本來就是一個整體；這是互動且能相輔相成的。倘若加上「時」的觀點，那麼生命便是在不斷流動的變換歷程中去找尋其最為適宜的方式而繼續前進。因為，「時」正意味著：不斷的在變化，不斷的處於每一個具體的當下，以及具備不斷必須因條件的變化而須調整自我的能力。所謂的「時習之」，則進一步給予我們對學習本身有了正面且健康的態度：面對人生多元的挑戰，「時習之」不是重複的演繹與推論，而是能客觀且審慎評估生命的種種可能性；在不同的人生階段與其所發生的不同狀態裡，能時時檢討自我（習）並且應用我們所曾經習得的內容（學）。

　　「學」可被視為是一種對自我認識的基本態度，而「習」便是一種對自我的認同與落實。

　　據此，「學而習時之」的意義正是：我們應當隨時處於不斷重新認識自我，以及到轉化且認同自我的歷程。因為有了這一層意義，「學習」因而有了「活性」與「動力」；這種活性的動力讓生命確實地「活動」了起來。在「活」中我們體驗了生命中所謂「正面」的意義（進入生活的狀態）；在「動」中我們

落實了生命中所謂「健康」的態度（在生活狀態中有所運用）。

　　沒有多餘的推演及假設，而是在平凡的生活當中以「實踐」的方式表明人生的底蘊。在《論語》的一段格言裡，我們可以「隱約」地看到孔子一生的縮影（事實上，這段陳述是相當「直接」且「明白」的）；在這個縮影當中，幾乎涵蓋並且明確的表示出所有有關孔子一生的行徑以及他最終的期望。然而重點是，在這段孔子的自我陳述當中，任何階段中的行為表現以及最終理想境地的呈現，是一段循序漸進的漫長旅程；在陳述裡，他以簡易的文字告訴我們（這樣的言語充滿著無限的意味）：他在哪些人生階段做了甚麼事，並且從中提出他個人在這些經驗中獲得了什麼，以及最終他在這樣的生命歷程裡所達到的平衡與穩健的人生狀態。孔子說：

> 吾十有五而志于學，三十而立，四十而不惑，五十而知天命，六十
> 而耳順，七十而從心所欲，不踰矩。〔註16〕

　　我們再次清楚得知，「學習」勢必是一切人生發展的基石，而個人在社會運作中的獨立思考以及親身參與也是重要的實證過程；將所學的知識運用於生活當中，當然這還包含著不斷繼續學習的心態。正因如此，在現實與理想的雙向考驗與調和之下，什麼是我所不能被誘惑的、不被困擾的，以及體悟到什麼是生命的本質與個人的責任，這將表現在更為成熟的思維上；這確實相當重要，因為這將使我們理解到所謂的「明知不可為而為之」的生命態度。縱使有那所謂的「命定」或者是「限制」，正因為自我的生命質地的提升，所以能轉化自我的心境，那阻力也可能成為助力。

　　然而，這一切將進一步回到內在心靈與外在事物之間的平衡中；當自我能清楚明白他人所言、所行並作出正確的思維與判斷之時，我當更清楚地知道自己所要表明的立場是甚麼。或許這其中將產生很大的衝突，但自心的從容是愉悅的、安然的，逢迎左右的心態恰恰被剔除了，於心而誠摯的，正是我與事物之間的和諧與融洽；因為，自心此時已經可以掌握在這變換當中的平衡，並且與這樣的平衡持續保持同步。〔註17〕

〔註16〕《論語·為政》。參見國立編譯館主編：《十三經注疏分段標點19·論語注疏》，頁39。

〔註17〕朱熹對《論語》此章有這樣的評述：「不惑是事上知，知天命是理上知，耳順是事理皆通，入耳無不順。」參見〔宋〕黎靖德編：《朱子語類》，頁558。筆者按：由這裡我們可以發現這是一個循序漸進的「成仁」過程。而在這裡我們也隱約看到，朱熹這樣的思索與佛學思想中的華嚴宗「四無礙」的思維觀點有著相近之處。

　　我們以為，能貫穿孔子整體生命的本質的，正是在於他自身的「學習」精神上；在「立志」於「學」的態度上，心的底盤正因應於時空的轉換而有所持續不斷的蛻變。

　　所謂「志」，正是心所期待並嚮往的，以「學習」作為人生的核心，在不斷轉換的歷程中，都能時時面對自我，並從中找到最為合宜的定位（志於道）。就「而立之年」來說，是透過「學習」龐大的人間體系，進而建立起自身在社群中的認知與認同（立於禮）。若以「不惑之年」觀之，則是經由「學習」所帶來的自我思辨能力，進而認清事物的本末與輕重，在所謂有「損」、有「益」之間判別其緩急（知之為知之，不知為不知）。至於「天命之年」，便是依循「學習」的精神來轉化自心所感受到的困頓，在充滿對自我期許與懷抱的理想中，似乎也必須認識到實際的生命限定與障礙（知命。知其命有所限）。行走到年近花甲的「耳順之年」，「聆聽」是最為深刻的一種「學習」，他將自己放下，站在他者的立場上，和諧的氛圍讓自身能有充分調整的機會，並使之生命保持在柔軟的狀態上（順天。知其命有無限）。

　　在這一個漫長的實證歷程中，我們清楚發現，對「中道」（和諧的生命觀）的追尋與展現是孔子一生所要努力的「方向」；透過不斷的認知、轉化與認同，以及再認知、再轉化與再認同的生命動態中，孔子一直都不斷在「學習」，都在展現他生命中「和諧」的品質。由此可知，面對自身生命也同在這不斷轉換的時空當中，「學習」的真諦將不再只是「方法」上的限定；「方法」當然有，但「方法」是「活絡」的。就不斷提升自我生命質地的角度而言，「學習」的深層意義正被視同為一種持續往前努力的態度，這是一種「方向」，是將生命放置在一種不斷超越自我的方向。因為，能有今日「從心所欲」的自在心境，便是源自於他一路「學習」的精神；而所謂「不踰矩」的態度，正是他對人生經驗積累的肯定與詮釋。據此，在「從心所欲」與「不踰矩」的兩項觀點裡，非但沒有所謂的矛盾，我們還可以依此證實到孔子的生命便是在這「中道思維」底下所展開與完成的。換言之，「學習」的精神開展了生命，也完成了生命，並且是在「和諧」的狀態中進行的。

第二節　思維的轉化帶動事理的推行——反身而誠

　　「反省」帶動了思維的轉化，而所謂的「轉化」是為了推展並實行於生活當中的種種事物。尋求「中道」的第二步，便是落實在事物之上。自我轉化正

是藉由與對象之間的關係所引領而起的，然而自我轉化的真正完成，則將在與其對象之間的關係重整歷程上看出；「內省」的同時，將指向於「外推」。「反身而誠」的思維角度能使之自身真正進入對象與自我，進入對象與自我的關係上；這層「反省」，能進一步參照於對象的條件，以及檢閱自己的品質，進而使思維轉化有其意義與價值。這樣的「轉化」將不斷落實在由「學」而「思」，由「思」而「學」，再回到由「學」而「思」的反覆推展歷程中。「反省」是達到生命和諧的一股正面力量。

聖者不僅有依循的「方向」，而且「方向」總是開放而不受牽制的。乍看之下他們沒有法則，但事實總是遵循常理在進行，在一切處於常態的狀況底下，方法與原則就顯得相當平實；我們甚至可以感受到：一切是那麼自然而然的，甚至是平凡的。在日常生活底下，聖者時時佇立、觀看，他們注意到的不只是自己的「不足」，他們還同時藉此思考著自己「為何」不足，以及將如何對自身的「不足」加以補強；他們時時提醒自己並且藉此認識到自我尚未達成的部分。

但值得注意的是，這裡的「補強」對象絕非以自我利益為中心，在持以「和諧」品質的前提下，聖者不但須要考量「成己」的必要性，同時也須思索「成物」的重要性（推己及人）。杜維明認為：

> 按照古典儒家的意思，自我所指稱的是各種關係的中心，一種具有群體性的品質，它從來沒有被看成是一種被孤立的或可孤立的實體。〔註18〕

因此，自我能觀察到自我的「不足」，不僅是就自身所推出的思維而已；事實上，「不足」所呈現的狀態正訴說著「自我」與「環境」之間已經產生失調的現象，這樣的自我觀察，實已體現出自我對外在人事物的態度，一種關懷的態度與應對的態度；這便是有心，有其「用心」，最終我們將與群體結合。對於如何使之全然且完滿，便是在兩者之間建立起良性的機制，這也就是「學習」的真實內涵，也就是呈現「中道」品質的具體方式（靈活的方式）。

誠如《論語》中的一則記錄：

> 子張學干祿。子曰：「多聞闕疑，慎言其餘，則寡尤；多見闕殆，慎行其餘，則寡悔。言寡尤，行寡悔，祿在其中矣。」〔註19〕

〔註18〕參見杜維明：〈儒家論做人〉《儒家思想——以創造轉化為自我認同》，頁55。
〔註19〕《論語·為政》。參見國立編譯館主編：《十三經注疏分段標點19·論語注疏》，頁47。

子張曾向孔子學習如何求得祿位，這是一項相當實際的生活應對；然而，在孔子的回應中，祿位的求取理當回歸到對「自心」的叩問上。「方向」似乎回到了自己，也似乎須從自己本身再度出發；孔子誠摯地告誡子張應當以「多聞」與「多見」的態度來重新認識自己，這一歷程正是察覺到自我的「不足」。然而，對於自我「不足」的體認正是在其所處的環境中所發生的，所以我們理當回到整體社群運作中才能落實。因此，「謹言慎行」的自我要求就不只是在提升自我而已，事實上，這也包含著個人對社群的一番誠摯的參與；當我們自身能處於最為「合宜」的狀態時（言語少有過失，行為少有遺憾），那麼此時我們得到的「俸祿」與「地位」，正是整體社群給予我們的最佳精神回饋；這遠比任何財物要來的更具其價值（我們也因此可以理所當然地得到應有的祿位）。

據此，原先的「不足」就能得到調整，「自我」也就能如實地在「環境」當中落實；子張學干祿的歷程，正是「成己」，亦是「成物」的過程。我們也可以發現，真正的「學」不是片面地出自於對自身利益的追尋與滿足；真正「學習」的精神，是在其能全面地且出自於對群體關懷的省思上所開出。

在應對一切事物的當下，正如你也在展現自心一樣；「謙遜」的態度是如此必須而且受人尊敬的。在這種互動中，身為一位詢問者，或者是一位請益者，已是不容易的事情；因為，誠摯的請益或詢問所代表的，正是一個「謙卑」的心境。然而，對於一個被詢問者而言（實包含著三種特質，即傳道、授業、解惑。），「謙卑」的態度，更是極為關鍵的；因為，他必須以更為謙卑的態度來面對一切，其實不只面對他者，在思索與回應當中，他還時時面對著自我——內心的自我。《論語》中，曾有這樣一段心境紀錄：

> 子曰：「吾有知乎哉？無知也。有鄙夫問於我，空空如也，我叩其兩
>
> 端而竭焉。」〔註20〕

當我們處於極端立場而堅決主張個人所思考時，「空空如也」的心境幾乎是不可能的（空空：悾悾也——誠懇的態度。）；因為，我們自以為我們知道一切，並以自身的一偏之知為真、為用。

因此，如何站在雙方的立場，並設身處地地思考，從而擇取其中最好的「經驗值」，是聖者所考慮的。溝通的進行與意見的交換，不是只為得目標的達成，

〔註20〕 《論語·子罕》。參見國立編譯館主編：《十三經注疏分段標點 19·論語注疏》，
　　　　頁 198。

在「對話」模式的基礎上，立足點的平等讓彼此有了思考的「平臺」；在此時，每一個個體能展現「謙卑」的態度是問題的關鍵。當思考回歸到這樣的基本型態時，雙方的調性就會處於融洽，而思索的厚度與深度就會增加，並且朝向更為完善的方向進行；正是以詢問為學習，以學習為詢問）。此時所呈現出來的便是一種「中道」的品質。

為了某種目標之達成，很可能只是暫時性的協同，因為我們不知道下回我們又將面臨什麼樣的問題；確切的理由是：世事總在運行（變化），而最為適當的方法也總是在「變換」當中。我們的角色可能因此而互換，我們的角度也可能因而轉變；在這些多元變動的情境中，「平臺」時時敞開，「對話」時時在進行。因此，「叩其兩端」的意義很可能不只是擷取雙方的意見，或是所謂折衷地化約彼此的見地而已，它應當存在著「多元視野」的觀點；而所謂的「竭焉」，正是為他者與自身盡其力，在彼此當中尋得最為「合宜」的方向。

這不再只能被視之為是選擇 A 或 B 的問題，而是進一步思索「自我」（個人─內心）與「他者」（群體─環境）之間因不斷變動的角色轉換所帶來的無限對應關係[註21]；因為，真正成熟和穩健的和諧，是表現在其整體可行的「共性」上的。或 A 或 B 只是針對事件的平面考量而已，在個別的自我意識與群體之間的對應關係上，「立體思考」才是所要努力的方向；因為，這其中極有可能得出的結果是 C，甚至不只是 C，而是 D 或 E。

嚴格來說，所謂的「竭焉」已經不只是「盡力」的態度而已，實際所呈現的，理當還有「盡心」的精神。據此，我們可以得知，在「中道」思想的整體思維中，保持立場「中立」的精神很可能已經不是最終所要關懷的；若從更為廣闊的角度（活化）來說，時時展現其「中性品質」於生命的變動中，才是「中道」思維的根本底蘊。

思維的中心，並不只是為了某種目的而進行的；它更不只是在關注，如何抉擇出最佳的手段來處理問題而已。它實際表現的，是在親身參與中能提供最佳的經驗值，在平衡的機制中找到得以信賴的共通本質；因為，能服人之口，未必就能服人之心。在其互動當中，「教學」的動力往往也就展現在「提問者」

────────────

〔註21〕　筆者按：當鄙夫請益孔子時，鄙夫這樣的一個自我，將對應於孔子這樣的一位他者；而當孔子回應於鄙夫時，孔子這樣的一個自我，將對應於鄙夫這樣的一位他者。於是形成個人（自我）與群體（他者）的關係，而在許多複雜的人事交集上，處理事物的方式也就必須處於更為多元化的狀態。多元的視野，就是能關照自我與群體，以及在自我與群體之間所帶動的關係。

的品質上；所以，「空空如也」所展現的，是謙卑的德性（因為深感不足，所以提問）；而「叩其兩端」將落實在多元化的視野裡，以尋得最為完善的方向為目標，並被視為是一種設身處地為人著想的情操。我們可以說，「中道」的品質便是一種可貴且可敬的「中性」品質；因為「中性」，所以有了「變通」與「超越」的可能；質地是靈活的。

　　所以，「中性」的品質不是中間路線，也不是 A 加 B 除以二的平分問題；在更為深刻的意義上，朝向更為完善的目標前進才是「中性」所要表明的意義。雖然我（孔子）所面對的只是一位「鄙夫」，但就自我生命的認同而言，這其中「學」與「問」的關係是相互增長的、互換的；並且因而得知，這是在面對平凡事物中（鄙夫）的一種神聖態度（竭焉）。這樣的態度將引領我們對生命有著更深的思考與繼續前進的動力。事實上，身為一位「叩其兩端，而竭焉」的回應者，他其實也身處在詢問者的角色當中，只是他現在詢問的對象是自己，是自心。這也能對應出一件事實：「溫故而知新，可以為師矣。」〔註22〕的道理。

　　能成為一位所謂生命中的「導師」，正在於他並不自滿於自己只是一位「教導者」，在「謙卑」態度的引領下，他也自認為自己是一位「學習者」。這種出於自心的「覺醒」意識，其確切的理由是：聖者知「反」。因為，孔子所前進的「方向」，正是具體地回歸（反）到對自我的省思與觀察上。也因此，值得注意的是，生命之所以會出現「反」（返也）的思維，其用意正是在表明，我們的生命不只是一直往前行進而已；站在擴展自心深度與廣度的思考之下，對自我進行「反思」的態度正意味著，我們對生命的態度應當需要多方的「反芻」（回到自我內心的思考）；「反芻」一切我們現今所擁有的，以及包含我們所學習的與面對的，藉由這些經驗的分享與參照來促進生命的活力，沉澱才是使之前進的動力。以退為進方式是必要的；因為，孔子所依循的「方向」，是站在「關照」他人，以及「觀照」自我的基點上。

　　如果我們從更為積極的角度切入觀看這個「廣闊的向度」時，孔子所展現的，正是「能近取譬」的生活樣態。因為，一個更為深入且成熟的「自反」，不僅包含著對自我的省思與觀察，它實際上還存在著無限的創造力與發展性。事實上，「反」正意味著「如切如磋，如琢如磨」的態度──這是一種對自我

─────────────────────

〔註22〕《論語·為政》。參見國立編譯館主編：《十三經注疏分段標點 19·論語注疏》，頁 45。

的再認識，也正是對自我與群體之間的再認同；透過彼此「省思」的作用，進而從中進行關係的調整、思維的轉換，以及尋得各自最為適宜的立足之點。

　　因為，在進入真正的「學習」進程中將必須兼具另一項品質，即「思考」；除了「好學」（吸收）之外，他還必須「深思」（推展）生活中的一切課題。〔註23〕「反身而誠」的真義，不僅只是「反思」自我而已；所謂成熟且通透的「反思」，理當還包括著對事物的「反推」。針對所謂完全人格的呈現而言，有了「反思」以及「反推」，對生命的「反省」才能完整。也正是因為有這一層「推陳出新」的動力，「反身而誠」的生命品質才能持續往良性的方向前進。

　　　子曰：「不憤，不啟；不悱，不發，舉一隅，不以三隅反，則不復也。」

　　〔註24〕

孔子曾勸勉弟子在學習的歷程中必須有其「靈活」的思考能力。「他者」的啟發性正來自於「自我」的回應裡；這個向度正是以宏觀的視野作為基礎，如果沒有「心求通而未得之意」與「口欲言而未能之貌」〔註25〕，啟發的效應也只是片面的。孔子相信，除了單向吸收之外，在學習的歷程中，提出不同的思考與見地正是提升自身的最佳證明（有時相反或具有衝突的意見，也會帶來不同的思索）。因為，在掌握一種觀點之外（一隅），對於其他觀點（三隅）也是必須被同時尊重的；甚至，我們需要察覺到它們的存在意義與其價值。

　　所以，站在相互融通的維度上；「三隅反」便呈現出「類推」（類比）的思維模式，以及「共同」探尋生命價值的系統；而且「反」的積極意義在此狀態之下就顯得特別深具活力與機制性。誠如杜維明指出：

　　　類比性思維，就是通過不斷洞察整個人類狀況及個人在其中的特定

　　　「位置」的過程，來發展自我理解。這包含系統的反省和不斷的學

　　　習。〔註26〕

這一個所謂：「特定位置」，正隱含著我們是否能在這生命的過程中，尋得我們該有的立足點，並且是以穩健的、平衡的、合宜的腳步持續往前邁進。我們可

〔註23〕所謂：「學而不思，則罔；思而不學，則殆。」《論語・為政》。參見國立編譯館主編：《十三經注疏分段標點19・論語注疏》，頁46。

〔註24〕《論語・述而》。參見國立編譯館主編：《十三經注疏分段標點19・論語注疏》，頁153。

〔註25〕參見〔宋〕朱熹：《四書集註》（臺南：大學書局，1991，1），頁42。

〔註26〕參見杜維明：〈先秦儒家思想中的人的價值〉《儒家思想──以創造轉化為自我認同》，頁70。

以進一步地說：這個「位置」，是讓自身投身「其中」，養於其「中」，而轉於其「中」，最終可以化於其「中」的「位置」；這一個「位置」，必須是一個時時需要不斷訓練自我成為靈活思考，反思而用的生命個體。

藉此，我們可以再深入推知的是：這樣「能近取譬」的思考，是將自己置於（回歸到）四方物體的「中央」；〔註27〕佇立於此，以更為客觀的視野來觀察世界並且省察自我。這一個所謂的「特定位置」，就不僅僅只是任何一種固定的方位（一隅）；在不斷學習的歷程中，進入事物磨練的狀態裡，能進而藉此隨時調整自我，這就是最為恰當的「位置」。從最為「根本」處入手（反思於自我，使成見消弭），進而讓自身以開闊的心境推向於所有應當合宜應對的事態上（反推於整體，使之共識完成）。〔註28〕因為，唯有多方思考，才能使我們的生命能漸進地朝向完善的境地前去。

在此，我們進一步要證實的是：「三隅反」的思考，就不只是「三隅」而已，極有可能我們是身處在「多隅」的世界當中（在複雜多元的人際網絡中，我們的定位是隨時在更動的）。在沒有設限的情境下，聖者的眼界是多元的，聖者將自身置於「中央」（生活的環境），使自心時時處於「反省」的狀態，這才能關照於一切。正因有「反」，所以「前進」；也正因為必須「前進」（推向於外在環境），所以在生命進程中就必定需要不斷持續地「反」（回歸於自我內心）。

事實上，孔子也是這樣告誡我們的：「敏而好學，不恥下問。」〔註29〕

真實的「智慧」正在其能不斷的對自我加以充實，生命所因應的原則不是一套刻版的理論，而是在自我與群體互動中的實際體驗；所謂的「答案」，很

〔註27〕 筆者按：所謂的「隅」，就是指一個「角落」；或者從思維的引申意義來說，可以被譬喻為是一種思考的「角度」。在傳統的訓詁中，言物之方者，有四隅。

〔註28〕 筆者按：《論語》中曾有這一段紀錄。有人詢問孔子，先生為何不從事政治？孔子回應的內容，卻從如何孝順父母，以及友愛兄弟的角度間接切入政事的核心；在對話中，孔子重新詮釋了他對政治的觀點，以及他對人間關係的解讀。其紀錄為：或謂孔子曰：「子奚不為政？」子曰：「書云：『孝乎，惟孝友于兄弟。』施於有政，是亦為政。奚其為為政？」《論語·為政》。參見國立編譯館主編：《十三經注疏分段標點 19·論語注疏》，頁 50。從「能近取譬」的觀點出發，孔子所展現的，正是「本立而道生」的深切思維。這一個「中央」之地所顯現的，也正是從一項如何深具家庭基本修養的人際關係所談起的，進而再依此而擴展到政治運作上之基礎功夫。

〔註29〕 《論語·公冶長》。參見國立編譯館主編：《十三經注疏分段標點 19·論語注疏》，頁 114。

可能是出乎意料之外的；即便道理是那麼的「平凡」，也必須虛心求教，因為真實的「智慧」就是從實際的體驗中所獲得，「智慧」就呈現在這「反省」之上。那麼，「智慧」本身就不會自稱自己是有「智慧」的，通常「智慧」會回歸到一切的常態上──智慧本身，依然是「謙卑」且處在「自省」的狀態中。〔註30〕就某個意義看來，「舉一反三」的思維模式實包含著三層意義：

其一：因為有所「反」，所以感受力是由自身內心開始啟動的，而不是外力所強迫的。這意味著，「好學」的品質被引領而出。

其二：因為有「反」，所以能敞開心境以參照不同的相關意見。這便是「深思」的品質。這意味著，思維活動被開啟，生命的交流由此而生。

其三：因為有「反」，所以能反省自身，並能參照其它見地；據此，思維是活絡的並且是可以持續不斷推進的。這種「重新認同」正是對生命負責的態度，即所謂的「自我轉化」。

在其「反」的整體歷程中，是一場「成己」的歷程，是一場不斷重新尋求自我認同的歷程；然這也是一場「成物」的歷程，當自我能參照於他者的聲音時，事態的整體樣貌也在同時進行轉化，自我的轉化價值，就同時呈顯在群體的認同上。「反」的態度實際表現出一種新意，一種生命不斷推進的新意。「反」的過程，是為己重新認同之後即能步入實踐的狀態，實踐在不斷需要「反」的歷程當中。我們可以這麼說：如果「叩其兩端」，是展現其生命的平衡與穩健；那麼「舉一反三」，便是從中「活化」生命的品質，與「再創」生命的無限與價值。

第三節　重尋生命意義之喜悅──不亦說乎

「為己之學」的核心價值，正是在於「自我轉化」，而「自我轉化」的實質精神，則是在於對「自我」的「重新認同」；相對而言，這股「認同」的力量也將必須藉助於外在事物的接觸，以及經由思索之後的推展與落實而得到完整。自我認同，也同時指向群體之認同。因此，「為學」的真實目的與意義沒有他者，其直指的是對自我內心與群體關係上的感召，這種感召是一種對生命重新認知的喜悅與感同；「學思」的個體，將不斷在此歷程中獲取全新的生

〔註30〕子曰：「蓋有不知而作之者，我無是也。多聞，擇其善者而從之，多見而識之，知之次也。」《論語‧述而》。參見國立編譯館主編：《十三經注疏分段標點19‧論語注疏》，頁165。

命價值與意義。因此，所謂的「不亦說乎」，正是體會到在探尋自我歷程中的可貴，以及在不同的參照底下所開展出來的全新自我；而所謂的「中道」的生命體，就在此種狀態下展現其活性。

就「學習」本質而言，其態度不只是停留在一味地對「知識」上的追尋，或者是對外來事物的暫時「應對」而已；對孔子而言，「學習」被視為是一種長期的自我「修養」；在這漫長的生命歷程中，「學習」的精神核心正是在啟示我們，我們應當時時處於「超越自己」的狀態。最終，其所指向的是「自我認同」，全新狀態的「自我認同」。對於這種長期的自我「修養」，子夏有這樣的體驗：

> 子夏曰：「賢賢易色；事父母能竭其力；事君能致其身；與朋友交，
> 言而有信。雖曰未學，吾必謂之學矣。」〔註31〕

「務本」且「實際」的觀點，具體的點明「為學」就在我們的生活當中；對孔子而言，「人生」就是一部值得學習的偉大「典籍」。「竭其力」、「致其身」，以及「言而有信」的態度，正是對「學習」最佳的體現。其接連我們之前所論述的「自反」心境；一個能自我啟發學習動力的人，他必定能改善自我的缺失，進而尊敬且向該學習的人學習。所謂「易色」的道理不僅說明著，我們應當不能單就外表的美好或暫時性的利益而滿足，實際還顯現著我們應當有更為遼闊的思維與視野，我們必須有所超越；也因此，所謂「賢賢」的態度，正包含著我們須讓生命朝向更為「完整」的寓意。

在這條朝向「完整」努力的進程中，就《論語》而言，便是從「自身」開始。因為是由「自身」開始的，所以古典儒家對生命的認知是「實踐」的，而只不是「分析」的。正是藉由這樣的一個「實踐」歷程，而去思索所謂「完整」的真實意義。

「修養」的本義將源自於我們自身必須真實面對外境的變化，並且使自我的生命能與外境達到最好的平衡。其中所展現的不是自私的個人主義，或是向外追尋的渴望，它表明的是以自謙不足的心境來看待自我。據此，真正的生命

〔註31〕《論語・學而》。參見國立編譯館主編：《十三經注疏分段標點19・論語注疏》，頁26。

筆者按：對於這種時時都有自我革新的體認，也表現在孔子對自己的期許上，對於「學習」的態度，孔子沒有半點虛假、造作。誠如孔子所說：「君子食無求飽，居無求安，敏於事而慎於言，就有道而正焉，可謂好學也已。」《論語・學而》。參見國立編譯館主編：《十三經注疏分段標點19・論語注疏》，頁32。

「實踐」是「務實」的,而不是「現實」的。孔子曾因為子路對「學習」(讀書)的意涵有所誤解,所以給了一番教導(事實上是嚴厲的斥責):

> 子路使子羔為費宰。子曰:「賊夫人之子。」子路曰:「有民人焉,有
> 社稷焉,何必讀書,然後為學?」子曰:「是故惡夫佞者。」〔註32〕

純粹停留在理論性的發想與推演上,當然不能涵蓋「學習」的整體;因為,真正的「學習」將尚待親身的歷練與反思才能體悟到其真義。因此,子路所考量的面向其實是有其「務實」的意義。然而,子路的「務實」卻因其心境的失衡而表現得有些「現實」;因為,子路的「信心」似乎顯得有些「自大」。

面對人際關係的變動,以及真正參與公共事務的運作,是子路心中所以為的「學習」;站在落實學問的角度上,實際的行為活動將勝過言語的表述,這是可以肯定的。但是,子路以「何必讀書」一句來回應時,孔子所察覺的,實際上是一顆缺乏「自省」的心。「讀書」固然包含著對知識體系的學習,以及理論上的評析與演繹;但是,透過文化典籍的研習與古代文明的精神感召,也是相當重要的;因為,「讀書」的真實意義最終還是在於「自身」的心得——「思考」能提升「學」的內涵〔註33〕。一位真誠且用心的人,理當不會因其理屈而逞一時之口快的;孔子所感慨的,不是子路有沒有「讀書」的問題,而是針對子路缺乏「謙卑」態度的而感到惋惜。

正因為「學習」的本質是「務實」的,而不是「現實」的,所以經由「學習」而轉化的自我,是「調合」的,而不是「拼湊」的——我對生命的體驗是真實的、和諧的,而且是相當平實的。這種因「自得」而得到的「平靜」狀態,誠如孔子在體解到「學習」真義的同時,有那麼一段對自我的內在陳述:

> 三人行,必有我師焉,擇其善者而從之,其不善者而改之。〔註34〕

〔註32〕 《論語·先進》。參見國立編譯館主編:《十三經注疏分段標點19·論語注疏》,頁258。

〔註33〕 筆者按:當然,如果「思維」的本質被曲解、被運用過度,甚至有些歧異上的錯誤認知,那倒不如回到實務中去學習要來的有助益。所以孔子也同時以他自身的經驗告誡於我們:「吾嘗終日不食,終夜不寢,以思,無益,不如學也。」《論語·衛靈公》。參見國立編譯館主編:《十三經注疏分段標點19·論語注疏》,頁359。這裡也同時反映出一件事實,那便是孔子隨時都在提醒自己,「學」與「思」理當相互融通且並用而行;「多思」確實是無益處的,透過實際面的生活參與將有助於調整我們對「思考」的缺失與不足。孔子一再使之自我能處於「平衡」的狀態中。

〔註34〕 《論語·述而》。參見國立編譯館主編:《十三經注疏分段標點19·論語注疏》,頁162。

誠摯地面對自己，就如同我能誠摯地面對他人。兩種觀點，很可能只是表面效應而已，站在更為客觀且普遍的價值體系上，第三種聲音很可能帶來無限的思維生機。「學習」的精神不斷在孔了的自心發出，他叩問他人，也同時在叩問自己；他深刻體驗到，這是生命的「常態」。

在這個歷程中，內心的思考與外在環境並無衝突，我們的心境並不需要產生戰勝一切或贏得勝利的優越感，也無須因挫敗與失足而感到自卑與懊悔。當我們擇其善者時，我們的態度是「從之」而不是「屈服」的；嚴格說來，是一種尊敬的態度而非一時的遷就。當我們面對不善者時，我們需要的是勇敢地面對並且進而「改善」原有的缺失；我們不只觀察到他者的不善，我們也同時以真實的勇氣在面對著自我的不足。這絕非是一種出自於自我安慰，或自我調侃的失落，此時我們內心對生命的體會其實是相當「喜悅」的〔註35〕，我們正對我們的「成長」而感到欣慰。

對於這種如實面對自我的「常態」而言，曾子的應對方式，正是從每一天中做起的，他並沒有讓人感受到有任何的特殊性或偉大之處，這裡所展現的是「平凡」的生活樣態。誠如：

曾子曰：「吾日三省吾身：為人謀而不忠乎？與朋友交而不信乎？傳不習乎？」〔註36〕

正因是出自於「每日」對自身的「叩問」，所以曾子對自我的「省思」，將顯得如此的「不易」而「可貴」，並且因為其「平凡」而讓人感到「尊敬」。

真實的「自省」足以感召他人的心境而引起共鳴，也因為生命產生其共鳴，這三種反省範疇才能被連貫性的從「自身」當中提振出來。「忠」是善盡自己最大的能力，而「信」則是以如實的態度來面對他者。〔註37〕通融以觀之，善盡自己就等同於如實待人；能被稱之為「忠」，是因為有取信於他人的誠懇表現，而能被稱之為「信」，是在於有忠於自心的良性品質。最終的環節在於，還是回到「自己」，回到日常中的每一天。對於自身能否持續精進，曾子便以「溫習」的方式來叮嚀自己；將受之於師長的學問應用在生活當中，在反覆「溫

〔註35〕子曰：「賢哉！回也。一簞食，一瓢飲，在陋巷，人不堪其憂；回也不改其樂。賢哉！回也。」《論語·雍也》。參見國立編譯館主編：《十三經注疏分段標點19·論語注疏》，頁135。

〔註36〕《論語·學而》。參見國立編譯館主編：《十三經注疏分段標點19·論語注疏》，頁21。

〔註37〕朱熹以為「盡己之謂忠，以實之謂信。」參見〔宋〕朱熹：《四書集註》，頁2。

習」的態度上，正點明其「日省」的工夫。因此，深富「自反」與「實證」本質的學習態度，即所謂的「學而時習之」的態度，其實就是在展現出生命中平衡的品質。

對此，嚴格來說：「修身」的意義也就不是甚麼目的論了，聖者的修養（學習的態度）在自然為之的狀態底下，似乎「平靜」地讓我們無以察覺。孔子曾經因為真正進入並體驗到「學習」的境地而發憤忘食，樂以忘憂，而不知老之將至。〔註38〕甚至我們可以說，連孔子自己都沒有察覺到他自己已進入這等狀態。探究其中，只因他們確實真正地「忘我」而進入這樣的平衡狀態──「中」，以及實證在這樣如實不虛的活動裡──「庸」。如果真有所謂的「喜悅」之感，那也是一種「充實」的實然感受；因為，孔子能真誠地感受之，並且運用之。

深入來說，在學習的過程中，聖者並沒有傳達出暫時性的愉悅（一般所謂的快樂）；他們表現出的訊息是一如往常的平靜，這種平靜使我們能感受到一種恆常的喜悅。在任何以「心」來因應的狀態中，「落實」我們所學習到的；同時我的心境是「滿足」且「平實」的，而所謂的忘食、忘憂正是對這種恆常喜悅的真實體現。

內心真正的「平靜」到底是什麼？為學的「喜悅」指得又是什麼？孔子是這樣與我們分享的：

> 學而時習之，不亦說乎？有朋自遠方來，不亦樂乎？人不知而不慍，
>
> 不亦君子乎？〔註39〕

正當我們時時學習道理並反省其中的不足時（正因其不足，所以能藉由溫故而推知新意），遠處前來的朋友是我們最佳的談話對象（「對話」能打破彼此自持的一面）。我們真正的喜悅正是出自於：能針對自己的不足之處加以學習，並且改進我們的無知，進而成就我們完善的人格。所以，學習的本質與意義不只是停留在增加更多知識與能力而已；它須面對的，是將那些本為機械式的道德理想或知識體系統整起來，並經由自身的體驗而活用於日常生活當中。在時時體認自我之不足的當下，增強我們生命的質地──這個質地是通往和諧生活的良性品質。進一步的我們可以說：這裡所展現的「擇善」就不只是「擇好」

〔註38〕葉公問孔子於子路，子路不對。子曰：「女奚不曰『其為人也，發憤忘食，樂以忘憂，不知老之將至云爾！』」《論語‧述而》。參見國立編譯館主編：《十三經注疏分段標點 19‧論語注疏》，頁 162。

〔註39〕《論語‧學而》。參見國立編譯館主編：《十三經注疏分段標點 19‧論語注疏》，頁 17。

而已，而是學習如何抉擇「平衡」之路以面對生命的發展。藉此，「學習」的本質或許可以被推知為，包含著「中道」思維的底蘊與精神。

事實上我們可深入發現，《論語‧學而》首章內容中有一項「活絡」的生命本質。乍看之下，「不亦說乎」、「不亦樂乎」與「不亦君子乎」沒有直接性的關聯，但它們卻是由「自心」的內在領會所談起的真切感受。

「學而時習」的態度，實意味著，個體之不斷吸收新知與反芻舊學的認真態度。而「有朋自遠方來」的情境，實意味著，吸收新知與反芻舊學的應對對象（朋友）；學習的真義正在其有對話的空間，以及有其相互砥礪的動能，學習在這樣的實境中才能得以繼續開展。

正在這種對話情境中，個人的認知就由此開啟了更為豐富的認知；當我了解他人之想法時，我便知道我自身的缺失與不足，進而兩者之間產生互動並引領我們貫通其中。一位仁人君子在此時，不但沒有情緒上的波動，透過自心的領悟，其心境還是喜悅的，並且這種喜悅是長久的、安穩的；對於一為仁人君子而言，這樣的品質呈現是那麼的自然。據此，學習的底蘊實際上是由自身與其所面對的人事物中開始的，而朋友是學習如何思維的參照值，至於自我的「轉化」，正也是從這些生活內容的參與開始的。那麼，所謂「平衡」的生命品質正表現在，自我與他者之間的互動，與個體自身的內在與外在的協調，以及常樂於心的平穩當中。

第四節　中性品質的喚起與養成──子絕四

最終，「中」的狀態並不是一個靜止的狀態，它必須在不斷變化的生命歷程中持續地為之目標而尋求而努力。在每次重新尋得「自我認同」之時，則必須有其思維轉化之前奏，而這一轉化之環節，正源自於對自我之不斷檢閱之精神所能成就的；古典儒家如實地告訴我們，要保有這樣的生命質感必須要能有所：不妄測（意）、不絕對（必）、不固執（固）、不己私（我），隨時都能保持在「學習」的狀態中來進行對自身的「思考」（調整自我──學思同步）。誠如《中庸》所言：「博學之，審問之，慎思之，明辨之，篤行之」〔註40〕之一貫道理與方式一致；透過檢閱自我，而重新認識自我；經由吸收更多不同的參照

〔註40〕《禮記‧中庸第三十一‧第二十章》。參見國立編譯館主編：《十三經注疏分段標點 12‧禮記注疏（下）》（臺北：新文豐出版社，2001），頁 2226。

值，而推展出新局。這便是一個「中性品質」的真實展露。子絕四，正是讓自身處於一個「中」的狀態，活絡的狀態，以便能隨時吸收與推出。

　　人之所以「不及」，很可能是因為自身的「太過」；然而，人也因為自身的「太過」，所以無知覺地也同時表現出了自己「不及」的一面。〔註41〕事實上，兩者同樣是「太過」，也同樣可以說是「不及」。孔子曾經鄭重地向子路說明「學習」的真實價值，以及深入剖析它對整體人生所起的「調和」作用。其言曰：

　　「由也，女聞六言六蔽矣乎？」對曰：「未也。」「居，吾語女：好仁
　　不好學，其蔽也愚；好知不好學，其蔽也蕩；好信不好學，其蔽也
　　賊；好直不好學，其蔽也絞；好勇不好學，其蔽也亂；好剛不好學，
　　其蔽也狂。」〔註42〕

正因我有所不足；所以，我需要進一步思索我的缺陷；這時的心態絕對不是彌補的，也不是空想的。在規勸子路有所「不及」的言詞當中，孔子事實上所擔心的是：以這位性情較為剛烈的學生而言（這種性情，在《論語》中可被稱之為：好直或好勇），子路「不及」的原因，正是在於他個人的「太過」。

　　對於所謂的：好仁、好知、好信、好直、好勇、好剛的性情，基本上是沒有錯誤的。然而，如果一味的堅持自我的意見為意見；那麼，原先的美好德性很可能就會成為遮蔽自我的障礙物，也極有可能會因為這樣的失衡，而傷害到自己與他人。對於這種失衡的狀態而言，其確切的原因，正是在其個人心境當中早已有所「喜好」與「偏見」。

　　「好」本當是一種使生命得以前進的動力，但過度的「喜好」與「偏見」，很可能產生對自心的迷失；因為，過度「偏好」的另一面，正是自心已經產生其他的「厭惡」感；「好」與「惡」，其實是一體兩面的。所以，如何將自我與群體之間的平衡拿捏得宜，這是一件相當重要的事；我個人的「好惡」將有待群體共識的考驗。這般的體悟，正如同，我們必當要有「好學」的精神，但同時也需要有「深思」的能力。

　　正因如此，為學之道實際昭示於我們的是：生命能從學習的過程中，找到最平衡的對應模式──將其「太過」與「不及」的失衡狀態，調整至最為和諧

〔註41〕　子貢問：「師與商也孰賢？」子曰：「師也過，商也不及。」曰：「然則師愈與？」
　　　　子曰：「過猶不及。」《論語‧先進》。參見國立編譯館主編：《十三經注疏分段
　　　　標點19‧論語注疏》，頁250。

〔註42〕　《論語‧陽貨》。參見國立編譯館主編：《十三經注疏分段標點19‧論語注疏》，
　　　　頁389。

且穩定的「中」，並且在生命的進程上，持續地依此往前行進──不斷叩問、調整自身的「失衡」〔註43〕；這才是具有深度、廣度與高度，且真實地思考過，我之所以能「好」與之所以能「惡」的學習精神。

孔子曾感觸的回應魯哀公一件事：

> 哀公問弟子孰為好學？孔子對曰：「有顏回者好學，不遷怒、不貳過，
> 不幸短命死矣！今也則亡，未聞好學者也。」〔註44〕

在對話的歷程中，孔子不但回應魯哀公所發的問題，並且也同時指出所謂：「好學」的真實意義；在極有可能的心境下，《論語》要展現的是：學習的意義不是理路的分析與抽象的建立，在自身的親臨參與中，省思才能成立，平衡的機制才能習得；學習不是知識的積累而已，而是「智慧」的增長。

「好學」事實上不是針對個人所求而產生的，我們也應當思考如何為他者付出；「不遷怒」便是不以一時的自我情緒去臆度他人之意，當我們時常以揣測的態度來面對生活，那我們就會常處於「失衡」的狀態。

「不遷怒」，是先行讓自我抽離，抽離自我混亂的思緒，讓自身先行「反省」，在「自省」的狀態中，是「無我」的。而「不貳過」，便是提振自我，提振自我於不斷變動的人際網絡當中，讓「自省」產生正面的效應，使之自我再度尋得「認同」，在其「認同」的歷程中，則是「有我」的。對生命的態度本來就要有自我的見地，然而「見地」是建立在「活絡」的世態上，對於立場的表明，我們是在「無我」與「有我」之間尋獲的。「無我」是謙卑；「有我」是誠意。孔子在面對「過錯」的態度上是相當積極的，他是「佇立」觀察於事物，並且同時也是進行「自觀」的。

孔子曾深入指出「自省」的重要意涵：

> 人之過也，各於其黨。觀過，斯知仁矣！〔註45〕

如果一個個體的失衡，正代表者他在群體中深具某種影響力；那麼，接踵而來的群體失衡可能是其最大的影響以及反應。當個人在審慎思考自我的同時，考量群體之間的關係也一併在進行著；所以，「知仁」的基本意義便是在

〔註43〕仲尼曰：「能補過者，君子也。」《左傳》昭公七年。參見楊伯俊編著《春秋左傳注》，頁1296。

〔註44〕《論語・雍也》。參見國立編譯館主編：《十三經注疏分段標點19・論語注疏》，頁128。

〔註45〕《論語・里仁》。參見國立編譯館主編：《十三經注疏分段標點19・論語注疏》，頁93。

此，正是指出和諧的人際關係。

　　所以，「為己之學」將轉化為群體性的思考，在成就自我之時也同時成就他者。因此，「觀過」的確切意義是：當自我行為有所失衡乃至不能合乎於一般社會情理規範時，反省自我的失當行為是第一必然要事；但不只是這樣，在思考並反省自我行為偏差之時，認清自身「過分」之處，也是另一次重整群體關係的審慎課題，這是一種必須被重新客觀評估的維度。嚴格來說：「過多」或「不及」都可被理解為是：「過分」——因為，我們讓自身，失去應有的定位。〔註46〕

　　因此，對這樣深具「創新」的思維能力，不再只是關懷我過去所犯的事甚麼錯誤的問題而已，而是從中更進一步仔細評估，在未來的我將如何以最為「平衡」的模式來面對並解決一切可能發生的問題，並期許自己不要再有第二次遺憾的可能。在此我們便可以推知，聖者「觀過」一事，不只是侷限於對過去錯誤行為的遺憾與傷感，而是更加積極地尋求生命最為平衡的基點來處世。

　　所以，對於「觀過」而能「知仁」的另一種全面性的解釋是：所謂生命的圓滿，正在其能朝向最為「平衡」的生活模式前進。

　　如果《論語》的思想核心——「仁」——是可以被理解的；那麼與「中」的觀點—生命平衡的本質—來加以聯結，將有助於我們理解並體會出聖者最終的期待。所以，「好學」之意並不是單指針對「喜愛知識」來定義學習的本質；它指的應當是個體能進入不斷調整自我之定位的中軸線上，而其所面對的群體，正是由此中軸線所開出的種種對應狀態。

　　正因這個「定位」是隨時在變化的（外圍環境），所以我更需要調整並予以轉化我個人的思考（內在心境）。因此，聖者此時必須回歸到自我，轉而調整自我心境的接受程度，以便應對無限的可能。

　　　曾子曰：「以能問於不能，以多問於寡。有若無，實若虛，犯而不校；

　　　昔者吾友嘗從事於斯矣。」〔註47〕

身為一個思考的個體，能展現出「不恥下問」的態度，已不只是誠懇的面對知識而已；如同「萬物皆備於我」的思維，在「不能」者的身上，也可能隱藏著更多我所能獲知的「智慧」。天下是如此的浩瀚，萬物是如此的繁雜，我們唯

〔註46〕誠如程伊川所言：「人之過也，各於其類，君子常失於厚，小人常失於薄；君子過於愛人，小人過於忍。」參見〔宋〕朱熹：《四書集註》，頁21。

〔註47〕《論語·泰伯》。參見國立編譯館主編：《十三經注疏分段標點19·論語注疏》，頁179。

有以「學習」的態度來面對才能與之同化而成為一體；如果對「天人合一」之觀念有其另一項全新的理解方式，對古典儒家而言，「學習」是最佳的註腳。「天人」之間的課題所深刻引發的不是對象上的問題，而「合一」正是經由自我反省意識所帶動的效能。因此，讓聖者更為警惕的是：我所具備的良好能力，也可能是我最大的缺失；我所擁有的一切，也可能是我將會失去的一切。

所謂的「充實」並沒有終止的一天；所謂的「理想」更沒有盡頭可言。片面的充實感，只是表現出對一時獲取知識的渴望；而消極的理想性，也同樣只是建立在對現況的滿足。真實的「知」是「真知」的，它如同你所無察覺地展現在一般生活的智慧當中；而積極的「理想」便是「止於至善」的，它如同沒有終點一樣落實在每一刻的行為表現上。事實上，這樣的一個省思的個體是一直在做「調整」的——就在於調整一個「我」。嚴格來說，這一個自我並沒有任何的自我中心以及立場的預設，哪怕是身處於險惡的環境或是遭受詆毀的當下，都能成為轉化自我的動力與契機。所謂不怨天、不尤人的態度，正訴說著「為己之學」的真實意義。

「以能問於不能，以多問於寡」正展現著聖者持以「中性品質」的觀點來看待一切事物，他並沒有選擇任何一邊站立，更沒有依循任何可能對立的方向，他採取的態度是自由、開放的。確切的說，他表現出來的是一種「自在」的心境；當然，他也同時展現著對一切事物應當有的「敬重」。當曾子如此讚譽顏淵有這樣的品德時，其實曾子自己也正如實地在檢閱自我；因為，顏回呈現在曾子眼前的一切是那麼的真實。

進一步的，聖者所應對的對象已由他者轉化為自己，這是不只是一場與他者的對話，同時也是與自己的對話；當他感到「有若無，實若虛」時，對於「我」這樣的一個定位問題，幾乎是可以「解消」的；因為，他必須參照於更多「非我」的意見（除了我以外的其他見地）。有了自我「解消」，才能見識更多的「真我」。這個對話將告訴自己：我所擁有的（不管事物還是觀點）很可能只是暫時性的；我所認知的實際狀況也將蘊藏著無限的變數，因為實際的事物背後正包含著我領會不到的真理。

所以，孔子是這麼告訴自己的：

> 毋意，毋必，毋固，毋我。〔註48〕

〔註48〕《論語·子罕》。參見國立編譯館主編：《十三經注疏分段標點19·論語注疏》，頁195。

朱熹的解釋是：

> 意，私意也；必，期必也；固，執滯也；我，私己也。四者相為終
> 始，起於意，遂於必，留於固，而成於我也。蓋意、必常在事前；
> 固、我常在事後；至於我又生意則物欲牽引，循環不窮矣！〔註49〕

　　生活中存在著許多可能，也許我們因而會不經意地為此發出許多感觸、疑惑，甚至是憂慮；但如果只是不成熟的思考在引領我們，那麼「臆測」將是我們生命中最大的盲點與敵人。能破除這些不成熟的自我，正是「毋意」。

　　如同孔子所說，身為一位仁人君子，他所擔憂的是道而不是貧；仁者所擔憂的不是假設性的問題，也不是循環式個人哀愁。他要剔除的正是這些無畏的「揣測」與潛藏於我們內心的「不良品質」；正所謂的：「君子坦蕩蕩；小人長戚戚」〔註50〕。剔除這些無謂的假設與過度的期望，正是「毋必」。

　　一個能自我省思與自我完成的個體，必定還給自我一個最大的可能性，才不至於讓自己侷限於自我的眼界當中，或因此而陷入無法自拔的僵局；思考必定是要日用於常的，這才是真正的「轉化」自我，誠如子曰：「吾嘗終日不食，終夜不寢，以思，無益，不如學也。」〔註51〕這層轉化，誠如之前所言，我眼前的視野必定是廣闊的，思考必須是活絡的，自我的生命沒有限定在一方、一隅之上。能讓自身找到更多的參照值，即是「毋固」。

　　正因為生活中存在著許多可能，所以「期望」是必然的；但其必然性的「期望」往往也會因片面的自我，而造成自以為是的「假象」；所以，它終究會導致為一味的「失望」。因此，聖者要杜絕的是「絕對性」的答案，在自我封閉的世界中，思考很可能只是虛擬的；其實聖者真正要避免的是絕對性的「自我」。

　　在面對事物的同時，我們總會輕易的產生一些「預設立場」；然而這些預設值，卻也往往只是為我們個人之需要而服務；在狹隘的空間裡，立場也許是那麼的必要，但也是那麼的危險。通常在「必定」是什麼的思維模式上，我們將會鎖定於自我的方向，甚至迷失其中而不知。因此，「期望」是有的，但我們必須知道：「期望」並非只是出於對自己的關注而已。因為，這樣的「期望」

〔註49〕參見〔宋〕朱熹：《四書集註》，頁56。
〔註50〕《論語・述而》。參見國立編譯館主編：《十三經注疏分段標點19・論語注疏》，頁172。
〔註51〕《論語・衛靈公》。參見國立編譯館主編：《十三經注疏分段標點19・論語注疏》，頁359。

可能是自我「失衡」所造成的。「失」在我們自心的盲目與執著。

即使事物正如我們所預料的在進行當中，我們也不會堅持現有的狀態而拒絕其他可能性的轉變。事實上，時空是變化的、事物是多元的。如果我們以為預料中的事是那麼的簡單，那我們將會就此停止而不能前進，或許我們習慣了，但此時的「安逸」極有可能會讓我們退轉。「自心」若停滯於原點將有礙於生命的進展，我們朝向「優良」的生命品質的動力也就隨之薄弱，而所謂的追尋「更好」的生活的態度也隨之懈怠，甚至消聲匿跡而成為一種口號。為了避免淪為形式與空想，我們必須放下「偏執」的一面。

所以，能去除自身的「臆測」、消解自我的「空想」、調整自我的「偏執」，就是所謂的「毋我」——真實且切要地體認到「自我」的意義。

誠如對生命能不斷的推進，所以在面對所謂的「好」的思維當下，也就能同時被放下；所謂的「更好」也就不執著於一時、一地、一心所思而已；因為，眼前要進行的路還很漫長，在個體身上還存在著必須不斷地調整與學習的空間；所以，對生命的態度我們是敬畏的、努力的、超越的。正如曾子所謂：「士不可以不弘毅，任重而道遠。仁以為己任，不亦重乎？死而後已，不亦遠乎？」〔註52〕

換言之，「好」與「更好」也就能因生命有其不斷前進的動能而被解消；因為，在日行於常當中，所謂的「道理」是不須多言的，「道理」正在這些不斷需要進行自我調整的歷程中去體現，實際的生命參與，正是對「好」或「更好」的最佳闡釋。事實上，我所面對的，是一個變化的世界；常理正依存在無常當中，而永恆就表現在沒有永恆底下；生命所呈現的正是所謂「苟日新，日日新，又日新」〔註53〕的進取態度。所以，這個「自我」因有其「毋意」，而顯得更為開朗（精神是健康且喜悅的）；因有其「毋必」，而顯得更為謙恭（態度是自省且禮敬的）；因有其「毋固」，而顯得更為活絡（思維是靈活且創新的）；因有其「毋我」，而顯得更為完善（生命是落實且真誠的）。

據此，我並沒有特殊之處，我的思考是相當普通的；因為這一切的事物本來就是如此的。正因普通，所以運行於生活當中；而所謂的「常理」就這麼的

〔註52〕 《論語·泰伯》。參見國立編譯館主編：《十三經注疏分段標點 19·論語注疏》，頁 180。
〔註53〕 《禮記·大學第四十二·第一章》。參見國立編譯館主編：《十三經注疏分段標點 12·禮記注疏（下）》，頁 2448。

自然而然，而不引人注意了；因為道理是那麼的真實，所以日用而不知。那麼，我們可以這麼說，我們已經真實地進入「本然」的狀態了。

　　孔子絕四，其實就是在絕一個「我」字；其思維內涵所要展現的切實精神與意義正是：一個具有整體性、平衡性、完善性，以及嶄新與創造的樣態，這便是能展現出生命中所謂的「中性品質」——這個品質，正是讓自我隨時隨地處於「成長」的狀態。

第二章　從「立於禮」的角度觀察儒家的中道思維──君子不器

本章提要

　　歷史不斷地往前推進，文明的積澱將受到全新的檢視，在所謂「禮壞樂崩」的實境中，我們似乎也可以同時看見一股「重建」的曙光；對於「人間秩序」──「禮樂」而言，古典儒家是以自身的生命來體驗它，並且以其自我省思之後的體會來呈現它。因為源自於對一種「秩序」的關懷，這不禁使我們察覺並意識到古典儒家對生命中這種「和諧」意義的追尋與探討，以及在這其中所引人深思的思維意義。對於「禮樂」的關注、信心、檢討與重建，將能實質地呈顯出古典儒家對「中道」的思索與推演。

　　所謂的「君子不器」〔註1〕，一位具有道德修養與生活融通能力的人，他的思考與認知必須是廣闊的，而他在社群生活中的角色也必然需要是多種層面的；思索與調整自我將不斷在這樣的生活型態中進行。連結第一章所言，學思並重的主體思維架構，亦能在「君子不器」的思考中看出。「器」者，「用」也，然而「不器」者，則是能「通其用」也；「君子不器」實意味著：我們必須思考在這樣的社群結構中，將如何站立在最為適宜的位置上，以及思考如何保持我們在這種人間秩序中的平衡關係。深思其中，這是古典儒家在面對「禮壞樂崩」的歷史發展條件下的真切思索與其回應；面對必須重整的「秩序」，生命產生省思，思維帶動行為，一個能「通其用」的生命個體，必然需要與這

〔註1〕《論語・為政》。參見國立編譯館主編：《十三經注疏分段標點19・論語注疏》
　　　　（臺北：新文豐出版社，2001），頁45。

必須接受重整的「秩序」同步而相應；這無不蘊含著對生命的重新解讀，以及面對重新解讀之後所要接應的種種課題。本章將從意識到生命必須不斷進行重組——「君子不器」——的角度切入，來觀察儒家的「中道」思維。

第一節　對人間秩序的體察——禮之損益

　　古典儒家對於「人間秩序」——「禮樂」的探討，實際上將蘊涵著他們對「中道」思維的發想；在面對許多接踵而來的環境轉變中，什麼才是最為「適當」的施行方式，以及「合宜」的前進向度，是這群文化人所要思考的課題。所謂：「行夏之時，乘殷之輅，服周之冕，樂則韶舞」〔註2〕之觀點，將可看出古典儒家對「禮」必當符合「時宜」的重要態度；這也意味著：「和諧」的秩序必須透過思考與調整才能呈顯其穩固，並且才能藉此基礎予以推行。從這樣的角度再延伸，對於這樣龐大的歷史課題，古典儒家將以審慎的態度來進行思索與論證（禮樂必須有所損益）。在承繼與轉化的歷程中，我們可以藉此看出古典儒家對「中道」的基本態度。

　　《史記》一書中記載著有關孔子問「禮」於老子的事蹟，它啟發我們的是，文化意識開始被鄭重地拾起，思想也同時展開交流，更為嚴肅的課題是，我們將思索著如何從中尋求可以持續往前邁進的「秩序」。

> 魯南宮敬叔言魯君曰：「請與孔子適周。」魯君與之一乘車，兩馬，一豎子俱，適周問禮，蓋見老子云。辭去，而老子送之曰：「吾聞富貴者送人以財，仁人者送人以言。吾不能富貴，竊仁人之號，送子以言，曰：『聰明深察而近於死者，好議人者也。博辯廣大危其身者，發人之惡者也。為人子者毋以有己，為人臣者毋以有己。』」孔子自周反于魯，弟子稍益進焉。〔註3〕

〔註2〕參見《論語‧衛靈公》。參見國立編譯館主編：《十三經注疏分段標點 19‧論語注疏》，頁 350。

〔註3〕參見〔漢〕司馬遷：《史記》〈孔子世家〉。參見《史記三家注》（臺北：七略出版社，1991），頁 761。在《史記》〈老莊申韓列傳〉中也有關乎孔子問禮的記載：孔子適周，將問禮於老子。老子曰：「子所言者，其人與骨皆已朽矣，獨其言在耳。且君子得其時則駕，不得其時則蓬累而行。吾聞之，良賈深藏若虛，君子盛德容貌若愚。去子之驕氣與多欲，態色與淫志，是皆無益於子之身。吾所以告子，若是而已。」孔子去，謂弟子曰：「鳥，吾知其能飛；魚，吾知其能游；獸，吾知其能走。走者可以為罔，游者可以為綸，飛者可以為矰。至於

然而，我們所要關心的議題，不在其孔子是否因此而直接承繼了老聃的思想，或間接地受到其影響；從一位「請益者」和一位「被請益者」的角色看來，「學習」才是問題的核心；學習正意味著「教學相長」。從思想「交流」與經驗「分享」的角度而言，孔子問「禮」於老子一事，事實上是一次相互謙虛為懷的「對話」歷程。從宏觀的文化視野出發，這是一次相當具有深度的文化「省思」──文化自身的檢視與轉化。

若以微觀的視角來看，這是透過「孔學」與「老學」的思想交流歷程，來顯現對「禮樂文明」再詮釋的可能。在思想交流的歷程中，我們看見的是思想自身的活化機制，思想的積澱與智慧的呈現除了「創新」之外，似乎不是片面地為了證明什麼或相互攻擊而存在，其關乎的是時時保持可以「吸收」（經由學習而轉化）的狀態。〔註4〕

從材料中發現，老子是以「謙沖為懷」的心性修養角度來闡明他對「禮」之本質的看法，並且以此來教導孔子的；而孔子則是以「謙沖為懷」的學習態度來進行請益的（學習之所以能被展開，其本身就是一種謙恭的態度）。所謂：「毋以有己」的根本態度便直接緊扣議題的核心；倘若存有「機心」，那麼「禮樂」的本質可能受到汙染，而「禮樂」所原有的和諧性也會受到質疑。「聰明深察」、「博辯廣大」本具「謙沖」之質，但若只是一味地從「好議他人」、「發人之惡」的態度出發，那麼最終也只是淪為純粹形式上的循環論辯而已，而失去「禮樂」原有精神。

以「謙卑」的態度出發，進而引導出「平和」的生命狀態，老子對於「禮

龍，吾不能知其乘風雲而上天。吾今日見老子，其猶龍邪！」參見〔漢〕司馬遷：《史記》〈老莊申韓列傳〉。參見《史記三家注》，頁858。

〔註4〕筆者按：由現今《郭店竹簡》的出土材料中發現，過去對儒家與道家之間的緊張關係似乎必須重新評估，他們的思維絕非是敵對的。而從匯集文獻的角度切入，孔門後學（儒家）的經典與南方文明（道家）的經典同時受到重視。在以文獻本身的思想內容來說，《郭店本老子》所呈現的思想主體更是深具「謙沖」的本質，其內容少有後世中的抨擊性或主導性的語言；而儒家部分，則顯現孔學內容的豐富性以及後學的持續發展，過去所謂孔孟之間的斷層也似乎得到一定程度上的補足（其中有子思的材料）。從整體角度來看，「孔學」與「老學」的思想已在戰國中期以前進行交流，大思潮的演進促使不同的文化相互交流與吸收，而文化自身也在蛻變、融合中。《莊子‧天道》、《莊子‧天運》、《禮記‧曾子問第七》、《史記‧孔子世家》、《史記‧老莊申韓列傳》，以及《孔子家語》中所言及的孔老交流事蹟，正是一種由文化融合與匯通之觀點所出發而描繪的相關記錄。

樂」的態度並不消極，反在孔子的請益歷程中，老子實證自我並體現於孔子當前的正是「自反」的積極態度，而「禮樂」的真實本質便是在這種「恭敬」與「和睦」的品質中發展出來的；這不免讓我們思考到《論語》一書也有那「子絕四」與「反求諸己」的人生底蘊。

《論語》中有這樣一段話：

> 子曰：「能以禮讓為國乎？何有？不能以禮讓為國，如禮何？」〔註5〕

對「為國」之道的關切，將顯現著對「人間秩序」必須進行重整的心境，在古典儒家思維中，對「禮樂」的重新詮釋，也正是對政治運作（公共事務的參與）的實際反思。根據朱熹的看法：

> 讓者，禮之實也。〔註6〕

而劉寶楠則引申之：

> 讓者，禮之實也。禮者，讓之文也。〔註7〕

從外在形式中得知，禮儀行為能使人心與行為主於「恭敬」的狀態；而從內在精神得知，禮儀的根本意識則能使之相互「和睦」而上下無所爭。對於公共事務的參與，一直是古典儒家對思想落實的重要舞臺，雖然某些立場與古典道家有所差異，但卻無損於他們之間思想的溝通；在思想的經驗分享歷程裡，「讓」已被真誠地呈現，而「禮」的實質精神也被切實地落實。

當思想能以「謙讓」的態度來尋求可以共同「參照」的各自價值時，文明的再「突破」才能進一步的發展下去；相互攻擊的語言與暗自批評的方式，似乎是可以被揚棄的。因為，唯有「自反」於心，才能容納更多的「參照值」，進而從這些「參照值」中來建構當前所需的「人間秩序」。據此，孔子問「禮」於老子一事，所呈現的正是「自反」的基本要質，在面對「秩序」重整的課題上，他們都在叩問自我是否能體現生命「和諧」的真諦；當然，這裡也包括相互之間的思想激盪。〔註8〕

〔註5〕《論語‧里仁》。參見國立編譯館主編：《十三經注疏分段標點19‧論語注疏》，頁95。

〔註6〕朱熹又曰：「何有，言不難也。言有禮之實以為國，則何難之有。不然，則其禮文雖具，亦且無如之何矣，而況於為國乎？」參見〔宋〕朱熹：《四書集註》（臺南：大孚書局，1991），頁22。

〔註7〕參見〔清〕劉寶楠：《論語正義》。清人十三經注疏（上海：上海古籍出版社，1993），頁55。

〔註8〕筆者按：這種由「謙讓」所引領出來的「和諧」，實際反應出「禮儀文化」的精隨。《左傳》昭公七年有一段孟僖子向孔子學禮並託付說（南宮敬叔，又名

　　我們可以再確切地說，孔子問「禮」於老子一事對我們的啟示是：首先：在重整「秩序」之前，理當必須探討「禮儀」的真實意義。其次：在思索的過程中，文化自身不斷進行交流，所謂的「損」與「益」就能從中激發而出。再其次：對「損益」之間的思考與判定將落實在「從之」的具體行為上。那麼，總合三者的實際底蘊，正是對文化的再創新，對生命的再認同，對自我地再轉化；這些無不是「中道」的據實精神。

　　身為一個「學習」者，其自心所展現的，正是「謙卑」的態度。十五志於學的孔子，將其「心志」定位在「學習」上，這樣的思考維度使之一生都落點在對自身的叩問上。正因如此，對於能使之生命更為擴充並藉此而涵養自身的古代文明（禮儀），他是予以尊重的；在其生命歷程中，孔子對於過去文明所呈現的良善品質，融入了他自身的判定、選擇、參與，以及轉化。對於這些「文明」與「經驗」而言，都將成為養成自我的最佳「參照值」。誠如對一位要朝向「中道」品質而努力的個體看來，這是相當重要的涵養基石。

　　　子張問：「十世可知也？」子曰：「殷因於夏禮，所損益可知也；周

　　　因於殷禮，所損益可知也。其或繼周者，雖百世可知也。」〔註9〕

文明不是片刻的成就，在時間的遞嬗中，文明與文明之間有著不容切割的關係，它們各自遺留並承接了可以被認同的要素；在這些痕跡上，我們可以發現它活絡的本質。然而，孔子卻發現另一更為重要的機制，那便是文明自身將會選擇最為合適的路繼續發展，所謂的「損益」，正是「文明」可以持續推進的

　　閱）與何忌（孟懿子）使事之的記錄：九月，公至自楚。孟僖子病不能相禮，乃講學之，苟能禮者從之。及其將死也，召其大夫曰：「禮，人之幹也。無禮，無以立。吾聞將有達者曰孔丘，聖人之後也，而滅於宋。其祖弗父何以有宋而授厲公。及正考父，佐戴、武、宣，三命茲益共，故其鼎銘云：『一命而僂，再命而傴，三命而俯，循牆而走，亦莫余敢侮。饘於是，鬻於是，以餬余口。』其共也如是。臧孫紇有言曰：『聖人有明德者，若不當世，其後必有達人。』今其將在孔丘乎，我若獲沒，必屬說與何忌於夫子，使事之，而學禮焉，以定其位。」故孟懿子與南宮敬叔師事仲尼。仲尼曰：「能補過者，君子也。詩曰：『君子是則是效。』孟僖子可則效已矣。」參見楊伯峻編著：《春秋左傳注》（北京：中華書局，1995，10），頁1294。由記錄中我們看到，孟僖子對「禮儀」的感召，正是來自於對自我的反思，他如此「謙讓」的學習態度正也是感召於孔子的「謙讓」態度。記錄中孟僖子更引述鼎銘中對孔子先祖「謙卑」與「禮敬」精神的肯定，並以此精神來託付其事；他深切希望，孟懿子與南宮敬叔能從師於孔子。

〔註9〕《論語·為政》。參見國立編譯館主編：《十三經注疏分段標點19·論語注疏》，頁52。

動力。這意味著，有其恭敬「學習」的態度，以及謙卑「思辨」的能力，在學思並進的實際體認下，「經驗值」才能達到一種融通的價值；然而，更重要的是，這樣的「經驗值」能被得到認同而推展出來。據此，在其有「損」、有「益」的歷程中，文明自身所追尋的，便是對「平衡性」與「和諧度」的探求。

　　事實上，孔子對「禮儀」的態度不僅是「敬仰」，理當還賦有深刻的「反省」意識。「學習」與「思辨」所啟動的正是，對生命將如何朝向最為「合宜」的方向進行探索。《論語》對周朝禮樂的觀感是這樣的：

　　　　子曰：「周監於二代，郁郁乎文哉！吾從周。」〔註10〕

當我們接受一種觀點，或取向於某種程度上的認同時，所謂的「敬仰」就絕對不是出自於一味的「盲從」，我們的內心應當進行過審慎的評估。孔子對於周朝禮樂文化的肯定，正來自於文明本身對自我的「省思」；所謂的「監」，正意味著對於自我的「反省」，以及對自我的「完成」。在「繼往」中，我們敬重並學習文明的價值；在「開來」中，我們反省並重整文明的質地；在雙重的交流與互動中，「和諧」的方向才能繼續穩健的發展下去。在周朝文明有「監於」二代的「損益」歷程中，孔子所得到的啟示是，謙卑與禮敬的態度、反省與觀察的精神，以及最終對生命和諧質地的呈現與完成。

　　孔子曾與子貢分享他對「禮儀」存在的態度：當子貢認為「餼羊」的儀式可以被免除時，孔子卻顯得有些擔憂──在擔憂禮儀文化即將消失的同時，孔子已進行了思維上的轉化。

　　　　子貢欲去告朔之餼羊。子曰：「賜也！爾愛其羊，我愛其禮。」〔註11〕

對於「禮儀」的堅持，孔子肯定不是片面性的抉擇，而是出自於謙卑、省思、融合，與自我的完成；「禮儀」的存在，實際體現著生命的存在；對於「形式」的維護，正相輔相成於對「情感」的投入。任何文明的經驗都有其討論的空間，在所謂：「損益」的課題上，實際反映出人對自我的「定位」；重新進入體認文化的感召力量才是孔子所關注的核心。能「敬愛」這樣的禮，是在於心境能與之相符；「形式」必定有它存在的價值；孔子所認同的是，文明所引領出來的「感化」之美。

〔註10〕　《論語·八佾》。參見國立編譯館主編：《十三經注疏分段標點19·論語注疏》，頁72。

〔註11〕　《論語·八佾》。參見國立編譯館主編：《十三經注疏分段標點19·論語注疏》，頁76。

　　形式的價值除了維護整體政治運作之外，人必當在此「象徵」意義中尋求與內心契合的依據，「禮儀活動」也將引領思想內涵質地的再深化。《左傳》昭公二十五年子大叔見趙簡子，並引用先大夫子產對於「禮」的見地來論述「禮儀活動」的實際精神。在其論述中，據實地展現出「禮儀」的根源、進行的依據，以及實際的效應。

> 子大叔見趙簡子。簡子問揖讓周旋之禮焉。對曰：「是儀也，非禮也。」
> 簡子曰：「敢問，何謂禮？」對曰：「吉也聞諸先大夫子產曰：『夫禮，
> 天之經也，地之義也，民之行也。』天地之經，而民實則之。則天
> 之明，因地之性。生其六氣，用其五行，氣為五味，發為五色，章
> 為五聲。淫則昏亂，民失其性，是故為禮以奉之。」〔註12〕

「禮儀活動」的本質實際反應出人對宇宙的思維層次，透過對宇宙的省思進而再度回歸到人類自身的省思；「民之行也」實展現出人自身對宇宙運行的詮釋，從另一角度反觀，宇宙的運行也在詮釋我們思維的本身。據此，儀式不再只是為禮儀本身而存在；經由公共事務的推展與進行，人所開展的視野是自身的參與以及其中所帶來的認同，而不只是形式上的設想而已。

　　在日常行為活動當中，我們無不是在「行禮」，在這層多種角色扮演與轉換的寓意中，對孔子而言，我們的生命不只是在「演出」而已，我們的生命確實是進入某種狀態中的。〔註13〕在《論語・鄉黨》篇中記載了不少有關孔子在朝或在野的生活樣態，以及在其生活因應中所表現出來的容貌與心境；就整部《論語》而言，它顯得格外特殊，它似乎正在勾勒一位「活生生」的

〔註12〕子大叔更藉此而申論之：「為六畜、五牲、三犧，以奉五味。為九文、六采、
　　　　五章，以奉五色。為九歌、八風、七音、六律，以奉五聲。為君臣上下，以則
　　　　地義。為夫婦外內，以經二物；為父子、兄弟、姑姊、甥舅、昏媾、姻亞，以
　　　　象天明。為政事、庸力、行務，以從四時。為刑罰威獄，使民畏忌，以類其震
　　　　曜殺戮；為溫慈惠和，以效天之生殖長育。民有好惡喜怒哀樂，生于六氣，是
　　　　故審則宜類，以制六志。哀有哭泣，樂有歌舞，喜有施舍，怒有戰鬥；喜生於
　　　　好，怒生於惡。是故審行信令，禍福賞罰，以制死生。生，好物也；死，惡物
　　　　也。好物，樂也；惡物，哀也。哀樂不失，乃能協于天地之性，是以長久。」
　　　　簡子曰：「甚哉禮之大也。」對曰：「禮，上下之紀，天地之經緯也，民之所
　　　　以生也，是以先王尚之。故人之能自曲直以赴禮者，謂之成人。大，不亦宜
　　　　乎！」簡子曰：「鞅也，請終身守此言也。」參見楊伯峻編著：《春秋左傳注》，
　　　　頁1457。
〔註13〕筆者按：這裡所言及的「行禮」，實際上包含著所有我們日常的生活行為，以
　　　　及活動狀態。

孔子。〔註14〕

　　儘管《論語‧鄉黨》只是一些零碎或參雜的生活記錄，但站在整體思維的觀點上，收入《論語》一書當中必定有它想要訴說的文化意識與其價值。正如許多學者所認同的，《論語‧鄉黨》的意義，不但能藉此生活行徑之記錄而活化起孔子來，在這些豐富的禮儀背後，也同時蘊含著孔子深刻的思維模式，更具意義的是，這等禮儀記錄不僅是在展現孔子，它同時也是在展現一個群體共存與在其相互活動中所融合的文化意識。

　　而極有可能的，這樣的文化意識，正以它實際的時代意識在反映著「禮儀」的存在意義，「禮儀」自身正在反省自己；《論語》中的這些記載正同時讓我們深思文明自身的自省能力。事實上，《論語》將孔子這些日常生活狀態予以保存的目的，正是在對我們訴說一個如何「親臨實證」〔註15〕的生命個體，以及文明自身的體整運行。從「實踐」的角度上看來，我們才能理解孔子對文明的「敬重」，以及在經學習之後對自我的「反思」；孔子對自身的損益（合宜的體現自我）也在此歷程中，反映得一清二楚。這將表明另一件事實，「禮儀活動」實際地在呈現人對歷史經驗的省思，經由「和諧」步調的持續引領，人必定再度思考什麼才是更為「合宜」的方向。

　　在針對行徑記錄中的多樣形容語句裡，不同的時空場合，便表現著不同的應對行為與態度；這當然意味著：身為一個個體是否能得宜地展現在不同群體的運作當中，以及他的自心是否存有其熱誠的態度來參與，與其最終對自我存在與自我認同的審思。誠如：「入太廟，每事問」的心境一般〔註16〕，種種行為準則的背後，態度是相當嚴謹的；個體對行為的考量，也就著重於甚麼才是「得體」的，這將意味著，自我與群體的共識就產生在彼此認同感的建立上。

〔註14〕　筆者按：事實上，在這些有關孔子禮儀行為的記錄內容當中，我們發現它是「全面性」的記錄；它所呈現的語境不僅是行為活動而已，實際上還蘊含著內在心境的發想。其中包含著宗廟朝廷、政事運作、日常生活等，以及食、衣、住、行等活動範圍都有詳盡的描述（記錄中所展現的是一個人的整體面貌——包括行為舉止與心理動態）。

〔註15〕　筆者按：所謂進入「狀態」，不僅在於能「知」而已，它必定包含能「行」的毅力；真正的學思並用，便在其能理路的通達與實務的落實。對於禮儀的感召，正來自於自身的實踐；孔子正藉由自身的參與來呈現生命中「平和」的品質。

〔註16〕　筆者按：這樣面對禮儀的態度，以及其行徑所表現出來的意義，我們認為這是「謙卑的」、「學習的」、「恭敬的」態度。

其整體關鍵在於，行為與態度是一致的。由於角色、定位不斷地在變動；那麼，心境體會也就必須與之變化；而緊接在後的，正是對照於自心的成長與思維的轉化；因為，這不斷的相互引領的互動歷程中，我們都在做「適度性」的「微調」。這裡將訴說著：一次又一次的「平衡」轉化過程。

種種的行為，將代表著種種的精神活動：

> 朝與下大夫言，侃侃如也。與上大夫言，誾誾如也。君在，踧踖如也，與與如也。〔註17〕

> 執圭，鞠躬如也，如不勝。上如揖，下如授。勃如戰色，足蹜蹜如有循。享禮，有容色。私覿，愉愉如也。〔註18〕

這些禮儀行為的動機與表現是相當顯著的，且各具它存在的意義；在甚麼樣的場合便有著甚麼樣的表現，它們不但不受懷疑，反而顯得如此理所當然；不管內在心境與外在的行為，都是平和與愉悅的（侃侃如也）、中正與適度的（誾誾如也）、戰戰兢兢的（踧踖如也）、威儀與莊重的（與與如也）。總括這些行為表現的背後態度，我們可以發現它們一貫的本質都是「禮敬」與「謙卑」的。

因為，具備著「禮敬」的品質，所以能展現出「誠摯」的態度；因為，有「謙卑」的品質，所以能隨時將自我處於「學習」的狀態中。

這等自我意識正源於自我的轉化，即能體現出自我與他者之間的和諧關係；如果能敬重於他人，即能得他人之敬重，這等對應關係，是一種平衡、適中的狀態。嚴格來說，「行禮」的過程已產生思想上的「交流」，在這樣的儀式活動與日常規範中，我們已經在他人眼前為自身傳達了某種程度上的思想內容，以及心靈上的感觸。這一切也明白地在訴說著：生活是如何可以被進行的，而我們是如何不斷在展現我們的思維模式。

對於某些看似被「限定」的禮儀而言，很可能不是一種狹隘化或制式化的規定，站在心境融入的角度上；這是對生活常態的一種敬重，以及反觀於自我的一種涵養。

> 君子不以紺緅飾。紅紫不以為褻服。當暑，袗絺綌，必表而出之。緇衣羔裘，素衣麑裘，黃衣狐裘。褻裘長，短右袂。必有寢衣，長

〔註17〕　《論語‧鄉黨》。參見國立編譯館主編：《十三經注疏分段標點 19‧論語注疏》，頁 215。

〔註18〕　《論語‧鄉黨》。參見國立編譯館主編：《十三經注疏分段標點 19‧論語注疏》，頁 220。

> 一身有半。狐貉之厚以居。去喪，無所不佩。非帷裳，必殺之。羔
> 裘玄冠不以弔。吉月，必朝服而朝。齊必有明衣，布。〔註19〕

在這些繁文縟節中，我們察覺行為者有著某種程度上的堅持（正如「必」字的使用），在這些堅定的語氣與觀點當中，傳統以來的文明架構似乎是不能輕易改變與更換的；然而，從另一角度切入，很顯然的，它們不是繁瑣的、支離的、破碎的，反到是成熟的、有系統的，並且是經過整合的。所以在這裡有一項更為堅定的事實將值得我們去注意：我們可以依此進一步推斷，這些文明思維中的產物絕非一朝一夕所能形成以及完備，並且這些行為活動的展現已經是生活中的一部分而行之有年；它傳達的是，曾經有過一段具備和諧性的群體活動與社會結構，它遠遠超乎文字記錄的表面意義。因為，這一切是「活生生」的——透過實際經驗的積累與篩選，他們是「生活」在裡頭的。誠如飲食之節與居家之禮，無不在呈現一種「適中」的態度與其精神。

> 齊必變食，居必遷坐。食不厭精，膾不厭細。食饐而餲，魚餒而肉
> 敗，不食。色惡不食，臭惡不食，失飪不食，不時不食，割不正不
> 食，不得其醬不食。肉雖多，不使勝食氣。唯酒無量，不及亂。沽
> 酒市脯不食。不撤薑食。不多食。祭於公，不宿肉，祭肉不出三日，
> 出三日，不食之矣。食不語，寢不言。雖疏食、菜羹、瓜，祭必齊如
> 也。〔註20〕

生活中的行為必然有所「調節」，態度當然便有所「轉化」，這一切都是在韜養自我；在強調性的字眼—「不」字—的連續使用上得知，「適當」的行為模式與「合宜」的心境態度顯得如此重要。

從消極的角度檢視；「不」字給人某種在行為上必須有所制止的感受；在「不能」的語句中傳達出命令式的規範意義。然而，從積極的角度延伸來看；「不」字卻有其深度地隱含著對「過」與「不及」的行為缺失產生某種程度以上的勸戒與善導的效果；這實質意味著，甚麼才是「適中」的表現。儼然在「不」字中所呈現出來的意義是，對「合宜」的關注、投入與拿捏，以及如何真正的以自身去「學習」。

〔註19〕 《論語·鄉黨》。參見國立編譯館主編：《十三經注疏分段標點19·論語注疏》，頁224。

〔註20〕 《論語·鄉黨》。參見國立編譯館主編：《十三經注疏分段標點19·論語注疏》，頁229。

事實上，在「不時」、「不正」、「不得」的複合性語詞序列中得知，這些飲食行為正體現著「得宜」的禮儀活動，與其呈現出「適中」的文化意涵。在「不」字底下所呈現的內在意義是：甚麼是可以的、甚麼是正確的，以及甚麼才是最為適當的。所謂：「聖人存心，當食而食，當寢而寢，言語非其時也。」〔註21〕我要做的，是符合「時宜」的事情，其中將涵蓋著我與群體中的應對關係，當然還包含著我個人獨處的時候。

如果對這些傳統的觀感中，讓人有著不合時宜的感受，甚至在某些行為活動中，行為意義的背後正隱藏著某些宗教顏色與宗教情感的因素，進而使我們感到格格不入。正因我們身處在不同的時空，我們的視野便輕易的以神秘的角度切入，當條件不同的今日與隨之轉換的心境萌發時，我們會質疑它的真實性、會揣測它的價值性；但容許我們以更大的角度來看；當往後人們以同樣的場景在檢視我們時，我們的行為很可能成為另一種神話；事實上，我們只不過是在創造另一種價值觀點而已。

因此，我們能推估的是，「禮儀」存在的另一個重要的意義，正是在呈現我們對生活周遭的情感反應。因此，這些所謂的「堅持」便凸顯出它之所以存在的必要性、合理性與自然性。在外部活動與內在心境產生交融時，我們可以得知更為細緻的轉化過程，而且這種感受往往我們是日用其中而不知的。

然而，令我們更為驚奇的是，在這些文字的背後除了記錄著行為表現之外，它還深刻地道出孔子「內在心境」的感受，以及在當時面對不同情境時的「心理變化」。

> 見齊衰者，雖狎必變。見冕者與瞽者，雖褻必以貌。凶服者式之，
>
> 式負版者。有盛饌，必變色而作。迅雷風烈，必變。〔註22〕

我們發現一項事實，「禮儀」活動的本身不僅僅只是行為表現而已，在某個深刻的意義上，它還展現著行為者的能力（這意味著，他為何這樣做，以及實際上他能做些甚麼）以及他本身內在心境的反應（其中的內在反應，不僅是行為之後的思考，在參與禮儀活動前，心境已經在進行思索了）。就此而言，這顯然不只是記載外在行為的表現或是象徵性的活動而已，在這些陳述當中，《論語》文本的記錄者與編輯者企圖傳達「內在本質」將是如何與「外在行為」

〔註21〕參見〔宋〕朱熹：《四書集註》，頁66。
〔註22〕《論語·鄉黨》。參見國立編譯館主編：《十三經注疏分段標點19·論語注疏》，頁236。

同步呈現的。這樣的實際思維意義是：禮儀不只是典章制度或行為規則而已，它的重點在於它是「活的」、「動的」、「可行的」，甚至我們可以說，聖者所展現的是一個能夠活動的「自然狀態」〔註23〕；當然，這其中除了包含行為活動之外，還深具心靈上的活動。

對於生命的種種課題，聖者不是一位憑空的想像家或設計者；在進行反思與理解的過程中，創新的泉源是不斷湧出的，他實際所參與的不只是藍圖的規劃。事實上，他所嚴格要求的是自我的認知（我是甚麼）與切實的活動（我能進行些甚麼）；就身為一個可以實證的個體而言（誠如孟子所言的：踐形），理想正是表現在生活中的。所以理想，也就不再只是理想了，理想就在於平凡當中可以被逐步落實的；所以反觀之，一旦落於某種「理想」的假象中，那體會與實證的歷程便會有所折損。假設我們針對的只是知識性的探索，那麼我們很可能會淪為分析的工具；就在分析與被分析當中，我們很可能失去真誠，而我們就只能空等著另一個分析的觀點來取代我們的分析而已。

對於這種生命秩序的體驗，已經不只是停留在「儀式」（形式化）上的而已，整體狀態實已啟動思維的運作，以及其中所能帶動之種種發想。葛兆光就此認為，儒家這種對自我認知之後的自我再轉化，將顯現出三項實質的意義（實際上，這是對「禮儀」的省思），其言曰：

> 第一：從儀禮的規則到人間的秩序，他們更注重「禮」的意義；第
> 二：從象徵的意味中，他們發展出「名」的思想；第三：推尋儀禮
> 的價值本源，進而尋找「仁」，即遵守秩序，尊重規則的心理與情感
> 的基礎。〔註24〕

所謂真正的融入正是實際上的參與，而實務上的參與正是推動思維的重要根據，有了這一層轉折，思維的內容才有其意義與價值；在這三點論斷上，

〔註23〕 筆者按：「自然狀態」所指的意義是，個體將深入其中，感同身受，並且設身處地的在思考著、活動著。如果我們只是依靠理論或規範來尋得自我的意義與定位，那麼這顯然是不夠的；聖者是將自我投入其中，在生活中不斷提升知識的功能與價值，進而使之轉化而成為日用中的智慧。可以相信的是，人確實可以弘揚道，而不只是停留在道可以弘揚人的看法上。相互因應而出的是，如果我們單就依靠情感的力量也是不足的，我們之所以能轉化與提升自我，正在其我們身處於一個實際的環境中，而它需要我們能親身地對應，適宜得調整使我們的情感基礎在其環境互動之間更為堅固。

〔註24〕 參見葛兆光：《中國思想史（第一卷）七世紀前中國的知識、思想與信仰世界》（上海：復旦大學出版社，2001），頁92。

我們實際察覺到，形式與情感是相互交融的；當「禮」成為一種經由某種程度之自我精神訓練以後，而反芻以推應於事物的歷程時，「禮」不但承繼一種生命的具實感與作用性，而且更具有其濃厚的同體心境。

從原本懸空的架構，經過親身的參與，以及審慎思考，「禮」有了生命的意義性，它深具某種精神作用，更能依此作用而成為一套群體所認同的規則；公共事務的推展與認知得以進行，情感與心境也同時得以抒發與交流；依此，人將意識到存在的意義。

因此，「禮」的意義，不能只是單靠外在的行為模式來呈顯，它必須回返到思維的程序中來彰顯它的實際精神；它的確切意義與其精神正在其生命與生命之間能就此而產生某種層次上的共同感召，這樣的感召正來自於思維的參與以及之後的行為推出。嚴格來說，行為的活動與思維的運行是相輔相成的。在《禮記・禮器》中有一段對「禮」之實質要義的記述；其言曰：

> 禮，時為大，順次之，體次之，宜次之，稱次之。堯授舜，舜授禹。湯放桀，武王伐紂。時也。《詩》云：「匪革其猶，聿追來孝。」天地之祭，宗廟之事，父子之道，君臣之義。倫也。社稷山川之事，鬼神之祭。體也。喪祭之用，賓客之交。義也。羔豚而祭，百官皆足。大牢而祭，不必有餘，此之謂稱也。〔註25〕

所謂「時為大」，是從總體思考的角度切入，它意旨於必須對當下的實際環境進行全面性的考量，它包含著時間與空間之種種條件；從所謂的「順」（倫理之分際）、「體」（祭祀之對象）、「宜」（行事之得體）、「稱」（祭祀物品之合理分配）等種種被列為「次之」的思考來進行反觀，「時」的意義與其實際之內容將涵蓋這些「次之」的所有內容。以「倫理之分際」而言，何嘗不是依據於「時」而找到適宜的定位，而以「祭祀之對象」來說，也必須按照當時的情境來考量，至於「行事之得體」與「祭祀物品之合理分配」等，也都必須依循時空之條件來調配；這實際意味著，「禮」的真切意義與精神，就表現在「依時得宜」的思考上（整體的時空條件），「禮」以「時」為大的思維，就在於尋求生命總體的公約數。

深入來說，所謂的「倫」，即是在這些行為歷程當中，親身去體驗生命與生命之間的關係，在群體關係中思考到自我存在的意義，以及他者的意義；宗

〔註25〕《禮記・禮器第十・第三》。參見國立編譯館主編：《十三經注疏分段標點11・禮記注疏（中）》（臺北：新文豐出版社，2001），頁1118。

廟的公共事務、長幼之別、君臣之間的適宜表現，都在呈顯對於一種「公共關係」的思考，思索這些事物，以及事物與事物之間種種關係的全面意義。「倫理」的意義，即能使人依此而尋得其定位。而所謂的「體」，即從祭祀的對象與其該祭祀場合來進行思考，在不同的祭祀活動當中，呈顯出不同的生活意義；這些不同的公共事務在其歷程展演中則有不同的教育意義，這實質能反映出我們對生命的種種不同層次的認知與認同。「得體」的意義，即能使人思考到不同層級的定位與其意義。而所謂的「義」，即是能在這些公共事務推行的同時，思索其行事的適當性，特別是對這些實務的調配與調動；誠如祭典、喪禮、外交、宴客等等開支與花費，都必須依實際狀態而定，真正的合宜與平衡，就在於能思索到禮的精神卻又不至於因節儉而吝嗇或因行禮而奢華。「合宜」的真切意義，即能使人活用禮儀本身。而所謂的「稱」，即是從這些不同關係、不同層級所凸顯的定位與意義當中去反思自我的意義；最終祭祀物品之分配與安排，不會有所遺漏，也不會有所多餘，活動的推行必須思考到一種合乎情理的安置，安置在一個心安且理得的狀態當中。「稱之」的意義，即能反映出對自身的合理性與其責任感。

依據每次全新的狀態來看，「時」的概念，將提醒我們必須對條件之變化與狀態之不同保有靈活的思考空間，讓自身對此狀態與條件進行思索，並予以適當的調整。誠如「每事問」的孔子，讓自身可以時時處於重新解讀自己狀態中，孔子讓自己處於不斷在「學習」的狀態中。從面對這些狀態的心境來說，「時」的概念，讓思索得以產生（自省於內），讓自身思索理當如何面對與處理這些狀態與條件，生命必須親身參與其中。亦如「每事問」的孔子，讓事物本身的種種聲音來重新檢閱自我，孔子必須時時思考與這些新的環境與變動的條件之關係，自我與事物之關係也就必須不斷進行調整，而關係也就時時在全新的狀態當中。從實際所推出的行為而言，「時」的概念，成為一種生活訓練（外推於事），讓自身經由思索之後重新推展出可以因應的方法。如同「每事問」的孔子，其最終的期盼必定是事物要能得以推行，並且讓事物的推展行走在一個合宜的軌道上，自我的認同與群體之認同必須相容。

「時」，呈顯出一個可以靈活思考與實際進行調度的狀態，「時」的背後基本意義將彰顯出對「中」的思考——融洽的「關係」、和睦的「場合」、得當的「行為」、適宜的「分享」。在此全面性的總體考量歷程中，我們可以看見思維的三層轉化，即是接觸、思索，與最終的因應。「禮」的意義正源自於對「秩

序感」的探尋，透過自身所面對的事物來學習這種「秩序」；正因為是必須透過學習的途徑，所以自身必須參與，而思考也必須進行，在思維的歷程中去沉澱「禮儀」的內容，進而去察覺其中真實的意涵與精神；正當我們透過自身的感觸而相互參照於這些不同的公共事務時，我們正在推出一個合乎此「秩序」的行為，生命的意義藉此可以找到印證與回應。這種生命的「秩序感」將提升到精神、思維、務實三者之間的相互融合；禮儀的存在不再只是僵化的行為模式，或是虛無縹緲的崇高理想與象徵，在經由所謂的「依時得宜」的歷程轉化中，禮儀正在不斷的損益過成中展現其活力。

　　對於這種「秩序感」的尊敬與學習，實際來自於對宇宙天地時序的觀察與感悟，古典儒家將這樣的「秩序」移入實際生活中的「人間」；對於這種「秩序感」的基本內涵，可被稱之為「中」。然而，當這種「秩序」在人間進行時，思考必須不斷進行，所謂合宜的意義必須在每次的狀態當中去尋得，其平衡之狀態就在每一次的事態發展與其積澱當中獲得；對於這種「秩序感」的維護與展現，可被稱之為「中節」──「和」。那麼，最終對於這些「秩序」的思考與行事，都將反映在實際的生活狀態當中，其所體現的便是「用」（庸）的狀態；對於這種實際運用，可稱之為「致中和」，這讓天地宇宙的時序切實地落實在生活的人間。這無不反應出一個總體觀點──「時」。誠如《中庸》所謂：

> 天命之謂性，率性之謂道，脩道之謂教。道也者，不可須臾離也，可離非道也。是故君子戒慎乎其所不睹，恐懼乎其所不聞。莫見乎隱，莫顯乎微，故君子慎其獨也。喜、怒、哀、樂之未發，謂之中；發而皆中節，謂之和。中也者，天下之大本也；和也者，天下之達道也。致中和，天地位焉，萬物育焉。〔註26〕

從一個根本（中──天下之大本），到面對實際狀態的思索與判定（和──天下之達道），以及最終的推動與實行（致中和──天地位焉，萬物育焉），事物的定位可以有其依循的方向與其相互參照的位置，事物更可以藉此秩序而得以持續地發展。在生命的質地中，「秩序」是一個最為基本面的觀察（所謂「天命之謂性」的意義，正與其「中」的觀念相為呼應），生命在這樣的「秩序」中發展著；而人們對於這種基本質地的思索與發想，正是表現在實際生活當中尋求解決事物之方法上，生命自身則為此稱之為「道」（所謂「率性之謂道」

〔註26〕《禮記·中庸第三十一·第一章》。參見國立編譯館主編：《十三經注疏分段標點12·禮記注疏（下）》（臺北：新文豐出版社，2001），頁2189。

的意義，正與其「和」的觀念相為呼應）；最終，人們依據其根本與其實際之狀態中的思維判別來因應種種之變化，生命自身在此得到一種實質的運用（所謂「脩道之謂教」的意義，正與其「致中和」的觀念相為呼應）。

回到「禮」的意義與精神來看，「禮」的整體性必須有其三層思維的轉折；它必須依據於生命的總體秩序來推行（中），在這其中必須進行思索、調節，並且讓生命整合於實際的狀態中（和），進而因應、實證於所對應的狀態當中（致中和）；整體言之，這正是古典儒家所謂的「中庸」之道。依據於一種共同感知的秩序，並且按照事物本身的狀態來重新不斷思考此秩序的合宜性，以便投向於任何一種全新的狀態與關係；所謂「中庸」之道，正不斷再接應下一個「中庸」之道而前進；「依時得宜」的總體思維展現出一種變通的智慧、生活的體認以及實務的應用。據此得知，俱備「禮」的生命體，沒有僵化的思考，不是制式的行為，乃是具有靈活的創造力。

這讓我們聯想到《左傳》哀公十一年中有一段記載：

> 季孫欲以田賦，使冉有訪諸仲尼。仲尼曰：「丘不識也。」三發，卒曰：「子為國老，待子而行，若之何子之不言也？」仲尼不對，而私於冉有曰：「君子之行也，度於禮：施取其厚，事舉其中，斂從其薄。如是，則以丘亦足矣。若不度於禮，而貪冒無厭，則雖以田賦，將又不足。且子季孫若欲行而法，則周公之典在；若欲苟而行，又何訪焉？」〔註27〕

季孫氏欲向人民收取田賦，任命冉有請益於孔子，然而孔子卻在三次的請益過程中，一語不發；可見，季孫氏在向人民收取田賦的種種觀點上，很有可能與孔子所思、所感有很大的落差。

從孔子對冉有在此次收取田賦的私下評論中發現，孔子對真實的「禮儀」精神有其深刻的感受，並且有其出自由衷的理念存在（禮儀的範圍也正如現在所涵蓋的，將包括公共事務上的法律與規則）。所謂：「君子之行也，度於禮」，正凸顯出一項事實：人間秩序的進行，必須反應在一定程度以上的共同認知才行；一個君子的行為標準以及他的內在思緒，都依據在對這一套共同認知的審慎思維當中而得以展演。

當孔子在面對人民時，情感的同理心境是最為重要的基礎考量，一套合宜的規則，勢必對於自己而言也能尋得其中的認同，以及其認同感；所謂：「施

取其厚」、「事舉其中」、「斂從其薄」等施政方式，正顯現出一位君子必須是一種經過深度思考之後的自反心理；對於人民恰當適中的施政，將可看出君王本身的自我修養與生命的厚度。

取其「厚」，並不過多；舉其「中」，則顯合宜；從其「薄」，則不嫌不足。對於「公共事務」的參與，以及其最終參與的重要精神，正是在於設身處地地感受到人民的需要；這實質反應出自我必須進行思索，並且著重在重新思索自我與群體之間的關係，以及經其思索之後理當如何來推動這些群體關係之間的「公共事務」。所謂「君子之行，度於禮」，實際呈顯出一個重要的思想意義，即「內省於己」而「外推於事」的總體歷程。

「厚」、「中」、「薄」三事，恰恰反應一項事實，即和諧穩定的秩序正在開展，開展在一種共同認知的相容上；這三項事務處理的方向與其核心也同時地指向於一種「不偏不倚」的狀態裡。由此反觀，如果一旦「貪冒無厭」、「欲苟而行」，則生命的整體狀態會就此「脫序」，一旦君王無所省思，則人民便無所安置。

在此，我們看到孔子對「禮」的實際感悟、參與，以及操作。從情感基礎上的自省而言，為政當取其德，得於人民則能得天下；「厚」、「中」、「薄」三事，不但能藏富於民，更能養德於民，並且亦能教德於民。然而，從理智的角度再出發，公共事務的推行正依據於「厚」、「中」、「薄」三事的「平衡」結構而得以持續；在一種和諧穩定（正）的方法上（名）來落實人間的秩序。

結合感性與理智，「禮」的精神與意義被展露出來；同時這也看出一個內在思維的核心，即對「中」的探尋。

事實上，這群文化人進而必須思考到的核心是：身為一個「人」，其實質的意義到底是甚麼？我們自身現今所處的每一個不同的「位置」，其又代表著甚麼意義？極為顯然，我們的活動意味著我們的定位，我們的定位也代表著活動的意義。當我們身為一個所謂的「器」時，我們將如何面對這樣的一個個體，以及這樣的一個群體；這將是另一個重要的探討課題。

孔子曾如此地告訴子貢：

> 子貢問曰：「賜也何如？」子曰：「女器也。」曰：「何器也？」曰：
> 「瑚璉也。」〔註28〕

〔註28〕《論語·公冶長》。參見國立編譯館主編：《十三經注疏分段標點 19·論語注疏》，頁 103。

美國漢學家赫伯特・芬格萊特（Herbert Fin-garette）對《論語》這一紀錄有著另類的觀察，以及細微的剖析，他說：

> 它之所以神聖，不是因為它有用或者精美，而是因為它是禮儀祭典
> 中的一部分。它之所以神聖，是由於它參與了禮儀、參與了神聖的
> 典禮。如果將它在禮儀活動中的角色分離出來，那麼，這個禮器就
> 只不過是一個盛滿穀物的昂貴鉢盂而已了。[註29]

不可否認的，在芬格萊特的觀察中，禮儀的運行不僅在行為活動上產生很大的思維意義，並且在每項禮儀的實際行動中也確實地產生著它必然的作用性。值得注意的是，這一個作用性並非只是建立在物質的高低或貴賤的差異上，或是它只是展現象徵性的作用上而已；實際上，整體禮儀活動本身所關切的是展現在整體禮儀運作的精神上，我們可以深入地說：這不只是物質上的作用，它更具有一種精神上的感召，所謂神聖的感受也就源自於此。誠如孔子也曾提出自己對禮儀活動的真誠態度一樣，其言：

> 祭如在，祭神如神在。子曰：「吾不與祭，如不祭！」[註30]

實際的參與是行為表現的基本條件，失去這項基礎，很可能就無法進行「對話」，而內心的領會更會大打折扣。這個「對話」正包含著自我與群體之間的互動性，如果沒有這樣的實際行為，我們確實是可以全身而退的。「禮儀」所顯現而出的是一個實際存在的位置，而不是分析性的、辭彙性的假設；創新泉源的不斷湧出，正意味著對自我生命的轉化，以及在實證歷程中調整其最為適當的定位與方向。

「禮」的存在意義，正可以說明著個體與群體之間的和諧性；而「儀」的實質意義，也在其實際的行為表現上一一的體現出來。在祭祀的過程中，象徵性的啟動確實是重要的；然而，象徵性的作用只是體現於外在的形與物而已；面對我們內在的感觸，天地鬼神是同時存在的（祭如在）；因為，「神」的存在，正是出自於「我」的真實存在而存在（個人的實際參與）。誠如芬格萊特對孔子在禮儀活動的轉化上所提出的看法一樣：

> 以此類推，孔子或許習慣於這樣的暗示：由於在禮儀活動中的角色，
> 個體的人由此也具有終極的尊嚴、神聖的尊嚴。我們一定回想起，

[註29] 參見〔美〕赫伯特・芬格萊特：《孔子——即凡而聖》（南京：江蘇人民出版社，2002），頁65。

[註30] 《論語・八佾》。參見國立編譯館主編：《十三經注疏分段標點19・論語注疏》，頁70。

　　孔子擴展了「禮」這個字的涵義——禮本來指涉宗教的禮儀——孔

　子則把「禮」的意義擴大，按照禮的模式來構想社會本身。〔註31〕

當然，這一架構是一個不爭的事實，並且他們（人與人之間）是相互牽引的；

我確實是一項器皿；但是，我們之所以重要，不是我們是什麼而已，更重要的

是我們能發揮甚麼樣的作用，以及從互動的歷程中感召到我之所以存在的意

義。祭祀的真實核心正在於，我們已經進入這樣一個祭祀活動當中，進而藉由

行動來呈現出我們在這項祭祀中的位置，以及透過我們內心的感知來體察我

們身處其中的意義。

第二節　對人間秩序的感召與認同——禮和為貴

　　在經歷思維的喚醒與轉化之後，古典儒家將從「崩壞的秩序」當中重拾信

心，即是對「禮樂」的價值與其背後的內在核心——「和」，加以肯定並擴充

之。他們重新針對這套「人間秩序」的內部進行檢閱，在這次思維的內省歷程

中，他們找到契合於內心的依據，也藉此擴充了這項「秩序」的內涵。透過實

際的參與及實踐，「禮樂」的和諧價值與意義有了精神上的意義。「禮儀」的展

演，不只是一種行為上的表現，它包含著精神上的感召與思想上的認同。

　　正因回歸於一種必須親身經歷才能有所體會的學習歷程裡，所以觸動了

我們對內的省思與對外的接應；這是一種「自得」之學，讓我的生命接連起內

外而展現出全體。然而，「和諧」的本意正是，能讓我們的生命於外於內都能

同步運作。孔子曾經對於自身投入於一項禮儀的活動，進而引發了一番內心深

刻的感觸：

　　　子曰：「君子無所爭，必也射乎！揖讓而升、下，而飲，其爭也君

　　　子。」〔註32〕

「揖讓而升，下而飲」，從外部來看，是一套完整、平和的禮儀規範；就內部

而言，則是一種相互尊敬、彼此謙恭的心境體現。然而，整體以對，啟發孔子

的是：這是身為一位「君子」的樣態，亦是「君子」自身工夫韜養的起點。在

看似平凡的禮儀活動歷程中，轉化自我是其中最為重要的「自得」。據此，《孟

子》有深入的評價與探析，其言：

〔註31〕參見〔美〕赫伯特・芬格萊特：《孔子——即凡而聖》，頁65。

〔註32〕《論語・八佾》。參見國立編譯館主編：《十三經注疏分段標點19・論語注疏》，
　　　　頁64。

> 仁者如射：射者正己而後發，發而不中，不怨勝己者，反求諸己而
> 已矣！〔註33〕

當我們身處某一種狀態時，除了「身」必當親臨之外，「心」也是同時體現其
存在的；「心」所要體現的正在於對自我的「省察」，「身」所要親臨的便是對
社群的「關懷」。若兩相呼應，關懷社群之間而與之互動，正能呈現其自心的
謙恭；體現自心而反思以對，正能呈現其自身的存在。「中的」的隱喻已經不
再只是停留於「中」或「不中」的議題上；它實際在啟發我們的是，我們到底
有沒有「心」，我們是否能有所「反」；在君子之爭之前能否「正己」，於君子
之爭以後能否「自省」。君子本是「無所爭」的，然而真正在面對自我，乃至
叩問自我之時，這才是一場最為真誠的「挑戰」。

如果我們深入探討還可以補充並且證實的是，禮儀的作用實際上是一項
兼具「我在」的問題，而不單單只是「我是」的問題；然而，也正因為有這一
層的思維轉化，才能使之由「我在」的層次又能回歸到為「我是」的認知上。
正如孔子所說：「不學禮無以立」〔註34〕；在這些人際關係與事務的流動上進
行學習，並從重尋得共同的認知（學禮），以至最後獲得對自我的認同與對生
命之肯定（立）。禮儀之中的神聖意義，正如我存在一樣的神聖。誠如所謂：
「君子不重，則不威。」的道理是一致的。內在莊重的心境，體現著外在的威
儀；外在的威儀，隱含著內在的莊重心境。二者是同時的、合一的、不容切割
的，所以不是在儀式上的「演繹」，而是在生活中的「行禮」。在如此行禮的活
動中，我正意識到我是一位什麼樣的人，以及我與全體之間的關係與認同。

事實上在日常的生活應對中，「禮儀」當然具有它自身的神聖意義，但卻
也是如此的平凡；神聖的氛圍在群體結構與其禮儀精神中產生，而平凡的意義
正由於我是親身體認，並生活在其中的。

> 仲弓問仁。子曰：「出門如見大賓，使民如承大祭。己所不欲，勿
> 施於人。在邦無怨，在家無怨。」仲弓曰：「雍雖不敏，請事斯語
> 矣。」〔註35〕

〔註33〕《孟子·公孫丑上》。參見國立編譯館主編：《十三經注疏分段標點 20·孟子
注疏》，頁 165。

〔註34〕《論語·季氏》。參見國立編譯館主編：《十三經注疏分段標點 19·論語注疏》，
頁 380。亦同參見《論語·堯曰》：「不知禮，無以立也。」參見國立編譯館主
編：《十三經注疏分段標點 19·論語注疏》，頁 444。

〔註35〕《論語·顏淵》。參見國立編譯館主編：《十三經注疏分段標點 19·論語注疏》，
頁 266。

正當仲弓詢問一位仁人君子所須的涵養品質時，孔子卻隱約的從「禮儀」的角度來回應這個問題。很顯然的，抽象的語句終究抵不過事實的行為表現，唯有在活動中，生命的本質才能相應於事物本身，也才能將他者與自我連接起來。

　　依照著一定的程序，行使禮儀活動必定有它向來的規範與原則；「使民」正如同這樣的活動一般，在適當、中和的進程裡，才能使人民有其接受度與認同感。呼應於對外的恭敬態度，生為群體的一部分，「出門」的一切應對，誠如接見賓客一樣，理當時常保有誠摯與尊重的態度。

　　進一步的我們可以由此類推：我不只是在「使民」，我是在「教民」；我不只是「出門」應對，我更是出自「由己」的反思。所以，平凡在於此，而神聖也就在於此。誠如之前我們所提出的，禮儀活動的價值正在其內部與外部的和諧（內部情感與外在活動缺一不可）；確切地說，禮儀行為的意義即在於透過它的活動形式將內部的精神意識體現出來，畢竟外部行為表現是相當重要的一環，我們可以稱之為「實際的參與」。

　　確實如此，赫伯特・芬格萊特成功地從「禮儀」的外部作用性來探討生命的定位以及其展現而出的意義與價值。他明白地指出禮儀活動在群體社會中所凝聚的精神以及它所具有的共向力量，甚至更為深入的指出，「禮儀」能在人類活動過程中展現出其豐富的文化行為意義以及優雅的心境感受。無庸置疑，「禮儀」確實成功的呈現出我們實際行為活動的價值與意義。然而，外顯作用並不能就此滿足我們生命的全體；因為，我們內部的心靈質地是會反思的，內部的自覺是不容我們忽視的。

　　關於這樣的內在體悟，孔子是這樣叮嚀的：

　　　　人而不仁，如禮何？人而不仁，如樂何？〔註36〕

禮樂的本質本來就出自於人類情感的活動，其中最大的意義便是在其「同理心」的感受。如果我們只是在外部行為中得到暫時性的掌聲，那麼所謂的神聖意義將會落於形式主義而已；很可能的，在這麼多禮儀活動中，我們的心靈不但不能感到慰藉，甚至可能產生負面的效應，或許我們會因此而感到相當繁瑣。

　　令人遺憾的是，當一切禮儀只能落於形式表現時，它很可能將會形成為扼殺人性的工具而已。這個問題的真正環節，正是在於我們忽略了我們自心所具有的「省思」功能。誠如之前所討論過的，當我們參與禮儀活動時，我們的心

〔註36〕《論語・八佾》。參見國立編譯館主編：《十三經注疏分段標點19・論語注疏》，頁62。

態是「學習」的，聖者面對這些活動的心境至少是「健康」的，因為他知道在這些儀式的象徵背後更具備著人與人之間的情感交流，而不是利益的交換或權力的轉嫁。嚴格來說，身為一個人，我所呈現的價值就在於我的內心：「誠意」；而這種自發於內心的真誠往往是無價的。

對此「內在自省」的看法，孟子便有著強烈的信心與堅持。他指出「內在自省」的強度是不容懷疑的。

> 孟子曰：「乃若其情，則可以為善矣，乃所謂善也。若夫為不善，非才之罪也。惻隱之心，人皆有之；羞惡之心，人皆有之；恭敬之心，人皆有之；是非之心，人皆有之。惻隱之心，仁也；羞惡之心，義也；恭敬之心，禮也；是非之心，智也。仁、義、禮、智，非由外鑠我也，我固有之也，弗思耳矣。故曰：『求則得之，舍則失之。』或相倍蓰而無算者，不能盡其才者也！」〔註37〕

對於這樣的良善本質，我們絕對不能只從善與惡的相對角度去判讀；因此我們著重的是，這種良善本質的義意是在其能展現出「自省」的機制，它的動力源自於我們是否能思考著甚麼才是最為和諧的、平衡的；當我們面對任何事物的改變與挑戰時，我們是否能發揮我們原有的調適能力，而這一點正是源自於「反求諸己」的動力。

仁、義、禮、智絕非只是一種道德勸說或者只是被化約為一種外在的行為規範；在自心的根源處，它們是自然發出的，它們的價值是在展現生命原有的一種「坦然」；確切地說，是一種「心安理得」的展現。孟子絕不想強加任何因道德意識所產生的負面壓力，他尊重的是人人發自於內心的自我「警覺」與「敏銳」，他感受到的是從「自省」到「自覺」的進程；因此，「乃若其情」正提點著我們，聖者的所言、所行將出自於他自心的安然以及實際面的體會，這一切或許只是表現在平日的生活舉止上，但卻也展現出人性永無止盡的光明面。

禮儀的真正「和諧」不在只是外在形式上的協調而已，其真正的「和諧」還包含內在情感的「共鳴」。〔註38〕藉由感觸進而感動，經由感動成於感化；

〔註37〕《孟子·告子上》。參見國立編譯館主編：《十三經注疏分段標點20·孟子注疏》，頁476。

〔註38〕所謂：「子與人歌而善，必使反之，而後和之。」《論語·述而》。參見國立編譯館主編：《十三經注疏分段標點19·論語注疏》，頁170。筆者按：正因為有其內在心境的認同，所以才能表現在具體的行為上，「和之」包含著實際行為的參與，以及內在心境的領會；因為這是一種「品味」其中的歷程，對於「禮

誠如「反身而誠」一般，能產生「感召」的力量，正是源自於對自我的再認識。「共鳴」正意味著，我們都能在最為穩健且平和的狀態中發出各自的聲音──我們各自都在認識彼此，也同在此時，認清了自我。

對如此「光明」的感召力孔子曾有這樣的譬喻：

> 季康子問政於孔子曰：「如殺無道，以就有道，何如？」孔子對曰：
> 「子為政，焉用殺？子欲善而民善矣！君子之德風，小人之德草。
> 草上之風，必偃。」〔註39〕

之所以產生可以外推的感召力，乃在於自我能先得力於感召；自我的省思反映在實際的行動力上；「風行」正意味著我能以身作則，「草偃」便是反身而誠的最大回饋。這樣的「共鳴」，沒有任何心虛，只有真情。孔子也藉此深入地提出這樣的見解，他指出：

> 道之以政，齊之以刑，民免而無恥；道之以德，齊之以禮，有恥且
> 格。〔註40〕

實際的政治運作，是體現思想理路的重要管道；但如果只是一味地趨近於「表面化」與「形式化」時，不但政事無以推行，所有的政令與刑罰最終也只是人民想要規避的空言而已。沒有生命力的禮儀，正如同缺乏感染力的音樂一般。人民真實的生命體驗（有恥且格），正取決於為政者的生命展現（據於德、立於禮）。

誠如《左傳》僖公五年記載一段宮之奇對其君王的勸諫，其論述內容正由我們所謂「共鳴」的角度切入：

> 公曰：「吾享祀豐絜，神必據我。」對曰：「臣聞之，鬼神非人實親，
> 惟德是依！故周書曰：『皇天無親，惟德是輔。』又曰：『黍稷非馨，
> 明德惟馨。』又曰：『民不易物，惟德繄物。』如是則非德，民不和，
> 神不享矣！神所馮依，將在德矣！」〔註41〕

當「禮儀」能夠行之天下，並從中思考如何真實確立其根本時，實已從對鬼神

樂」精神的體會，孔子倘佯其中的。更為重要的是，在社群的關係互動上，可以相互建立起彼此的認同感。

〔註39〕　《論語・顏淵》。參見國立編譯館主編：《十三經注疏分段標點 19・論語注疏》，頁 279。

〔註40〕　《論語・為政》。參見國立編譯館主編：《十三經注疏分段標點 19・論語注疏》，頁 38。

〔註41〕　參見楊伯峻編著：《春秋左傳注》，頁 309。

的依賴轉至人的自覺。對於「德性」的關注，實是證明對「禮儀形式」的再思考，也同時是對「自我」的再思考；「神必據我」將受到更為嚴格的「自省式」的自我檢驗。當宮之奇以「惟德是依」來訴說為國之道時，事實上也是在重新界定「禮儀」的內涵，其中所顯示的，正是同於「感召」的意義。神之所以能享，正在於我有其內在的涵養；我之所以能得於天下（民），正是天下能感召於我的德性。

春秋時代的人文精神重整，不但在思索要如何使生命的「形式」得到滋養，它同時也在思索生命的「內涵」將何以實施於人間。這正是古典儒家對「中道」進行思維的一個重要取向。以「感召」來訴說生命與生命之間的相互交流（民心即我心）；以「相應」來表明相互學習的態度（在規勸人民的同時，也是在教導自我）；最終以「化」（風行草偃——是那麼的自然而然）的方式來推展其共同的認知。在共識之下，使之調整的步調是和諧的，而不是暗自衝突的；是從根本處入手，並具有其有深度的。《論語》的反省品質在面對「禮儀」的實質價值檢討上，正將其推向「省思」的思考模式來進行，經由「內化」將其質地再提升；孔子不但沒有放棄過去的經驗或走向過度崇拜的進路，反倒能在現今與過去當中，取得繼續前進的「參照值」。

或許這樣的「內在本質」有它強勁之處，「自省之能」甚至可已遠遠超過「外在環境」的影響；誠如孟子所言：「非由外鑠我也，我固有之也」。然而，立本於心而涵養自我固然重要，但若無實際地將生命所經之體驗加以運用，那也只是徒託空言而已。切勿把孟子的思維本意失焦，我們之所以能確切地對自我加以自省（內），實來自於我們能真實地生活在實境當中（外）。進一步的說，「內在本質」的可貴並不只是著眼於我們與生俱有來講，更重要的是在於我們能否將它充分的發揮出來；我們雖具備著它，但關鍵在於我們能不能去體現它。實際的體現絕非只是停留於抽象的思考而已，生命的內涵將配合著「外在形式」予以一起呈現。也因此，生命的意義就不只是「作用」而已，更不只是停留於一種作用；它實際發揮的是心靈與環境的相融，內部自省與外部行動的調和，它實際的「作用性」應當是活潑的、有彈性的。生命便是在「內在思維」與「外部行為」的相互激盪、調整、融合之上才能得以完成。

誠如林放對「禮」的提問，是從根本性質切入時；孔子首先的回應是給予讚嘆的，並且依此提出他的看法：

> 林放問禮之本。子曰：「大哉問！禮，與其奢也，寧儉；喪，與其易

也，寧戚。」〔註42〕

孔子勢必肯定禮儀活動的存在意義，以及它所能展現的實際效應，在生事之以禮，死葬之以禮、祭之以禮的行為表現中，「禮」當然是不可被磨滅的；然而，這樣的精神意義卻不能忽視的是，它也需由內在情感的實質感受與相應才能共同形成並且完備。因此，當禮儀行為趨近於豪華奢侈時，我寧可以最簡單的方式來表達我最為誠意的情感；當喪禮只是停留於形式上的操作或只是在顯示著某種知識的博通時，我寧可甚麼都不知道地以最為哀戚的心境來面對死生大事。

　　孔子並非就此放棄禮儀本身的存在價值，也從不低估這樣的禮儀活動只是一種心理治療的行為而已；當思考付諸於任何行動時，我們的心境應當也是感同並且身受的。值得注意的是，孔子反思的核心不只是「禮」的本身，他所思維的向度更是關注在整體人性的「太過」與「不及」的問題上。所謂：「太過」是因為產生了「奢侈」與「繁瑣」的行為，所謂：「不及」是因為沒有「誠摯」與「哀戚」的心境。聖者便以他的智慧來因應萬物的變化，他期盼能真實的將內外統合起來；當然，這正是所謂「禮貴得中」的道理。當生死大事被做為一個重要討論的例證時，它顯現的意義並非只是停留於任何對於死亡的儀式上；事實上，它所關切的應當是活著的人的精神思維。

　　換言之，當一切禮儀行為在進行時，我們的思維不僅伴隨著，我們甚至還需要運用我們本具備的思維能力而同時地思索著；這應當不是追求於外在的量化，它實際上包含著精神內部的相應。當一切進行處於所謂「平和」的狀態時，除了外在的行徑是和諧之外，我們的自心是融入的；此時情感與形式相互交融，我們絕非只是在遙祭一個象徵性的主體而已，我們是在實際地觀照我們自己。這個身體存在，這個精神也存在。

　　從有子對於禮儀所定義的內容看來，他給了我們很大的啟示：

　　　有子曰：「禮之用，和為貴；先王之道，斯為美。小大由之，有所不

　　　行；知和而和，不以禮節之，亦不可行也。」〔註43〕

禮儀當然是「用的」（外在的行動），但它必須合乎於情理與實際的條件才能「活用」（內部的省思），也才能展現出「和」的真義。先王制定的禮儀規範自有它

〔註42〕　《論語‧八佾》。參見國立編譯館主編：《十三經注疏分段標點19‧論語注疏》，
　　　　　頁62。

〔註43〕　《論語‧學而》。參見國立編譯館主編：《十三經注疏分段標點19‧論語注疏》，
　　　　　頁30。

美好的一面；但是，我們同時也必須思考它的內在意義才行。「和」，並非只是配合的意義而已；當我們能調節其中，並且將環境與心境相互結合時，我們的人格才是「均衡」的。

當思維與行為之間有所統合時，我們的行禮意義才能是思考型的，而不是機械式的。當我們審慎思考人性的總體價值時，除了「禮」所能成就的文化體系之外，「仁」所帶動的情感活力也是相對重要的。人與人之間的「尊尊」關係實際上在我們生活運作中推展了一切的行為規範；然而，「親親」的自然互動條件確是這層關係的根源與基礎。杜維明便為此提出他的見地：

> 「仁」作為一種內在的道德並不是由「禮」的機制從外面造就成的，
> 而是一個更高層次的概念，它賦予「禮」以意義。正是在這個意義
> 上，我們可以說「仁」基本上是與人的自我更生、自我精進和自我
> 完成的過程中聯繫著的。〔註44〕

很顯然的，杜維明是從「內在德性」的思考維度強化了個體的自省、自覺、完善與實證的能力。從內在主體意識來看，杜維明的思考補充了單就「外在形式」考量的不足，在道德傳統被轉化為自我認同與實證的進路上，個體自我內部的意識與覺醒勢必扮演著重要角色。

當然，我們也不能因此而輕忽了所謂「外在形式」的重要性。當我們在省思一切事物的同時，我們可別忘了，外圍環境正是我們重要的舞臺，這座舞臺確實讓我們得以發揮我們的省思，它使我們在運作當中感受到心靈層次是如何被落實的。誠如孔子也是如此的告誡我們：「好仁不好學，其蔽也愚。」〔註45〕所以，「人而不仁，如禮何？人而不仁，如樂何？」的深刻見地並非只是單就於內在本質的強調；事實上，它所探究的核心是關乎於，我們將如何在「本質」與「外在」之間取得相應以及平衡。因為，在日常生活行為活動中（對外），我們時時都在省思著自我的意義（於內）。

第三節　內省與外推之平衡與體現──克己復禮

　　經由「損益」的檢討與「和諧」的感召，「禮樂」的整體意義將包含內部

〔註44〕參見杜維明：〈仁與禮之間的創造性張力〉。收錄於《杜維明文集》第四卷（武漢：武漢出版社，2002），頁19。

〔註45〕《論語·陽貨》。參見國立編譯館主編：《十三經注疏分段標點19·論語注疏》，頁389。

的省思與外部的推展。「內省」與「外推」將呈顯出一個不斷必須進行「重組」的個體；透過「學習」，我們將生命的資源予以擴充，經由「思考」，我們將生命的質地予以提升。面對外界種種事物的碰觸，正可提供成為自我內省的基礎，而自我內省的實質意義，則同時指向對外界事物的應對；誠如學思並重的整體思維一致，經學而思，再由思而學，生命不斷在展演「和諧」，亦不斷在尋求「和諧」的真義。

　　誠如在之前我們所關注的課題一樣，探求生命的平衡正需要學習的引入，中道的品質也不是輕易地取其兩端中間值而已，它必須不斷地、積極地「更新」與「重組」。許多德目的本質是美好的，但它們必須經過重新的整合，才能展現其最為理想的狀態；孔子是這麼認為的：

　　　　子曰：「恭而無禮則勞，慎而無禮則葸，勇而無禮則亂，直而無禮則

　　　　絞。君子篤於親，則民興於仁；故舊不遺，則民不偷。」〔註46〕

「禮」很顯然的不只是一個象徵性的行為，它賦予我們有遵循的方向，在思考的過程中，可以提供我「理智」的判斷；然而，微妙的是，這種思考能力卻是從我們內心所發出的，因為有著學習精神與自反能力，「禮」的作用串連起我們生活中這些零碎的感觸。

　　因此，當我們審思能否成為一個「真正」恭敬、謹慎、勇敢、正直的君子，在發源於內心自問的同時，也需要外來的滋養才能顯現出人性中的可貴之處。當人民存有仁愛的風氣並且展現出敦厚的氣質時，上位者的風範其實早已感染他們的心靈；嚴格地說，這不只是上行下效的結果，這裡所呈現的是潛移默化的力量。所以在這一個繁雜多樣的人生舞臺上，我們不是在「表演」，而是在「進行」；更確切地說，我們不是在「進行」而是在「學習」。道理源自於，我們是在行動中不停的反思，在反思中取得更為完善的行為模式而把它們展現出來。

　　賦有文學素養的子夏曾經與孔子有這樣的對話：

　　　　子夏問曰：「『巧笑倩兮，美目盼兮，素以為絢兮。』何謂也？」子

　　　　曰：「繪事後素。」曰：「禮後乎？」子曰：「起予者商也，始可與言

　　　　詩已矣！」〔註47〕

〔註46〕　《論語·泰伯》。參見國立編譯館主編：《十三經注疏分段標點19·論語注疏》，
　　　　　頁176。

〔註47〕　《論語·八佾》。參見國立編譯館主編：《十三經注疏分段標點19·論語注疏》，
　　　　　頁66。

許多評註與研究者，將子貢所關懷的問題著落在「素以為絢兮」的問題上；他們的共同見地是：先有著美好的本質，然後再加以文飾，那麼就能顯現出所謂最為完美的生命狀態。據此，杜維明深刻地從其內在本質——「素」——的關鍵條件上加以闡發，他說：

> 顯然，他強調的不是角色扮演，而是「仁的素質」。因此，毫不奇怪，
> 當子夏把孔子「繪事後素」的話理解為「禮後乎」的時候，孔子對
> 子夏極為滿意。〔註48〕

確實如此，經由這層思維的轉化之後，我們能深刻地認知到本質的可貴；但是，《論語》針對「繪事後素」觀點的提出，我們認為並非那麼突然，也絕非如此的簡單。

孔子確實相信人們內在所具有的素質，並且也給予高度的肯定；然而，以往研究的重心卻只關注於它們之間的「先後關係」（或者可以說是：「主從關係」），從而忽略了此思維的精神意涵。

倘若從「並列」的視野上來看；實際上，孔子所關懷的是它們之間的「相輔關係」；表面上的「先後關係」，只是整體行為的描述，而在這項敘述中，對話中所要啟示的是，兩者之間（仁與禮）更為深層的互動性、相融性，以及融會之後的活躍性。

依此，我們需要補充的是：所謂「禮後乎」的真實意義，不是在強調「禮」只是可被置於後者之地位而已，或者依此而強調內在素質「仁」的重要性；孔子與子夏的對話意義是：在先天具備的條件之下（人的美質），由於「禮」的參與（後天的習得——這裡我們可以說：「繪事後素」是在原有的本質上加以「學習」），使得原先具有的品質更能趨近於完善，進而朝向永無止盡持續轉化自我的理想境地前進。

正因此，值得注意的是，這樣的理想境地不單只是「完善」的表相而已，就某個意義來說，這裡的「完善」正意味著：能展現出「中和」的品質——天性的質地與外在的教養達到最佳平衡的狀態，並從中展現其和諧的生命氣質，因為它們是同時具足，並且同時呈現的。

「禮」當然是後天的表現，但我們可別輕易忽視了一件事實，即「禮」的表現，是從人類情感出發而成形的；如果只認定「禮」是一套形式或規定，那

〔註48〕參見杜維明：〈仁：《論語》中一個充滿活力的隱喻〉《儒家思想——以創造轉化為自我認同》，頁97。

再好的文飾都將可能只是多餘的累贅，甚至只是不可言喻的糟粕而已。據此，「禮後乎」不再只是消極的「補充」觀點，其所開出的是「學習」的正向意義。而所謂「繪事後素」的所蘊含的真切意義是：對自我的不斷再認識、不斷再轉化，以及不斷地再創新的歷程；因為我們深知，生命確實需要不斷地再重組。

　　對於習得一切的知識或是涵養自省之能力，儒家深信「家庭」是一個重要的開端，它更是一處重要的知性與德性的搖籃。最為基礎的理由是：家庭結構的本質實具備了個人與群體之間的互動關係，而它實際上也賦予了內部省思與外部活動的平衡行為模式。在與孟懿子探討「孝行」的內含歷程中，孔子深切的體會到這些思想與行為的相輔意義。

　　　孟懿子問孝，子曰：「無違。」樊遲御，子告之曰：「孟孫問孝於我，
　　　我對曰：『無違。』」樊遲曰：「何謂也？」子曰：「生，事之以禮；
　　　死，葬之以禮，祭之以禮。」〔註49〕

如果單從一項行徑的角度來檢視「無違」的話，孔子確實一語道破「孝行」的一個基本要素，那就是「尊敬」與「順從」。事實上，這項觀點對許多人而言已是相當困難達到的境地，甚至有人會以為這是相當不平衡的狀態，而深感到只是一種無理的要求。然而，當我們深思這樣的行為表現時，「無違」的真實意義是將自我融入狀態當中；具體的說，這已經不是一種行為了，它所伴隨的是內在自心的思考。因為，個體正自然地在群體所認同的觀點下展現著他自己應有的定位；對自我而言，這是「自然而然」的事情。

　　「無違」絕對不是出自於被簡化的所謂「不相違背」的道理中而得來的，它更不是從矛盾定律裡以歸納的方式來呈現的「折衷」或「屈就」的惡性哲學。這樣自然的表現沒有契約，也沒有強迫的意識存在；很顯然的，聖者能將自我融入在群體當中，並且轉化成為因應於自我與群體之間的和諧關係上，進而使自我能將其體會展現在一種行之「安然」的狀態中。事實上，「無違」不是一種壓力；孔子所要傳達的是，一種「心安」，一種「理得」。

　　也因此，值得注意的是，在由「無違」轉化至「安然」的過程中，絕對不是出自於無可奈何或是一味的盲從；如果只是將「無違」解釋成「不違背」一切事物的狀態（這裡指的是不違背父母抉擇或其思考），那很可能只是消極的態度，也很可能只是片面性的、暫時性的妥協而已。事實上，孔子曾告誡學子

────────────────

〔註49〕　《論語·為政》。參見國立編譯館主編：《十三經注疏分段標點 19·論語注疏》，頁 40。

們真正面對父母的態度；這個態度必須是積極的、調適的、轉化的，它展現的德性品質應當就是孔子自身所感嘆的「中道」。正所謂：

> 事父母幾諫。見志不從，又敬不違，勞而不怨。〔註50〕

當我們在侍奉父母的同時，適度的規勸是需要的、必行的；理智的思考在某些特定的事物應對上也是相當重要的。一旦當觀點有所牴觸時，心境必然地將回歸到原有的恭敬與學習的角度（恭敬且謙虛）；所應對的方式將是內心的自省與擔憂，但卻不予抱怨的「平和」態度（自我將回到為父母「分憂解勞」的自然態度中）。因此，所謂的「孝」不單是省思於內在的抽象模式而已，在了解「孝行」以後，個體必須思考著「孝行」的整體行為意義；更重要的是，「孝行」必當轉化為「行孝」。

事實上，當我們進入實際的狀態時，二者（思與行）是合一的，甚至我們已經行於其中而不知矣！這也是對「繪事後素」的一點正名。

身處世間，我們都有著不同的定位，然而這些不同的定位並非只是固定不動的；在使用這樣的一個「器皿」時（我們這個身體），我們確實因不同時空條件的轉換而展現出它獨有且特殊的意義（它存在著不同的運用價值），或許我們以為每一次都在扮演著不同的角色，但它（禮儀）絕非只是一種文化象徵而已，它還包含著自我內心的感召；這不只是扮演的問題，而是實際融入的問題。

對此，孔子是這樣回答子夏的：

> 子夏問孝。子曰：「色難。有事，弟子服其勞；有酒食，先生饌，曾是以為孝乎？」〔註51〕

所謂：「色難」正說明著一切行為的表現與其基準將必須有待內在思維的融入，才能展現它外在以及本質上的雙重和諧性；這種和諧不是外表的良好行徑得以說明，也絕非只是內在思維的抽象理路可以證實。因此，所謂的「和顏悅色」，是行為（外）與態度（內）的結合，個體是「真誠」的，行為是「恭敬」的。誠如之前所述，這是「自然而然」的。沒有造作，沒有空談；實際上，這個器皿沒有特意要完成什麼，而是將個體不斷地在經由調整而對應一切事物的過程中展現其意義；這不僅能得到他者的認同與回饋，同時在自我心境中，也能

〔註50〕 《論語·里仁》。參見國立編譯館主編：《十三經注疏分段標點 19·論語注疏》，頁 97。

〔註51〕 《論語·為政》。參見國立編譯館主編：《十三經注疏分段標點 19·論語注疏》，頁 43。

感受到欣然與安慰。這便是生命對自身的肯定與認同。

我們對於這樣的一個「器皿」有一個深入的感受，那就是：天性本質雖然在某些層面是不變的，但是我們的天性本質卻是生活在不斷變動的世界裡，調整與中和是我們生命的最初原理與動力。「色難」不是難在於個體沒有辦法做出好的臉色；它的困難度事實上是在於，個體無法調整內部與外部的和諧。如果將此思考往外推展，我們這個「器皿」在面對父母時是需要如此的，那我們是否有無同理心來面對我們生活中的一切事物呢？當然，這個答案可以是必然的；因為，「孝悌也者，其為仁之本與！」

人之為所以為人，就在於他具備著獨有的本質。這個本質誠如孟子所言一般：「人之所以異於禽獸者，幾希！」〔註52〕然而，無可否認的是，這項我們原有且具備的本質還需要我們不斷的學習與修養，以滋長它的能量而使之完滿；確切的說，除了本質的條件外，後天的條件也是必要的。面對這一條進程，我們要思考的不只是我們「是人」的問題而已，我們還需要思考的是，這也是個「成人」的過程。兩者之間事實上是相互牽引的。

根據赫伯特·芬格萊特的思維理路看來，人類的整體行動強化了「禮儀」的重要性，他聲稱：

> 「仁」需要「先難而後獲」（《雍也第六》第二十章），因為人生來只具有仁性的原始材料：未切磋、未琢磨的材料，以及原始的衝動和潛能，這樣的原始材料能被塑造成為一個成熟的人。但是，一種有組織的人格性的姿態（personal stance）尚未實現。只有隨著「禮」的發展，「仁」才會有相應的發展；「仁」也就是在「禮」中塑造自我。〔註53〕

然而，站在杜維明所闡明的內在自我省思的角度上，卻轉向於「仁」的意識能力，據他所言：

> 如果沒有「仁」，「禮」就變成空洞的形式主義。進而言之，沒有了「仁」，「禮」很容易退化成為不能進行任何自覺改良的社會強制，並可能摧殘人的真實情感。所謂禮教就是這樣的一個例子。〔註54〕

〔註52〕《孟子·離婁下》。參見國立編譯館主編：《十三經注疏分段標點20·孟子注疏》，頁361。

〔註53〕參見〔美〕赫伯特·芬格萊特：《孔子──即凡而聖》，頁42。

〔註54〕參見杜維明：〈仁與修身〉收錄於《杜維明文集》第四卷，頁23。

綜觀二者之見地，儼然如同孟子與荀子之間的差異；然而，仔細推敲，兩者之間其實並沒有針對於彼此而產生的攻擊性質；難能可貴的是，正如他們各自所提點的方向一樣，真摯情感的自覺與實際行動的體驗，才能真正可被稱為是一個「完整」的人。為此，我們可以再度經由考察「克己復禮」的議題來回應這樣的一個問題。〔註55〕誠如孔子與顏回的一番談話：

> 顏淵問仁。子曰：「克己復禮為仁。一日克己復禮，天下歸仁焉。為仁由己，而由人乎哉？」顏淵曰：「請問其目。」子曰：「非禮勿視，非禮勿聽，非禮勿言，非禮勿動。」顏淵曰：「回雖不敏，請事斯語矣。」〔註56〕

在考察許多的研究成果中顯示，將「克己復禮」視為是一種「主從結構」的觀點相當強烈；因此，以「內在主體性」切入的角度，則使其關切的重心只回歸至「克己」而忽略了「復禮」，然從「外在客體性」切入者，則趨向於實際的「復禮」而缺乏內的「克己」。事實上，在孔子對顏回的應答中我們得知，「克己復禮」理當是一個「並列結構」，在其所展現的終極理想目標上，所謂的「天下歸仁」之「仁」，不是單指個體與個體之間的「愛人」關係而已，在「親親」觀點之上，孔子表明的是兼具內外和諧的完善境地；我們認為這裡所言及的「仁」指的是完整性的人格特質；在此，它兼具「內在主體性」與「外

〔註55〕筆者按：對於「克己復禮」的思想意涵，歷來有從「內在主體性」以及「外在客體性」兩種角度進行論述，今列舉徐復觀與余英時之見解以為參考。

徐復觀以為：「己」是人的生理性質的存在，及宋明理學所說的「形氣」。……「克己」，即是戰勝這種私欲，突破自己形氣的限隔，使自己的生活完全與禮相和，這是從根源上著手的全般提起地工夫、方法；在跟源上全般提起的工夫、方法，超越了仁在現實中的層級的限制，仁體即會當下呈露；所以說「一日克己復禮，天下歸仁焉」。天下歸仁，即天下皆被涵融於自己仁德之內，即是渾然與萬物同體，即是仁自身的全體呈露。天下歸仁，是人在自己生命之內所開闢出來的內在世界。參見其著：〈孔子在中國文化史上的地位及其性與天道〉《中國人性論史》（臺北：臺灣商務印書館，1999），頁95。

余英時以為：孔子曾稱讚顏淵「其心三月不違仁」（《雍也》。按：「三月」之「三」是虛數，僅言其多。）所以他的答顏淵問「仁」，與其他弟子者（如樊遲，見《雍也》、《顏淵》、《子路》諸篇）不同，不涉及「仁」的內涵，而強調實踐「仁」的方式——「禮」。這是孔子對一個「質」已有餘而「文」或不足的弟子的特別教導。參見其著：〈儒家「君子」的理想〉《中國思想傳統的現代詮釋》（南京：江蘇人民出版社，1998，6），頁159。

〔註56〕《論語·顏淵》。參見國立編譯館主編：《十三經注疏分段標點19·論語注疏》，頁265。

在客體性」，它指向的是全然之「仁」的觀念。

內與外是無法切割的，它們之間的並存是實然的。誠如陳榮捷以為：

> 克己己立，皆自我完全之謂；復禮立人，乃社會完全之意。是則所
> 謂仁者，乃我他皆達完善之域。〔註57〕

從此提點中，我們可以再次進行審慎的評估，評估一個全然之人（仁）的意涵。

先從「為仁由己」的角度看來，這是對「內在德性」的省思作用加以肯定，它的意義在於轉化自我以及成就自我（認知到我是一個什麼樣的個體）。然而，若就「請問其目」的角度而言，則是在探索如何於「外在禮儀」活動上尋得實際運作的依據，它的實際功能正在其能凸顯群體生活中的共同意識之存在意義（實際上我應當能做些什麼）。

所以，孔子的思維底層正是兩者兼融的思考；一則是「內部」的省思，一則是「外部」的推行；「克己」與「復禮」，實為一事。這正是「忠恕」之道。我們可以藉此而引申陳榮捷所言及的；一個「仁人」，乃是由「自我完全」（忠）與「社會完全」（恕）之組合。

事實上，杜維明在自己的論述裡也有一個重要的補充，他說：

> 仁的任務，遠遠不僅是從內部去主觀主義地尋求人自身的個體性，它
> 像依賴個人的自省那樣也依賴於富有意義的群體的共同探求。〔註58〕

一個完全人格的體現，必須有其外部實際經驗來予以相應才行，內部的精神省思，將有待於外部的實地操作以達其認同；相對於種種的行為表現，也必須回到內部自我的省思才能完整。因此，對於「克己復禮」的重新解讀是：在時時反觀自我的同時（「克己」絕非只是能被釋解為「克服自我」而已，我們以為，「克己」的意涵正是出自於有一個「反思的自我」，而絕對不是一個「壓抑的自我」），學習於群體之間的認同感也是同等且必要的（禮儀之所以存在，乃是在於它賦有「學習」的意義，依此我們以為，「復禮」不是恢復禮儀或是遵循禮儀而已，實際上，它是時時保有學習的態度以及與群體互動的精神）；因為，反省自我正是學習之所以產生的動力，而透過學習的增長，自我方能實際落實內在的德性。

〔註57〕參見陳榮捷：〈仁的概念之開展與歐美之全釋〉《王陽明與禪》（臺北：臺灣學
　　　　生書局，1984，11），頁8。

〔註58〕參見杜維明：〈仁：《論語》中一個充滿活力的隱喻〉《儒家思想──以創造轉
　　　　化為自我認同》，頁96。

內與外並無絕對性的衝突，也就沒有所謂的：仁與禮的「緊張關係」；外在的禮儀形式與內在的德性情感是融合為一的，我們反倒是能藉由這樣的「緊張關係」來隨時重整自我的生命狀態。那麼，所謂的「緊張關係」事實上是生命得以持續前進的「轉化能力」，能從內在省思與外在環境之相互激盪的成長力量中不斷行進，才是切實且安然的「和諧」人生。

因此，我們可以說：這裡所謂的「仁」的全然意義，實際上是展現著聖者所具有的完善品質；而所謂的「克己」（於內）「復禮」（於外）正體現出這樣「和諧」、「平衡」的特質，這正是所謂「中道」也。

就此嚴格說來，「並列結構」的觀點分析似乎還不能完全體現「克己復禮」的真實意涵；因為，單從「並列結構」上看來還只是靜態的思維，倘若有其動態的引入，那「克己復禮」的詮釋才能完滿。所以，我們可以說，這不只是「並列結構」，「克己復禮」實際上是一種「學」（行）與「思」（知）並進的「相輔關係」。「克己復禮」是一種「不斷」相互「融通」的「參照結構」。在它們自身彼此之間如同「鏡子」一樣，不斷相輔，不斷相成。這便是對「中性品質」的呈現。

第四節　生命的整體推展與融通——聞一知十

身為一個不斷轉化且具創新的自我，我們這樣的一個「器皿」，是如此的具有「潛力」。誠如「克己」是反思，所以能依據內在謙卑之自省來活絡自我，使之內心有更多的空間來接納不同的聲音與觀點；而「復禮」便是參與，即是能藉由外在應變之能力來涵養自我，使之行為所向有更多豐富的維度來拓展多元的視野。經由內在思維的反省與外在行為的實證，古典儒家將使之自身成為一個活絡的個體；身處於社群結構中的一員，我們應當培養一種「聞一」而「知十」的能力。前者呼應於「學」，後者呼應於「思」；前者指向於「克己」的道理，後者指向於「復禮」的精神。我們所要達到的正是一個「不器」的「君子」，一個不斷吸收於內，而推展於外的「器」。這樣的一個「器」，正是一個正在追尋「中道」中的「器」。

觀點沒有僵化，思維是活絡的，生命的運作是推陳與出新。從「學習」的觀點切入，顏回使自我之「中性品質」展現在一位「聆聽者」地立場上，一方能內化於對自心的反芻，一方能類推於對事物的啟發；在接納他人的同時，即是在莊嚴自己。

子曰：「吾與回言終日，不違如愚；退而省其私，亦足以發，回也不

愚。」〔註59〕

「不違」正是有所聽受，察納雅言、廣受異議，這等謙卑精神將引領出對自我的反省；誠如「省其私」所帶動的相互討論一般，經由自我的反省而能啟發群體的共識，憑藉群體的啟發而能回歸到自我的認同。前者是「克己」，讓思維深化學習的內容；後者是「復禮」，讓學習的內容得以證實。「克己復禮」絕對不是靜態的，因為它可以展現出實際的行動力，也同時兼具內在的省思；「克己復禮」實際呈現的是，我們能靈活運用我們的生命。

在生活中的顏回是如何推動的？我們可以藉由孔子與子貢的問答中找到答案，以及其施行的具體方法：

子謂子貢曰：「女與回也孰愈？」對曰：「賜也何敢望回，回也聞一以

知十；賜也聞一以知二。」子曰：「弗如也，吾與女弗如也。」〔註60〕

望塵莫及的子貢絕對不只是在讚譽顏回的德行而已；可以想像，他勢必面對著自己的心境（他深知自己是不足的）；反省能力的啟動，正同時展現在子貢對孔子的誠摯回應裡；不難理解，子貢正處於自我調整的狀態當中。

誠如顏回給予的啟示一樣，「聞一」正意味著：我從學習的歷程中得到外在環境所給予的資糧；而「知十」則意味著：我的心得是自身經由反思以後從內在心境所類推而出的。然而，「知十」的反芻，也將必定地回饋在各種外部事物的運作當中；正因我處在深具多變的事理底下，我當必須能從中再次「聞」得另外「一種」更為完善的方法，以面對更多的挑戰。這一個生命個體將藉由群體來切磋著自我；也以自我來成就群體。中性的品質不是停止在一點就能以此滿足的，它必須不斷往前推進。事實上，這段對話的真正主角不是顏回，而是子貢，更是孔子；我們可別忘了，端木賜是何等謙卑地在反思自我；然而，正當他自稱自己不足的同時，孔子正也與他一致性的自稱自己的不足。

正因為我能感到自我的不足，所以才能有開啟更多機會的可能。據此，「克己復禮」便不是消極性的，只是經由自我克制而去成全群體上的需求；「克己復禮」更不是依據於抽象化的，只是透過自我演繹與單一形式上的儀式扮演來達到滿足。「克己復禮」是自我與群體之間的「互動」與「啟發」，是「反思」

〔註59〕 《論語·為政》。參見國立編譯館主編：《十三經注疏分段標點 19·論語注疏》，
頁 43。

〔註60〕 《論語·公冶長》。參見國立編譯館主編：《十三經注疏分段標點 19·論語注
疏》，頁 109。

與「認同」，是「聞一」可以「知十」的活絡品質。

在《荀子・宥坐》一文中，開頭首段記錄著有關孔子與其弟子觀魯桓公之廟的故事，可以與此道理相為呼應：

> 孔子觀於魯桓公之廟，有欹器焉。孔子問於守廟者曰：「此為何器？」守廟者口：「此蓋為宥坐之器。」孔子曰：「吾聞宥坐之器者，虛則欹，中則正，滿則覆。」孔子顧謂弟子曰：「注水焉。」弟子挹水而注之。中而正，滿而覆，虛而欹。孔子喟然而歎曰：「吁！惡有滿而不覆者哉！」子路曰：「敢問持滿有道乎？」孔子曰：「聰明聖知，守之以愚；功被天下，守之以讓；勇力撫世，守之以怯；富有四海，守之以謙：此所謂挹而損之之道也。」〔註61〕

王先謙對此「宥器」有這樣的註解，其以為：

> 宥與右同。言人君可置於坐右，以為戒也。《說苑》作「右坐」。或曰：宥與侑同，勸也。《文子》曰：「三王、五帝有勸戒之器，名侑卮」，注云：「欹器也」。盧文紹曰：今《說苑》作「右坐」，見〈敬慎篇〉。〔註62〕

「宥坐之器」（欹）是人君置於坐右，以用來警惕自我之器；事實上，它的功能性已超越一般器具的實用性質。從某個角度來看，超越「實用性質」的「欹器」實已昇華它原有的功能；它現今所呈現的「功用」已被轉化，這一項「禮器」實際上已被賦予濃厚的思想意涵以及精神象徵；這樣的「警惕作用」（大用）實源於人的自省，是思想質地朝向「內化」的維度使然。

此「器」引人注意的特徵是，一旦注水「太滿」便會傾倒，一旦注水「太少」便會歪斜，只有在注入「適中」的水量時，「宥器」才得以「平穩」、「中正」；這樣的特徵，實蘊含一項重要的隱喻，誠如孔子所言：「過猶不及」。這一項特徵，經由精神內化之後，譬喻的意義已經深切地注入在生活當中；這一個「禮器」，正如一個生活中的個體，它（他）必須思考如何在生活領域裡去掌握這樣的「平穩」與「中正」。

然而，更值得思考的是，事實上，這項經內化後的精神思維，其思維所關

〔註61〕 《荀子・宥坐》。參見熊公哲：《荀子今註今譯》（台北：台灣商務印書館，1995），頁593。

〔註62〕 參見〔清〕王先謙撰沈嘯寰王星賢點校：《荀子集解（下）》（北京：中華書局，1997），頁520。

注的核心理當不只是在對「平穩」與「中正」的表徵上，在「平穩」與「中正」的背後，這一個生活中的個體，必須親身參與且更為細膩地去面對事物的變化與運作。

　　所謂的「太多」或是「太少」，正意味著那些許多生活中的情態與轉變；注入多少水量，便意味著，這一個生活中的個體，必須思考要如何去面對這多彩且豐富的人間。因此，我們可以回頭來看，這一個深具象徵意義的「禮器」，反倒是如此的具體，此譬喻一點都不抽象，它實際上是相當具實地在展現一個問題，即呈現出一個活生生的人間縮影。在君王的眼中，這是一個警惕自我的「宥器」，一個「禮器」；然而，在孔子的思考中，這是一項生活中的課題，這是一個生命中的自我期許，我便是這個「器」──我們可以說，觀其宥器，正如同在觀察我，在檢閱自我。

　　「吁！惡有滿而不覆者哉！」在孔子的感嘆中得知，「太過」必定會產生問題；相同地，我們亦可由此設想，「不及」也會造成「宥器」的傾斜；在孔子與子路的對談中，如何面對「太多」或是「太少」的人間課題，如何拿捏好這人間的穩定值，便成為議題的核心。進而，子路請益於孔子說：「持滿」有沒有一個方法呢？嚴格說來，子路此項提問的真實寓意是：當我「持滿」的時候，我該注意甚麼呢？甚至，我們可以進一步引申來看：我當如何「持而不滿」呢？寓意中深切地反映出一個問題：即是，我當如何在生活當中行進而不至於「失衡」呢？這些層層所引申而出的思維意涵實際就反應在孔子的回應上。

　　孔子的回答是：真實地對智慧有所體悟的，正是從檢視自我的無知開始；功成名就於天下的基石，則是從退讓的心境開始的；真正有其勇氣而卓越群眾的，便是時時警惕自我的人；能享有天下之豐饒者，必是謙卑恭敬之人。孔子從另一端點來叩問自己，誠如孔子所言：「以愚」、「以讓」、「以怯」、「以謙」的態度一樣，回歸心靈的自觀，正是「宥器」所象徵的實質意義。「挹而損之」的思維方向，讓生命的整體向度不會朝向「失衡」而發展。

　　然而，值得注意的是，「挹而損之」的方法，並不是全然地「抑制」這一端點而走向另一端點上；因為，假設一旦注水「太少」，則生命也是「失衡」的；「挹而損之」，恰恰是「持中」的精神。這呈現一個思維意義，即人間的課題是一項「比例」的問題、「平衡」的考量，與「協調」的機制；誠如《中庸》所言：我們當如何在這些已發的課題上（當注入的水量「太多」或是「太少」

時），去進行「節度」與「調整」〔註63〕。

藉此可知，所謂的「守」，就不是一種呆板的行為模式；令人讚嘆的，「守」是一種「自省」（克己），一種「維持」（復禮）；自省於我所面對的課題上，以及如何維護我與這課題的良性關係。「守」深具一種活絡的生命力，是一種不斷需要進行自我成長的思考；其意味著，是保持生命能在其和諧狀態中得以運作的思考。換言之，從思維的角度來看，「中」的思維整體是動態的、活潑的，而不是制式與刻板的。

誠如之前所言，生命的完善正在其能內外的通融。對於禮儀的整體內涵而言，一則能具體地在公共事務運作中產生實際上的效能（禮樂是政治運作的基石──外顯之功），一則能展現情感思維的內在底蘊（禮樂本源於情感──內省之思）；身為一個不斷可以被「開發」的器皿，透過兩相交融，才能不斷往前推進。孔子給與子貢這樣的鼓勵：

> 子貢問為仁。工欲善其事，必先利其器。居是邦也，事其大夫之賢
> 者，友其士之仁者。〔註64〕

「利其器」乃是為了「善其事」，透過自我的涵養（學習），進而能使自我充實而有所用（實證）。然而，從另外一個角度來看，能充實自我的正是這些面對的事物（學習的對象），在「善其事」的歷程中，也能對「利其器」有所反哺。在事其賢者時，我亦能從中感到莊重而備受禮敬；在友其仁者時，我亦能於此欣賞他人而被人欣賞。所以「利」其器，也就沒有休止符，我當不斷精進努力向前（如切如磋）；而「善」其事，也就沒有所謂的句點，事物將有更多的變化而等待我們去處理（止於至善）。

內在省思絕不能容許「泛道德化」或「道德理想主義」來從中自圓或作祟，如果不能落實人間，那也只能是孤芳自賞而已。相對於外顯於用的事功而言，也絕不接受只是「功利主義」或「泛現實化」來領導生命，如果缺乏自省與自覺，那也只是冷血的機械而已。真正的自我充實，正在於能從事物中領略而自省，進而能將自省所發之體會用於事物中。

〔註63〕 喜、怒、哀、樂之未發，謂之中；發而皆中節，謂之和。中也者，天下之大本也。和也者，天下之達道者也。致中和，天地位焉，萬物育焉。《禮記・中庸第三十一・第一章》。參見國立編譯館主編：《十三經注疏分段標點 12・禮記注疏（下）》，頁 2189。

〔註64〕 《論語・衛靈公》。參見國立編譯館主編：《十三經注疏分段標點 19・論語注疏》，頁 350。

> 子謂子產有君子之道四焉：其行己也恭，其事上也敬，其養民也惠，
> 其使民也義。〔註65〕

子產必定有其事功，但事功之所以成就之基底是在其有「自反」的能力存在；然而子產之所以能反思自我，其條件正是在於自我能就事物上來磨練。從孔子的讚賞中得知，「行己」與「事上」是一個對照：由於自我的「謙恭」，所以能藉此反推至對外的「禮敬」。「養民」與「使民」是一個對照：因為有了自我反觀所推出的「體恤」，所以才能「以時」使之；正因有誠摯的自反，人民才能心服地被「教導」。從更大的對照角度來看：「行己」與「事上」是自我涵養的基本功夫；而「養民」與「使民」則是落實自我的事功體現。

《左傳》襄公二十五年，記載著子產自身對參與公共事務的實質體驗與內在的體悟：

> 晉程鄭卒，子產始知然明，問為政焉。對曰：「視民如子，見不仁者
> 誅之，如鷹鸇之逐鳥雀也！」子產喜以語子大叔，且曰：「他日吾見
> 蔑之面而已，今吾見其心矣！」子大叔問政於子產。子產曰：「政如
> 農功，日夜思之，思其始而成其終，朝夕而行之，行無越思，如農
> 之有畔，其過鮮矣。」〔註66〕

讓子產感到覺悟的是自然而明的「內心」轉化──自省於人民的心境。一個仁人君子，正以自身而推及於人民，更能藉由人民所思來反求諸己；公共事務與自我省察融合為一事。然而，令人感到更為務實的是，生命的自省並沒有受到侷限而走向抽象的理路，在日常的政務運作當中，「思維」顯得如此活絡而中肯。「行無越思」正訴說著，自省從來沒有遠離實際的人間；而實務的推動正與內心的真誠自省緊密相融。誠如田園農地有其「畔」的寓意一般，所謂「時宜」的行為根源於自我的調整，而「謙卑」的自省則依據全體民心的反應。

然而，令人更為感佩的思維接連是：「恭」是虛懷若谷的品質，「敬」是謹恪自我的品質，「惠」是推己及人的品質，「義」是合宜時中的品質；串連起這四者的，正是「中道」，它們都具備著「和諧」的本質。因為謙虛與謹恪，所以啟動了「學習」的機能；因為「學習」機能的啟動，所以能有所自反，且能博施於民，而使於民。

〔註65〕《論語‧公冶長》。參見國立編譯館主編：《十三經注疏分段標點19‧論語注疏》，頁115。
〔註66〕參見楊伯峻編著：《春秋左傳注》，頁1108。

　　子產是一個「活絡」的「器」——他相當務實地，將「自省」的效應落實於人間活動中——他可以說是一個「持而不滿」的「宥器」（注入的水量恰當且適中）；換言之，子產在《論語》中的定位，是一位時時展現其「中性品質」的「器」，一個活活潑潑的「器」。

　　在《論語》中有另一個重要的隱喻，孔子在短短四字當中賦予我們莫人的啟示；啟示我們到底要如何看待我們自己——這樣的一個「器」。我們認為，它實際意味著：當我們身為一個人時，我們應當如何以最為平衡的視野來看待這樣的一個個體，他所言及的內在轉化，與其所要呈現的思想層次在傳遞所謂「中道」的觀點。

　　　　子曰：「君子不器。」〔註67〕

在歷代的評註解釋中，「君子不器」的義理有著明顯的變化。以漢學之風為代表的何晏《論語集解》就提到：

　　　　包曰：器者各周於用。至於君子，無所不施。〔註68〕

然而，以宋學為代表的朱熹《論語集註》則言：

　　　　器者，各適其用而不能相通。成德之士，體無不具，故用無不周，
　　　　非特為一材一藝而已。〔註69〕

至於清代學者黃式三在其《論語後案》中則詮釋為：

　　　　不器者通經權，迭柔剛，其道不窮，因時制宜也，非謂其遍習技藝
　　　　也。〔註70〕

誠如漢代學風所呈現的務實之感一致，不難發現，何晏所注重的是在於「器」能有所「用」的觀點上，當然這裡的「器用」是一種普遍性的陳述，所以身為一個君子，什麼都可以勝任。然而，在後世朱熹的解釋當中，我們卻能嗅到一股濃厚的「德性」之「用」；在回歸到內在德性的反思進程中，「君子不器」將意謂著：我能具有並充實地發揮其內在精神，而不只是外在的技能表現。至於清代儒者黃式三的見解中，實學觀點的效應，使得一個君子必須關照於一切可

〔註67〕　《論語・為政》。參見國立編譯館主編：《十三經注疏分段標點 19・論語注疏》，
　　　　　頁 45。
〔註68〕　參見〔魏〕何晏：《論語集解》論語卷第一。王雲五主編（臺北：臺灣商務印
　　　　　書館，1975），頁 6。
〔註69〕　參見〔宋〕朱熹：《四書集註》，頁 66。
〔註70〕　參見〔清〕黃式三撰張涅韓嵐點校：《論語後案》（南京：鳳凰出版社，2008，
　　　　　12），頁 35。

能性的變化，此時的「不器」將意味著：深具其變化性的「活用」特質。「君子不器」的意涵，誠如這句話所重視的思維一樣，正不斷在接受新的詮釋。

在這一路不同文化史觀所影響的註解觀察中（實際包涵著我們所要探討的問題核心，以及其思想觀點所展現的意義），我們可以進一步梳理出在「君子不器」的隱喻中有幾層進程推演。

其一：君子不只限於一種作用，一個君子必須兼具許多不同的作用，所以「君子不器」——我是一個多樣性的「器」，我將展現出不同的作用。這是最為基本性的一種解釋。

其二：君子不只是發揮在作用上而已，一個君子也必須同時思考著我的作用將具有何種意義，所以「君子不器」——我是一個甚麼樣的「器」呢？我展現出來的作用有甚麼樣的義意呢？這已經產生「內省」作用，在叩問自身這些問題時，這樣的一個「器皿」，已經不再只是外顯於用的器皿了；思維的內容已經增加擴充，思維的向度也起了變化。

其三：當君子在思考著我的作用具有何種意義時，作用不是停留於外顯的，而是轉為內化的，所以「君子不器」——我很可能不只是一個「器」，我很可能不只是限於發揮外在作用而已。這是進入到「內省」之後的自我認同，這樣的體會是對自我的再認識。

其四：當君子在思考著我的作用具有何種意義時，作用不是停留於外顯的，而是轉化成為內在的；依此，內與外就必須進一步相通，所以「君子不器」——我將認知到，我真的不只是一個「器」；然而，我更要有所思考的是，我又將能成為甚麼樣的一個「器」呢？這般對於自我的再認識，正是體現出生命必須面對不斷重組的課題，對於自我的重新評估，正是對自我「潛能」的激發。藉由思維的再度積澱，讓自我重新檢閱自我生命中的可能性與其現今所展現出來的種種意義。

其五：當君子的內在省思與外在行動相通，並能相輔相成時，則生命是全然的、活潑的、適中的、創造的；所以「君子不器」——正因我隨時隨地都在思考著我將能成為一個甚麼樣的「器」（事理多樣，以應其變），所以我確實是一個「器」（因為，我是運用於每一個當下的），並且是一個「活絡」的器，一個具備「中性品質」的器（我的用處將隨應於各種轉變當中，所以能呈現出中道的狀態——這是相當「飽滿」的狀態）。

總言以上思維的轉化歷程，所謂「君子不器」的思想意涵實際蘊含著「中

道思維」的底質；一個君子他必須思考著這樣的一個連鎖議題，即是：「器」
—「何器？」「何以器？」—「器於何？」—「不器」—「器」。從「器」又到
「器」的歷程中，君子得以思考到自我的意義，亦從中找到自我之認同，以及
群體之認同；其中「何以器？」、「器於何？」，以及體悟到所謂的「不器」的
意義，正是思維轉化的重要關鍵——我當如何平衡由對生命的種種轉變，以及
轉變中所延伸而出的課題。這意味著，一個靈活的生命體（不器），必須是不
斷在思索與調整的（何以器？器於何？）。這一思緒翻轉的本身，正是在體現
生命中的「中道」。

　　據此，我們應當思考，《論語》所謂「君子不器」的確切寓意，正是在呈
顯一個君子他必須對自身生命進行通盤的思考，乃至深入省思其生命的意義。
此種由自身最為深切處所發的叩問，便是不讓自身滯留在空轉的狀態上，並保
有持續創造自我的可能。

　　韋政通在《中國哲學辭典》一書中為「君子不器」做了一項釋義，其言：

> 「君子不器」一語見之於《論語・為政》，原意是君子以德性訓練為
> 主，不必有一技一藝之長，孔子的政治思想以「人治」為其特色，
> 君子就是人治的範式。他的理想在以德治天下，在社會則負教化之
> 責，基本的要求重德性輕才藝。在專業訓練還沒有受到重視的時代，
> 孔子即以此作為培養政治和社會領導人才的主要條件。〔註71〕

不難看出，韋政通的分析角度與其定義基礎正是由「內在德性」的思維面向所
開出，其觀察的切入點實際依據於古典儒家「自省」的生命情態而來，這樣的
發想當然是可以被肯定的；然而，這樣的斷定卻有很多需要商榷之處。所謂「以
德性訓練為主」的觀點（不必有一技一藝之長），不但有其偏頗之處，也一併
同時突顯出對「一技一藝之長」之意義的不甚理解與忽視，甚至從而無意識地
形成了一種除了只關切「德性」之外而漠視了實際參與「公共事務」之偏差狀
態；因此，對於這樣的釋義內容，理當需要進一步地討論。

　　將古典儒家的政治精神定義為「人治」的政治思想，這是相當中肯的見解；
然而，在面對所謂「人治」的政治思想時，其實質之內容與意義卻是必須重新
再度進行審慎思考與探討的。依據之前所論，自身的思維與其反思能力，正能
同時呈顯在對外部客觀事務的處理與因應上；相同的，當外部事務的推行與實

〔註71〕參見韋政通著王冰校勘：《中國哲學辭典》（長春：吉林出版集團，2009），頁
　　　　372。

施在進行時，實同時能反應出其內部自心的思維與轉化；子產正是這樣的一個「器」（一個仁人君子，正以自身而推及於人民，更能藉由人民所思來反求諸己）。所以，「自省」從人間的應對之上找到實際性的呼應與意義，而「公共事務」的落實亦能從對自我省思的推想上得到合理與安然的依據；換言之，「德性」的全面意義，不能單靠只是一種「內在省思」就能得以解釋的，因為「德性」的完整性，正反應在對事物變化的處理與實際因應的態度上。

「以德治天下」的精神，固然是在強化並提振我們對自我「品德」反思之意義，然而卻也不能忽略所謂「治」的實質層面；「德性」的全面意義，正是在顯現出一個具有其思索能力並且能進行調整自我與事物之間關係的個體；當我們在思考自己可以是一個什麼樣的「器」時，「於內」則思考到自我，「於外」則推展到群體，我們實際在進行的，是一場「何以器？」與「器於何？」的生命展演；「於內」的省思是「成己」，「於外」的推展是「成物」；「成己」與「成物」便是一事，生命就在此展演出其平衡與和諧。「何以器？」，將呈現出對自我的省思，與其經由檢討之後所引領而出的生命厚度（內省於己），而「器於何？」，則能提升對自我的生命期許，與其歷程中的種種靈活效應（外推於物）。

正當我們接觸到所必須面對的課題時，「自省」的作用啟動了我們對事物理當有所因應的基本態度，而這種「自省」的確切意義則已經如實地開顯出對事物的實際推動，因為，我們的生命是參與其中的。從外在的觸碰，到內部自省的喚醒，以及最終又推展到對事物的因應上；歷程中，生命經歷了許多總體檢閱與轉化，檢閱了原先自是與固定的思考，轉化了過去僵化而停滯的自我。所以，一個「不器」的「君子」，理當從這樣的視野不斷觀照著自身。據此，所謂「以德治天下」的精神與意義，理當包含「內部省思」與「外在實證」兩種條件雙向交融之狀態。

讓我們再度審思朱熹的註解。當我們只是一個制式化的器時（各適其用），生命極容易停滯於現狀而沒有生意，我們的生命會因此而自封、故步，甚至會因某種自是而形成某種程度上之思維阻礙（不能相通）；那麼此「適」就會產生某種「失衡」，這樣的「各適其用」將會大大縮小生命的高度與寬度。一個具有自我省思與外推之用的修養者（成德之士），他必須透過不斷地學習來提升自我生命的品質（體無不具），以一個不斷需要進行自我修養的生命品質來因應事態的變動（用無不周）；所謂「體無不具」，故「用無不周」的關係，將

成為一個雙向引導的良性循環。

當生命面對種種課題時，正是生命得以轉化的重要基礎，於內而省，外推而成，外部事物引領生命必須學習，而學習的實質意義將先由自省開始，再經由自省之後予以推出（於內而省，是面對事物的基本態度；外推而成，又是另一次全然的新的面對自我），學習的實質核心將朝向於自我與事物之間關係的思考與判別上，在一個「不器」的生命的寬度、厚度與高度上，尋得其運作的「平衡」。所謂「非特為一材一藝而已」，正是在思考生命必須隨時予以調整與轉化，調整、轉化自我在種種變化的事物關係上。

當孔子稱子貢是一個「器」，是一個「瑚璉」時；誠如芬格萊特所發現的，孔子正是希望子貢能思考著，我身為一個器皿的重要性，是在其群體意識作用中所發揮出的意義。事實上，這也顯示著，孔子也期盼著子貢要深入思考著「君子不器」的道理。芬格萊特有沒有進行內在性的思考呢？答案肯定是有的。但是，他的省思結果卻朝向於禮儀的外顯意義，從而轉向於人類群體意識活動上做一整合；他的看法使我們肯定了禮儀（形式—作用）的重要性及其意義，當然還包含著禮儀內部所蘊含的精神。

然而，孔子卻不意外的提出「君子不器」的叮嚀，在杜維明的思維理路中，孔子所期盼的，更是在指向於內在性的反思上。杜維明有沒有看重外顯的作用性呢？答案也是肯定的。但是，他最終的整合則朝向於自我內部的反省動力上；他的見地促使著我們肯定了人心（情感—思維）的創造力與其意義，當然其中也包含著人類內在情感的真誠感召力量。

最終我們可以相信的是，「女瑚璉也」與「君子不器」的思想關係是成組且互動的，在深具共同思維的體系中，它們之間所謂的衝突是不存在的，它們正己孔子自己的言語及行動中將其內部與外部連結起來；更重要的是它們之間不是矛盾定律中所得出的中間值；事實上，它們同時是並存的，並且更能指向在任何可能發生的未來時空當中而持續進行著。因為，這是一個「活絡」且「完善」的器；我們也可以說，這是一個「有思維能力」、「可塑性強」，而「活動力俱足」的生命體。

第三章　從「依於仁」的角度觀察儒家的中道思維——渾然仁體

本章提要

　　「仁」，這項思索，是古典儒家在這場歷史「突破」中所做出的生命的總體的思考與檢討，一個人如果沒有這種生於自心的內在省思，那麼對應於外在的種種行為舉止將是不具意義的，一個和諧「秩序」的推展，必須有其內部的反思才能相得益彰；對於這場「秩序」的重整，孔子真正所意識到的是自我思維的喚醒（他所意識到的，是這項秩序背後的意義），以及其實踐這「秩序」背後的意義與精神。

　　在《論語》當中，我們可以察覺一項事實，即「仁」有多種的定義與說明，在孔子針對不同學生的應對中得知，「仁」是相當難以界說的——他的回應因人而異；這將意味著，「仁」是一項生命的總合，「仁」就隱藏在實際生活的思考體系當中；更確切地說，誠如《孟子》所言，「仁」就是「人」；「仁」實際蘊含著，生命與生命之間的關係，以及對這些關係作出深入的思索與適當的回應。宋代儒者程明道言及：「學者須先識仁。仁者，渾然與物同體。」[註1]；「仁」這樣的思維突破，意旨在對生命的和諧提出叩問，所謂：「渾然與物同體」的觀察，更能顯現出這一個全然的生命體，必須省思自我是否能與此「秩序」相容而平穩地投身其中，以展現其存在的意義及價值。從對宇宙天道的省思，到人間秩序的發想與推行，「仁」的提出實際蘊含著一種對「平衡」的思索。

〔註1〕參見〔宋〕程明道：〈識仁篇〉。參見〔清〕黃宗羲著全祖望補修：《宋元學案》卷十三〈明道學案上〉（北京：中華書局，2007），頁540。

本章正是藉由這樣的思維突破，來觀察古典儒家對「中道」的另一重要詮釋。

第一節　秩序內化於生活中──天何言哉

　　獲知生命的道理，正由生活中的總結而來，形式（外在行為）與情感（內部思維）是相為融合的；古典儒家洞悉到「人間」的一種全面性，透過不同關係的展演與位置的調整，來詮釋生命中不同而多彩的價值。「仁」，一個深具思考性的內在體驗與表述，不是單從分析的架構中所能獲取，而是經由實際面對這些複雜的生命網絡與龐大事物之變動所歸納出來的一種秩序。「仁」即是生活秩序的總和，因為，「仁」即是「人」的總和。

　　《論語》中有一條以「無言」形式來表明思維的記錄，它雖然是以對話的形式展開，但在這次對話中卻似乎企圖想拋開「語言形式」本身的障礙；當子貢質疑如何在沒有言語的形式中傳述思想時，孔子的回應卻是以「宇宙的自然運行」的意象來表明他對傳述生命的看法（嚴格說來，孔子在此不是以語言來「傳述」的）。在傳述的過程中孔子並不想多說什麼；因為，他確實深入地感受到有比「語言形式」更好的「語言」。

　　然而，這一項察覺並沒有讓孔子想要放棄語言本身的正面功能，他更沒有讓自己落入於兩難狀態中而無從抉擇；孔子不是處於感慨的困境，而是真實的體認到生命的另一種可能性──在沒有言語的狀態中是否有更大的空間可以思維；它實質上的意義是，唯有在自我身體力行的歷程中，才足以表明我真實的思考與生命的存在。〔註2〕

　　　　子曰：「予欲無言。」子貢曰：「子如不言，則小子何述焉？」子曰：

　　　　「天何言哉？四時行焉，百物生焉，天何言哉？」〔註3〕

〔註2〕筆者按：孔子曾以「身體力行」的觀點來說明君子修養的真實意涵。正如他對
　　　子貢的回應是：子貢問君子。子曰：「先行其言，而後從之。」《論語・為政》。
　　　參見國立編譯館主編：《十三經注疏分段標點 19・論語注疏》（臺北：新文豐
　　　出版社，2001），頁45。對生命的實踐，在《論語》中俯拾即是。誠如：子曰：
　　　「古者言之不出，恥躬之不逮也。」《論語・里仁》。參見國立編譯館主編：《十
　　　三經注疏分段標點 19・論語注疏》，頁98。子曰：「君子欲訥於言而敏於行。」
　　　《論語・里仁》。參見國立編譯館主編：《十三經注疏分段標點 19・論語注疏》，
　　　頁99。子曰：「其言之不怍，則為之也難。」《論語・憲問》。參見國立編譯館
　　　主編：《十三經注疏分段標點 19・論語注疏》，頁324。
〔註3〕《論語・陽貨》。參見國立編譯館主編：《十三經注疏分段標點 19・論語注疏》，
　　　頁397。

「天何言哉」的意義，並不是意指在表達對宇宙本身有沒有言語的疑惑？或關心於宇宙究竟講了什麼？反而是透過這一次的詢問，將問題的核心回歸到我們每一個體的實際體會上。

　　事實上，這個問題是在叩問我們自己到底做了些什麼？能做些什麼？這樣的反思沒有預設任何的立場，孔子真實「傳述」的是「無言之語」──行動力正是最好的語言；在思索宇宙存在的意義時，他也同時在思索自我存在的意義。任何形式上的展現都是將我們投身於生活當中的，不管是思維也好，行動也好，我們都是處於活動的狀態。藉由宇宙運行的樣態，語言的形式是可以暫時被放下的；因為，宇宙的意義確實是落在它實際的「行焉」、「生焉」（化育）的運作上。「天」確實沒有說什麼，它只是默默地在進行著，宇宙運行的意義對孔子而言，正是將自我坐落於人間而自然而然地行事。

　　從無言之語的角度觀察《論語》，系統性似乎是模糊的，關於分析性的語句更是少之又少；直接記錄或陳述生活中所發生的事件與感觸，是《論語》一書中的基本形態；嚴格說來，中國古代思想的表達方式大多都採取這樣的模式。〔註4〕然而，在這種以「感悟式」的、「實際性」的紀實語言體裡，它拓展而出的力道卻是超乎我們所預估的，並且無時無刻地影響著往後思想本身的發展。

　　漢學家本杰明‧史華慈（Benjamin l. Schwartz）對《論語》一書有這樣的看法：

> 我對《論語》潛含的通見進行論述的努力，乃是以如下信念為基礎的：作為一個整體而言，儘管文本中缺乏明顯可見的組織結構，但的確傳達了關於某種實在的前後一致的通見。我故意使用了『通見』而不用『學說』這一術語。和筆墨上崇尚簡約的（chiaroscoro）繪畫風格或中國風景一樣，通見之中可以包含懸而未解的問題以及內容豐富的模糊性（fruitful ambiguities）。〔註5〕

〔註4〕余英時指出：中國思想有非常濃厚的重實際地傾向，而不取形式化、系統化的途徑。以儒家經典而言，《論語》便是一部十分平實的書，孔子所言的大抵都是可行的，而且是從一般行為中總結出來的。參見其著：〈從價值系統看中國文化的現代意義〉《知識人與中國文化的價值》（臺北：時報文化出版企業，2007，5）頁，16。

〔註5〕參見〔美〕本杰明‧史華慈：〈孔子:《論語》的通見〉《古代中國的思想世界》（南京：江蘇人民出版社，2005），頁63。

正值這一項發現，當我們重新評估《論語》一書的價值時，實質上它並不是為了「傳述」而存在，它也不是為了成立一套「哲學體系」而存在；極有可能的，我們的欽佩與崇仰，是建立在孔子與我們的生命有其一致性的思考上，孔子的生命體驗總是展現在我們可以展演的生活經驗裡，我們和他的關係，將建立在我們都離不開我們是一個「人」的問題上；這即是「通見」給予我們思索的第一層基本意義。

就此推演開來，「通見」的意涵，就不只是孔子這一個體的思想本身而已（也可以說是《論語》這部書）；因為，《論語》中的經驗與思想，極有可能地可以被我們推展至各自的生活當中而證實。理由正在於，孔子與我們都是平凡中人，他的突出點不是站在高處假理論之名而成就的；相反的，他是站在最基本的立足點上，以生活中的「智慧」來呈現他最真實的自己。

「通見」還有其第三層次的意涵，正因為是一種經由生命體驗的總結，所以總結會隨著經驗中的不同條件與其進程而有所轉化；確切地說，總結似乎可以是沒有的；我們之所以能感同身受到《論語》中的思想意涵，除了我們的生命本質有其一致性外，所謂的「通見」並沒有自身綑綁自己，反而能繼續引導更多的思維進路來參與以活化生命。因為生命的本質正是變動的。

顯然的，所謂「簡約」與「模糊」的特質，實際上隱藏著自身內在不可被語言所替換或能被清楚訴說出來的「複雜性」與「準確性」；在這些思想內容的交會相融中，本身其實是「自成一格」的。「複雜性」的特質其實正源於我們的「簡單性」，因為在生活的互動中，我們的網絡是相當龐雜的，我們是「人」：一個難以形容與定義的主體；然所謂「準確性」卻是從「模糊性」的體驗中得到的，智慧的展現不是從分析獲得的，它正是由我們在複雜的生活中所得出的結論，而且結論也須不斷地在未來可能發生的歷程中加以修正，源於它本質的豐富性，我們得以精確地掌握事物的發展。

《論語》本身恐怕沒有預期會有這樣的結果，但這樣因「簡約」而「複雜」與「模糊」而「精確」的思維轉化，將讓我們再度深思，孔子「述而不作」的精神實際上已展現出某種程度上的思想「創見」與自我的「態度」，至少孔子已經以他自身的體驗在進行闡釋了。

當然，這一種闡釋的方式是透過自己與環境的互動而成立的；因此，所謂的「述」當然不只是言說，在許多狀態之下，它是親臨其境的「行」。儘管沒有外在形式上精確的論證與明白的定義；但《論語》一書當中所謂的「通見」

卻向我們展現出其自身的「統一性」與「關聯性」的特質，進而產生對生命的引領與共鳴的作用，這正是《論語》一書可以成為我們日常生活的智慧的真實理由。對於這樣的體驗，宋朝朱熹對於解讀《論語》有這樣的說明（實際上是朱熹對生命的理解）：

> 或云：「《論語》不如《中庸》。」曰：「只是一個理，若看得透，方知無異。《論語》是每日零碎問。譬如大海也是水；一勺也是水。所說千言萬語，皆是一理。須是透得，則推之其它，道理皆通。」〔註6〕

可以理解的是，朱熹正以他的思維觀點「理一分殊」的角度來看待《論語》；十分恰當的，朱熹掌握了所謂「通見」的基本意義，我們可以相信朱熹的論點能引發出我們對《論語》本身的「通理」的認知。站在體系化建立的思考過程中，「理」是可以「通」的；「類」是可以「推」的。

然而事實上，道理皆通也必須回歸到每日零碎問的事物裡，因為我們是從這些事物當中得到落實感的，倘若只是停留於一個「理」，那恐怕也會滯礙我們的生命，所以對一勺水而言，即可能也是在闡明汪洋的道理。簡易與複雜、模糊與精確實際上正是「不一」也「不異」的道理。即便「理路」是可以被獨立出來地，但實際性的「實踐」也必須同步；「學問」總在事物應對上，「通見」便是起於生活裡。據此看來，智慧的應對幾乎超越系統性的建構，生活中的通達遠勝於分析性的理論；《論語》正是要以這樣的姿態還給我們生命的全貌。

系統似乎是隱藏的，在複雜的生活關係與互動裡，我們的生命被體現出來。在《論語》一書中的思想核心──「仁」的主體上，也鮮明地顯現出這種「通見」特質；相當一致地，「仁」並無受到孔子以清晰或者是明確的語言加以定義過。〔註7〕因為，「仁」，正是「人」的總體之稱。《論語》中對於「仁」的陳述，是「豐富的」，是「多元的」，並且在整體態度上是採取開放的、相互討論的；「仁」者，寓意「人生」的全部、生命的總和，一個似乎存在而又不受限

〔註6〕參見〔宋〕黎靖德編：《朱子語類》（北京：中華書局，1999），頁428。
〔註7〕陳榮捷以為：「孔子既未界定，亦未分析仁。論語裏頭甚至記載其『罕』言仁。即使論語四百九十八章中有五十五章論及仁，可是孔夫子對仁一本正經，倒使吾人覺得他罕論仁。」參見陳榮捷：〈中國哲學史話〉《中國哲學論集》（臺北：中央研究院中國文哲研究所，1994），頁3。
筆者按：我們可以認知到，孔子對「仁」的關注角度不只是停留在「議題式」的，也不是進入所謂純粹性的分析狀態；「子罕言」是表明孔子正是以「自身」來展演「仁」的真實意義與精神。從《論語》的記錄中得知，「仁」是呈現在生活中的。

定的品質,《中庸》所謂:「君子之道費而隱」〔註8〕的思維,正是最佳的註解。

我們可以先由一個有趣的現象中談起——在眾多弟子請益與問答的歷程中,「仁」這樣一個深具意義性的課題,卻有著不同的樣貌被如實的呈現出來;孔子的回應方式確實是「多元的」;對於「仁」是什麼,孔子在每位弟子身上,都有其不同的回答,卻也能有其恰當且適宜的回應。「多元」的最大特質就是沒有將思考鎖定在某種特定的答案裡,或單就一己所思而朝向絕對性的語境前進;孔子對學生的回應,反而是藉由「參照」的模式,在對話當中共同尋求彼此之間可以認同的觀點。

就此,我們可以得知:孔子總不輕易地單就一種面向為「仁」(人)下結論,或是以片面的角度給予答案;這足以說明,生命是整體性的,而不是片面的。〔註9〕在此自覺性的「對話」歷程中,聖者採取的態度是,企圖以客觀比對、個人特質的呈現、考量實際情境以及特殊發生之狀況等來網羅「仁」(人)的全面性與其實質意義。這樣的方式確實是從「每日零碎問」的模式中來獲取相通的共性;雖然這些問答表面上看起來沒有一個系統,但系統卻不是孔子首要關心的,他所關心的是弟子有無實際上的行動。換言之,系統不是沒有,而是將所謂的系統以「生活」的方式來呈現;實際上,「仁」並不是藉由想像的,所謂「為仁由己」正是在其「日用」以及其發生的「行為」中才可確立的,所以「仁之方」便落實在生活的所有實際應對中。

值得注意的是,在孔子的回應中並沒有因為不同弟子的請益,而將「仁」細分為許所多類型;反而我們可以從這些不同性格的弟子中得出所謂「仁」的「完整性」。事實上,在這些不同的弟子身上,孔子確實給了不同的回應與教導;回應了有關於他們各自所能「勝任」的「仁」,以及教導了有關於他們各自可以「認知」的觀點(無論是實際上的行為準則還是思維觀點,孔子的應對都針對每一個個體的質地而開出;並且孔子也希冀這些弟子能依照這樣的教

〔註8〕《禮記‧中庸第三十一‧第七章》。參見國立編譯館主編:《十三經注疏分段標點12‧禮記注疏(下)》(臺北:新文豐出版社,2001),頁2198。
〔註9〕余英時以為:「仁」是一個無所不包的倫理概念,無法對之進行定義,而且也不容易納入任何西方範疇。參見其著:〈軸心突破和禮樂傳統〉《知識人與中國文化的價值》頁,81。
筆者按:中國思想對生命是「體驗」的,對許多思考的呈現並不是西方哲學的分析方式,藉由禪宗觀點來看,孔子對生命的呈現正是所謂的「悟」,這是生活中的智慧。嚴格來說,「仁」不只是一種倫理「概念」,它應當是生命自身經驗的總合,是實際狀態的呈現。

導而付諸實行）。這裡同時顯現一個事實，「因材施教」正是「中性品質」的呈現，也就是「中道」精神的落實，它不但能「順」其變化，還能「應」於其所變。在相互請益的歷程中，「議題」被納入確切的生活實踐中來呈現，「議題」也就不是「議題」，而是雙向溝通中各自對自我的「省思」。

從更深的角度切入，「仁」的整體核心並沒有因為在不同的回應裡而讓人感到鬆散，「仁」的通性在這種「中性品質」的思維上顯得更為活絡；甚至正因為有著不同的個體呈現，所以我們更可以觀察到他們之間可以互通的部份。這裡或許牽涉到各弟子之間不同的領略程度，以及他們各自的才性問題，當然還包含著他們所處的當下情境（這些狀態甚至有時還包括孔子親身的參與）。然而，透過角色的差異性與思想的多元，喚醒我們的卻是其中的共通性質（藉由不同角度的觀察，使我們的視野更為全面與完整）。共通性不是在強調他們之間是一致的或者是相同的，共通性是在表明，「仁」的完整性將必須在不同的落點上尋得其平衡而得以展現其圓融。

確切的理由是，「仁」的本質將在不同弟子身上呈現出不同的作用，「仁」本身有著一個相通的基礎，但卻也有著不同的呈現方式；誠如我們都是一個個的個體（人），但我們有不同的行徑與思考內容。一般來說，我們可能只有注意到相異的部分，或相同的部分，進而忽略了差異與同質之間的相應關係。依此，正因為他們的相異，所以使「仁」的內容豐富起來、全面起來；更重要的是，使之可以被統整起來、相融起來，這必定是我們須要注意的另一面。從對「仁」的叩問與回應的歷程中得知，全面性的引導與啟發，使得我們注意到《論語》對「中道」觀點的關懷。

然而，當我們的焦點從每位弟子身上轉移至孔子的應對時，在回應者身上可以再度證實到，「仁」的本質確實是相當「活潑」的。對話本身就是一個平臺，孔子不是以自己的角度來傳述「仁」的內容；他不是要任何人去改變他們原有的想法，而是誠懇地在他們各自原有的思考點上、生活環境所及上、個人獨特的性格上，想進一步幫助眼前的弟子們以更為廣闊的視野去接觸自己、了解自己、使之產生力量與信心。從個別性的角度切入，孔子掌握了如何應對的機制，他以適中方式、柔軟的姿態來表明自己的關懷，在每一個不同的回應中，其實孔子都是在回應自己，回應一個誠摯的內心；其實這才算是一個「真正」融入的狀態，這才能說孔子是真正進入他們的世界的（進入弟子的世界，正是進入所謂真實生活的狀態中）。即便是孔子他自身所不能認同的種種情狀，他

依然是保持在「平和」的狀態來審慎檢視這些課題；《論語》對總體生命的探討，正是站在尋求群體認同的基礎上來進行的。

由此我們審視到「仁」的本質存在一個可以被「調整」的空間，它不需要一個特定答案，它真實呈現的是進入實際情境而保有平衡的狀態。這種精神底下，對話也同時回饋於孔子本身，在面對他人的同時，其實也是在接觸自己、了解自己、使之產生力量與信心的。此時「仁」的體驗顯得相當清明了（確實不是模糊的），他們真的不是在「論仁」而已。

「仁」的活潑處就是它能使人（生命）「動了起來」。

在看似沒有系統中的回應裡，系統卻被從中建立起來；這個體系並沒有被固定，這個體系是活動變化的。這不禁讓我們重新思考著一個問題，當孔子以「因材施教」的方式面對群眾時，他內心的另一股信仰正是從「有教無類」開始的；因為，他必須實際面對著種種可能不斷變化的外來因素，同時也需要保持一個常態的心境來接應一切。事實上，孔子並沒有回應什麼，也沒有要刻意要教導些什麼，他只是將自己展現在各個不同學生的眼前而已。換言之，他是將「仁」的各種活動狀態（孔子自身的生命情態）呈現在眾人之前而已。

這讓我們聯想到《論語》中的一則故事：

> 子路問：「聞斯行諸？」子曰：「有父兄在，如之何其聞斯行之？」冉有問：「聞斯行諸？」子曰：「聞斯行之。」公西華曰：「由也問『聞斯行諸？』，子曰：『有父兄在』；求也問『聞斯行諸？』子曰：『聞斯行之』。赤也惑，敢問？」子曰：「求也退，故進之；由也兼人，故退之。」〔註10〕

公西華的疑惑，正源自於對「方法」上的執著；為什麼老師在子路和冉有的回應內容上是那麼不同呢？甚至是兩種截然不同的思考方向呢（可說是兩種相反的方式）？這項質疑，實際反應的寓意是，我們將如何看待生命的整體性。

其實，生命的整體就是由這些截然不同之狀態的總和而成立的；在孔子的回應當中，表面看來是不同的方式，但其應對的背後意義，卻是同時指向和諧的狀態。因為子路「太過」，所以必須勸戒當他保有謙卑的心境；而對冉有來說，因其性格「不及」，所以必須鼓勵他；兩者最終的狀態就是一場尋求「和諧」、「平衡」的自我精神訓練。事實上，孔子是以整體性的思考維度來考量弟

〔註10〕《論語‧先進》。參見國立編譯館主編：《十三經注疏分段標點 19‧論語注疏》，頁 255。

子所真正需要的，孔子必須也確實地經歷過一番審慎的觀察與評估，他能真正進入事物變化的狀態；正如一個「宥器」，孔子必須仔細衡量這些注入的水量。

在個別不同的人物性格上，去體證「仁」（人）的全面意義，這是孔子由衷的思考核心；嚴格說來，公西華所認為的「不同方法」，此時看來，其意旨卻是相當一致的。兩種截然不同的方向，卻在調整「過」與「不及」的思考上，找到共同的核心價值；那便是對生命穩定且平衡的探尋。

孔子在一個「有父兄在」的學生身上，施予平衡；也同時在一個必須「聞斯行之」的學生身上，給予調整。思考正同歸於一個主體，那便是「中」；讓自身處於一個「中性」狀態，以面對事物的發生。

當我們這個個體意識到自我存在時，我們也同時感受到他者的存在，誠如之前所討論過的，人（仁）是全面性的。我們也同時感受到條件不斷在轉換，不只空間有所不同，連時間也不斷地在影響著思維的變化。所謂：「仁者，人也。」它實質蘊含著生命的全體性，當然也就必定應對出時空上的變動以及轉移，我們確實無法清楚地去定義「人」（仁），但我們確實是一個在運行中的「人」，我們同宇宙一般地在默默的行動著。「天何言哉！？」我們還要多說什麼嗎？當弟子提出「請問其目」時，孔子實際上能表明的也是在日常的生活中、變化的事物裡所獲得的確切「經驗」；正如我們處在思考的氛圍時，孔子會叮嚀著我們也不要忘了學習一樣（一切的思維分析，將尚待行動才能完足）。

「無法定義」不是消極的觀點，「無法」是將自我回到「謙恭」態度上，持續行走在不斷「轉化」自己的人生道路上。所以，做為一個學習者，哪怕是一個研究者，或是所謂的專家，我們的心態到底是甚麼？在面對這項通盤性的人生課題時，若我們只是把它看待成「學問」、「思想」或一種「哲學」體系，那我們真的只適合當一個「研究型的學者」。我們必須清楚知道《論語》的內容不是一套成組的分析論述，而是一條條生活中的記錄，曾經落實於生活中的記錄。

如果程明道所言：「學者，須先識仁」這句話有他終極的關懷；那我們勢必要先思考到：我們應當「做到」甚麼？如果我們不能跨越隔離著自我本性以及自我與他者之間的那條鴻溝，再多的分析又能獲得什麼呢？在一切真實對應的生活當中，這是相當重要的一個環節；一但失去它，多餘的部分不但成為空洞的架構，也會產生更大的盲點，甚至帶來心靈的失落──我們將會失去更多。

第二節　自我的實證與認同——為仁由己

　　「仁」是一種具體的思維活動，也是切實的行為付出，它實際在表明的是：我可以思考到我身為一個人的意義是什麼，而我同時就是在做一個人（我欲仁，斯仁至矣！）。因為，自我的認同，正由親身的體驗而得到證實，行為的確立，亦從思維的內省而獲取依據；「仁」不是抽象的形容詞，而是具體的生活方式與態度，它正是一個內、外總和的生命體。誠如與「克己復禮為仁」的思維一致，「仁」正顯現出一種具有內省與外推之平衡與和諧的生命狀態。從這樣的自我實證（外推）與認同（省思）的角度來觀察「仁」，亦能凸顯古典儒家對「中道」思維的呈顯。

　　「仁」（人）是什麼？我們該怎麼實踐它（人的意義為何）？當我們可以並且在進行思考這一個問題時，其實你已經將「仁」的特質顯現出來了。誠如孔子一項強而有力的說法：「仁遠乎哉？我欲仁，斯仁至矣！」〔註11〕雖然有了這一層深切的思索——「仁」（人）是什麼；但是，這並不代表你已經是完滿具足的，因為你還不是一個「全人」。事實上，「仁」是在最根本的生活事物中開始的，甚至就在我們自己的身體與心中，它離我們其實不遠。

　　雖然我們得知「仁」是最為根本的、普遍於生活中的；但在某個意義上來說，孔子卻不輕言而斷定其義，這同時也意味著：「仁」正因為是最根本的，所以也是最難被理解的（我們時常遺忘最根本性的問題）；因為，這是普遍的，所以是最難被注意到的（我們時常不知如何面對這些普通的事情，甚至是毫無關心的）。嚴格來說，我們不僅缺乏對這個問題的思考，我們也同時缺乏對「仁」的行動與實證。

　　從實際生活運作的角度來看，赫伯特‧芬格萊特指出：

　　　　孔子只是觀察和報告事情的真相：「仁」其實就是一個人決定遵從「禮」（一旦他有客觀的技能這樣做），至於如何成為仁者，並沒有一步一步的分析：只要他真正有志於「仁」，瞧！——「仁」就來了。在終極的意義上來說，只有一種決定的方法，這方法就是——決定。」〔註12〕

〔註11〕《論語‧述而》。參見國立編譯館主編：《十三經注疏分段標點19‧論語注疏》，頁167。

〔註12〕參見〔美〕赫伯特‧芬格萊特：《孔子——即凡而聖》（南京：江蘇人民出版社，2002），頁44。

我們可以知道,「仁」的舞臺就在日常生活當中,透過一切行為的互動來完成我們的意志;芬格萊特的觀點似乎確切地發現到,「仁」的抽象概念確實相當需要日常行為來闡明,缺少了外在的實證,思維也就只能是思維了!但是,從另一個面向來看,展現「抉擇」也必須經由自我的判定才能進行;事實上,芬格萊特的「決定」已包含自心的思考;嚴格來說,是一種「自動」的思考(實際上自心在此時已經具備了「反思」的能力)。這一個「抉擇」當然出自於一個自然的基礎,那就是我們都共同擁有的意志。但「我欲仁,斯仁至矣!」這句話對芬格萊特而言,將著落在「行動」的意義上;當然,這樣的見地是關乎於他對「禮儀」活動的看重──因為,他注意到「禮儀的神聖性」。然而,這個評斷卻能給予我們另一個認同的角度,那便是,「仁」從無離開我們實際的生活行為。

　　就芬格萊特所言及的:「一旦他有客觀的技能這樣做」的發想中得知;「禮儀」活動的本質已經被擴展為對「公共事務」的參與(極有可能的,客觀技能所代表的是在政治事務上的主導性或其影響性);甚至,這樣的「公共參與」本身有其明確的影響力與作用性──因為,「禮儀」除了精神意義之外,有它實際上還有具體的效能。換言之,「仁」的全面性若要被真實的體現,當有它在生活運作上的「實踐」面向──「禮儀活動」正凸顯出這樣的客觀條件。

　　據此,有一項重要的事實是我們必須重新提出而進行檢視的,那就是孔子在對管仲的歷史定位之論斷;從文化觀點切入,孔子對管仲的歷史定位正顯現他對「仁」的整體關注,同時也啟示我們,孔子對客觀條件的重視。

　　　　子路曰:「桓公殺公子糾,召忽死之,管仲不死。」曰:「未仁乎?」
　　　　子曰:「桓公九合諸侯,不以兵車,管仲之力也。如其仁!如其仁!」
　　　　〔註13〕
　　　　子貢曰:「管仲非仁者與?桓公殺公子糾,不能死,又相之。」子
　　　　曰:「管仲相桓公,霸諸侯,一匡天下,民到于今受其賜。微管仲,
　　　　吾其被髮左衽矣!豈若匹夫匹婦之為諒也,自經於溝瀆而莫之知
　　　　也。」〔註14〕

〔註13〕　《論語‧憲問》。參見國立編譯館主編:《十三經注疏分段標點19‧論語注疏》,
　　　　　頁320。
〔註14〕　《論語‧憲問》。參見國立編譯館主編:《十三經注疏分段標點19‧論語注疏》,
　　　　　頁321。

子路與子貢的疑慮同我們一樣，在道德層次的思考上，「管仲不死」成為議論的空間，管仲的自身抉擇似乎抵擋不住「內在性」的詢問。但以實際事功的角度而言，「九合諸侯」、「不以兵車」的政治效力卻彰顯了「仁」的務實精神；孔子為此做了思索，也針對生命的定義進行了轉化。從宏觀的維度出發，孔子的「仁」並个只是停留在個人化的精神救贖而已，「仁」必須推向於群體的共識中才能達到其「整體性」的認同。具體地說，「仁」有它實際參與公共事務的一面──「仁」有其實際性的「政治運作」，有其「政治意義」的質地。

當然，孔子並無放棄「內在性」的自省意義；什麼是最為「合理」的判斷與「合宜」的行為？一直在孔子心中盤旋（弟子們也以親身參與來思索這項議題）。就管仲一事而言，孔子參照了客觀的「歷史條件」與主觀的「自我意識」，在為此「定調」的歷程中，孔子是有自省的，而且是省思於實際的生活運作當中的。雖然我們無法親臨或感受到管仲是否對百姓人民有其「仁德」的關懷，但從孔子對他在政治事功的肯定上得知，孔子正以「審慎的評估」與「感懷的態度」來呈現他對管仲在歷史地位上的認同。在孔子自身的體會中，整體性的文化效應是其宏觀見解的實際依據；相對於「匹夫之見」，只是一時的衝動，只是相當偏激的決定而已。

然而，若從「內在省思」的角度切入，「仁」的成就當然不只是限於外在事功而可以總攬全體的。杜維明就此提出他看法：

> 雖然人際關係對於「仁」來說是至關重要的，但「仁」主要地不只
> 是一個人際關係的概念，它是一個內在性（inwardness）的原則。這
> 種「內在性」意味著「仁」不是一個從外面得到的品質，也不是生
> 物的、社會的或政治力量的產物。〔註15〕

作為一個思考的主體，這項「品質」肯定於自身的反思，這個動力依然顯現在對自我「意志」的判斷上；然而，「我欲仁，斯仁至矣！」這一句話對杜維明而言，「意志」的強度將回歸於我們內心的思維──其思維，強調了「仁」的意義唯有在自省的意義上才能有所成立。誠如孟子所言及的，這樣的本質是我本來生而自足的，而非由外鑠我的。對於這項評斷亦能提供我們一個事實，那就是，「仁」正是在於我們「心中所思」（除了事務運作以外，我們當思其中運作之由）。因此，對自身的叩問，是保持這項品質的另一關鍵。

〔註15〕 參見杜維明：〈仁與禮之間的創造性張力〉《杜維明文集》第四卷（武漢：武漢
　　　　出版社，2002），頁 19。

誠如管仲也有一項被批評的事實一樣：

> 子曰：「管仲之器小哉！」或曰：「管仲儉乎？」曰：「管氏有三歸，官事不攝，焉得儉？」「然則管仲知禮乎？」曰：「邦君樹塞門，管氏亦樹塞門。邦君為兩君之好，有反坫，管氏亦有反坫。管氏而知禮，孰不知禮？」〔註16〕

我們可以從「管氏而知禮，孰不知禮？」的評論中察覺，孔子正以「禮儀」活動（公共事務）的事實來審視管仲的內在「品格」（道德修養）。在這些看來已是「僭越」禮儀制度的行為中，孔子認為管仲實在是「器量狹小」；一方顯現管仲行為的失衡，另一處也同時表明對管仲自省能力的失望。如果從「完全人格」的標準來看，管仲不是完滿的，管仲有其道德上的瑕疵。

從這裡我們再次證實到，「仁」與「禮」本是一體的；孔子對管仲的思索並無矛盾。肯定他「如其仁！」是著重於他對後世文明發展的實際作用性，檢視他「知禮乎？」恰恰是看重到人性的內在自覺。我們可以這樣思索，孔子自身應當希望自我可以是一位「內聖」且「外王」的知識人，而所謂「內聖外王」，其實正是生命的全體表徵──「中道」。

「中道思維」對古典儒家而言，就是朝向做為一個「於內省思」且「對外實踐」的「仁人」。

在極為簡化的語句當中（我欲仁，斯仁至矣！），孔子似乎切中我們的要害，但是這其實是極為龐雜的問題，並且是難以以言語來形容的事；因為，我們時常忘記甚麼是最根本的！以及如何推行！這項生命中的基本品質其實沒有人我高低之分；他所揭示的是，我們是否能從人類的基礎情感互動中去進行思索，我們的生命是否也能在這股自然情感中漸漸茁壯，「仁」的基本意義就是在這股情感交流中開始的，並且往完善的目標前進。

> 有子曰：「其為人也孝弟，而好犯上者，鮮矣。不好犯上，而好作亂者，未之有也。君子務本，本立而道生。孝弟也者，其為仁之本與？」〔註17〕

我們這個身心（包含精神與肉體），本身就是一個平衡的主體，一則以轉向自我內部省思為基礎，一則以外推群體互動為作用；為人孝悌者是「根本」，不

〔註16〕《論語‧八佾》。參見國立編譯館主編：《十三經注疏分段標點 19‧論語注疏》，頁 81。

〔註17〕《論語‧學而》。參見國立編譯館主編：《十三經注疏分段標點 19‧論語注疏》，頁 20。

好犯上作亂者是「作用」。然而，仔細推想，一個會孝敬長上並且兄友弟恭的人，他必定基於一個情感上的回饋，這回饋的主力必定得自於他個人的省思；所以就此而言，省思也就是「根本」，那麼孝悌也就成為「作用」了。

余英時就此指出：

> 就「仁」代表著某種人生發生出轉化力量的內在之德而言，甚至使我們不能不疑心，「仁」在某種程度上與上古以來一直和禮樂傳統密不可分的巫文化有關係。〔註18〕

若從「親親」的基本意義上來看，古代宗法制度的實質體現在「情感的交流」（血源關係）與「形式的落實」（制度建立）的交融情態中呈現；一則蘊含道德內省的根源，一則呈現禮儀制度的發展——這種文明從來沒有將「人的整體」進行切割與分化。孔子所崇敬的三代政治並非是建立在絕對權力的思考上，這樣「和諧」的秩序是透過人倫情感的交流來思索並撫平其過度的欲望，以達其和諧共存的秩序；心靈的思維將融合對宇宙自然秩序的體驗，對許多的人文禮儀而言，都是與生命同步進行的。

基於「親親」的關係開始，仁的本質將從「愛人」〔註19〕的基本意義中被逐一展露。這是人類在情感生活上所表達出來的一種「關懷」態度，它不是出自於強力或是衝動的反應，它實源自於自然的應對。當孔子向樊遲提出「愛人」的看法時，他也同時指出真正「愛人」的實質意涵（嚴格地說，「愛人」是有其方向的）；關於內部的思維活動，並沒有單獨地停止於抽象的定義中，對於「愛人」這項觀點的落實，《論語》確切地將它拉回到實際的人間活動裡。誠如孔子對樊遲的回答：

> 樊遲問仁。子曰：「居處恭，執事敬，與人忠。雖之夷狄，不可棄也。」〔註20〕

在生活中我的態度是恭敬的，我的行事是謹慎的，與他人相處我的心是誠懇的；這正意味著，「愛人」將從「自愛」開始。

錢穆則認為：

> 《論語》中孔子論仁，有許多話只是就人就事論。孔子只就人與事

〔註18〕參見余英時：〈軸心突破和禮樂傳統〉《知識人與中國文化的價值》頁，81。
〔註19〕樊遲問仁。子曰：「愛人。」《論語·顏淵》。參見國立編譯館主編：《十三經注疏分段標點 19·論語注疏》，頁 282。
〔註20〕《論語·子路》。參見國立編譯館主編：《十三經注疏分段標點 19·論語注疏》，頁 297。

來論仁，並不見有超越了人事而另提出一套近似於哲學玄思的「仁」的問題來。〔註21〕

我們常以為「愛人」只被作為一種「付出」的行為；然而，其實我們也同在這個過程中得到實質上的「響應」（被愛　被關懷。我們也同時在接受　種回饋）；當我們面對於外在時，我們也在面對著自我。因此，「愛人」之行實質上可以被稱之為「仁愛」之心，「仁愛」是從生命的互動所開始的；從親情之愛、手足之愛、夫婦之愛、朋友之愛、君臣之愛，乃至外邦夷狄，我們莫不是一種「敬重」之心；在外部相互應對當中，我們內部也同時在思索著其中的精神與意義。

誠如余英時又進一步指出：

> 我認為，「仁─禮」關係可以被理解成為一種靈魂與肉體之間的關係，根據孔子時代發展起來的新概念，兩者互相依存，缺一不可，這是顯而易見的。其所以如此，因為在儒家看來，雖然「仁」起先是個人的內在道德性，最終卻必然成為體現在人與人之間關係的社會德性。孔子似乎一開始就是在禮樂傳統的脈絡下發展出「仁」的觀念的。〔註22〕

余英時所譬喻的「靈魂」與「肉體」觀點恰如其分的與我們的思路相同（生命的整體是不能被切割的）；但先是「內在道德」，而後是「社會性德性」的看法，將有待補充。

我們以為，其中並無所謂「先後」問題，「禮」與「仁」的實質關係，其實是互為「表裡」的──我們就是這樣一個整體。透過「人間秩序」與「心靈自省」相互融會，知識（禮）才有其深度，心靈（仁）才有所依據。就此我們也發現，中國傳統中的「德性之知」與「聞見之知」之論述根源早在此時就已萌芽；古典儒家並無採取分化的角度來看待彼此，反而是經由相互的激盪、吸取、融合成一體的進路來體現生命。這是智慧，不是哲學知識的建立；這是生活，不是思想分化的抽離。

我們極簡易地輕忽了「我欲仁，斯仁至矣！」這句話，倘若「我不欲」呢？那麼，我非但無心於此，我連行動更不用說了。「欲」事實上不只是針對「想

〔註21〕參見錢穆：〈漫談論語新解〉《孔子與論語》收錄《錢賓四先生全集（四）》（臺北：聯經出版社，1998），頁107。

〔註22〕參見余英時：〈軸心突破和禮樂傳統〉《知識人與中國文化的價值》頁，83。

要」來進行表述,「欲」應當包涵「知」的探索,與「行」的付出;「欲仁」其實是對「仁」的認同(道德自省)與對「仁」的落實(參與公共事務)。

「我欲仁」,其實包含著「知仁」並且「行仁」的意義存在。當我們省察到「仁」的全面性時,誠如我們也在體驗「禮」的全面性,其實這是「人」的全面性。余英時的論述意旨正誠如他自己所言及的:我的目的只是想借用這個問題進一步討論中國的軸心突破。〔註23〕「突破」正如之前所述,是文化自身對自我的叩問,文化正在尋求自己應當安處的位置;古典儒家正藉此而重新認識自我,認識身為一個「人」(仁)的意義。

但是,我們可以為此再深入補充的是:從文化思維本身的「突破」出發,孔子對於「仁」的內涵之再提升(全人之思),實際上是體察到「禮」(形式)與「仁」(情感)之間的「和諧」問題;孔子不但一方在尋求它們之間的最早關聯性(信而好古),也同時在思考它們之間要如何相互發展下去的實際性(有所損益)。從生命的總和角度切入,孔子事實上正是透過探討「禮」與「仁」之間關係,並從中調整它們的關係,以及轉化它們原有的樣態,進而藉此來表明他對「中道」思維的理念與態度——正當他在與其弟子在探討這些議題時(仁與禮),「調和」(統合)意識一直都是存在的。

當然,如此體(根本)、用(作用)之說只是分析上的方便,當我們真正在行動時,內省意識與群體互動是一致的,並且往往我們也需要外部的力量來增進我們內部的活力。體與用事實上是不可被分割的,因有用而能顯現體的存在(體隱於用中),因有體而能貫穿用的意義(用顯於體中)。

「我欲仁,斯仁至矣!」這條材料,可使我們思考到《大學》八條目中所謂「格物、致知、誠意、正心、修身、齊家、治國、平天下」的相互關係。陳榮捷就此以為:

> 此為一周全而精詳之計劃,但可以以一語,即「仁」字概括之。此是儒家體系之中心觀念,整個儒家運動即環繞此一中新觀點而發展。〔註24〕

〔註23〕 參見余英時:〈軸心突破和禮樂傳統〉《知識人與中國文化的價值》頁,84。
　　　　 筆者按:余英時此篇文章乃是引用雅斯貝斯(Karl Jasper)所謂的「軸心突破」之觀點,來探討先秦諸子對「禮樂」文明的轉化問題。其中他也引用韋伯(Max Weber)在比較宗教史上的「突破」觀點來說明這項轉化的歷程意義。這引發我們必須重新思考孔子對「仁」與「禮」的態度。
〔註24〕 參見陳榮捷:〈中國哲學史話〉《中國哲學論集》,頁 3。

其所言甚是，整體八條目即是一個「仁」字，這正是言及我們是一個「人」（仁的基本意涵：我是一個人），以及一個「成人」的歷程（仁的理想意涵：一個完善的人）。以其「中心」之論看來，所謂「正心與修身」就是一個「中心主體」（心與身就是一個人），這個中心主體向內部轉化為細緻的思維活動（這是知覺不昧的，品節不差的），向外部則推陳至龐大的理念實證（這是感而遂通的，事物紛糾的）。

然而，「格物」的意義即落實在「平天下」；「天下之事」何嘗不是「物」。當我親身經歷於每一項發生的事物時，我的思考、判斷與處理，正能表明我對它們安置的態度；所以「平天下」即是「格物」。很顯然的，這一個中心主體將不分內、外，並且能把內、外結合起來。我們可以說：「務本」是內轉於自我的反思，「本立」是由內向外推展於群體的實踐，而「道生」則是結合內轉與外推而達到自我與群體之間的共識。當我們在孝悌之行的基本情感互動中行進時，其實我們的精神是圓滿的；因為，這是最為基本的（這是最為原初的），所以能由此得以成就（我們便是在推展這個原初的本質）。

余英時曾援用西方思想史上，「靜觀的人生」（vita contemplativa）與「行動的人生」（vita activa）兩種哲學基礎，來論述中庸之道的意義與儒家的理想人格型態；他指出：

> 儒家自始即未走上此一動靜兩分的途徑。它以自我為中心而展開的
> 循環圈，具有即靜即動、即思即行的性格。〔註25〕

《論語》確實從無分割兩者，並且深知兩者之間的互動與互補關係（「學而不思，則罔；思而不學，則殆」足以證實），在思索與行動上，兩者即是平行也是交錯的；「平行」基於「相輔」，「交錯」促以「相成」。所謂的「循環圈」之論述，其實正是說明兩者之間的緊密關係，與其所引領出來的人生進程動力。

依照赫伯特・芬格萊特的看法，他所擔憂的，正是「仁」很可能只被作為

〔註25〕余英時在論述中有這樣的評析：在西方思想史上，自柏拉圖、亞里斯多德以來即有「靜觀的人生」（vita contemplativa）和「行動的人生」（vita activa）之分，而前者高於後者。這一分別在中古時代因基督教的興起而加深，其涵義也頗有變化。大體上說，兩者的關係在近代發生了顛倒，「行動的人生」逐漸凌駕於「靜觀的人生」之上。但極其所至，動而不能靜，行而不能思，又發生了流弊。這便激起現代某些東西思想家的新憂慮：怎樣才能使人「思其所行」（to think what we are doing）不至於長期陷於《中庸》所謂「人莫不飲食，鮮能知味」的困境。參見余英時：〈儒家「君子」的理想〉《中國思想傳統的現代詮釋》（南京：江蘇人民出版社，1998），頁169。

一種抽象性的理路，進而失去它原有的動力。也因此，他認為《論語》並無採取分析的方式來「討論」仁；所以，人必須是藉由禮儀的實際行動，來證實生命的價值。但是，芬格萊特的禮儀價值論述卻不能單就以「外在行動」來取代「內在思考」。然而相同的，杜維明所憂慮的，正是在於一個人只能遷就於為行而行，而不能回歸自省的可悲。當一切只是屈就於形式，或是外在時，那真誠的心志將很快地腐化。所以，人必須要有其內部省思，才能喚起生命的意義。

依此，總和言之，唯有「行動」與「思考」相融；那麼「禮」才可以展現「仁」，「仁」才可以滋養「禮」。在群體互動中（學）啟迪我們的思考（思），在思考的過程中（思）判別我們應對的方式（學）。我們可以說，「仁」真的離我們不遠，它就在我們「心中」（思），它就在我們「行中」（學）；嚴格說來就是在「生活」中（結合著仁愛之德與禮樂之美）。

最終我們可以思索的是，「學而不思，則罔；思而不學，則殆」這句話，正是「中庸」精神的展現。誠如子夏所言：「博學而篤志，切問而近思，仁在其中矣！」〔註26〕此時生命所展現的，是一個內與外兼具的、動靜皆備的、中性平衡的全然狀態。

於此，就「完全人格」的觀點來說，我們可以整理如下：

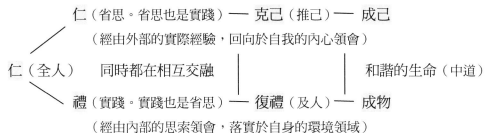

仁（省思。省思也是實踐）—— 克己（推己）—— 成己
（經由外部的實際經驗，回向於自我的內心領會）

仁（全人）　同時都在相互交融　　　　　和諧的生命（中道）

禮（實踐。實踐也是省思）—— 復禮（及人）—— 成物
（經由內部的思索領會，落實於自身的環境領域）

「仁」在古典儒家的思維上，已被提升為一個全面性的觀點，它實質上被賦予了一種完善的、理想的，涵蓋人生全部面向的特質。〔註27〕但我們必須思考，「仁」被提升為「諸德之全」的意義在哪裡，而又將如何才能成為「諸德之全」

〔註26〕《論語·子張》。這裡所言及之「仁」，指得理當是全德之仁的觀念。參見國立編譯館主編：《十三經注疏分段標點19·論語注疏》，頁422。

〔註27〕陳榮捷指出：「仁於孔子不只是為諸德之一，仁乃諸德之全。此為孔子破天荒之觀念，為我國思想上一絕大貢獻。論語記之特詳，不無因也。」陳榮捷並且考證孔子之前的典籍，進而指出：「蓋古時尚無普通道德之概念。有之，則自孔子始也。」參見其著：〈仁的概念之開展與歐美之全釋〉《王陽明與禪》（臺北：臺灣學生書局，1984），頁8。

呢？所謂：「仁者，人也，親親為大。」[註28] 這說明了「仁」具備著整體與不可被切割的概念。

這一個整體性實包含著：「身為」一個人（「仁」的基本意義就在於你是一個人），以及「做為」一個人（「仁」的完整意義，就在於你要能完成一個人所應該做的）兩種維度。很顯然的，一個人的價值就展現在他自身生命活動的歷程中，透過不斷的學習與增長，人生的良性品質才能被完整的開展，生命才能安頓與落實。「仁」實際上展現出一種相互成長的歷程，而這才是「仁」被提升成為各種德性之首要的意義所在。

第三節　全面性地探索與成長──能近取譬

對於一個完全人格的養成，我們必須認知到一項事實，即是如果滯留在「一方」或是「一隅」，都會讓此進程產生障礙。「仁」者，成為一個所謂完整的「人」，他必須保有隨時調整與重組的能力；所謂：「能行五者於天下，為仁矣。」之思考，正突顯出一位「仁者」，他必須能在日常的生活應對當中通達與接連這些重要的相關條件。透過眾多德性與德性之間的相互砥礪與琢磨，所謂的「完整」，才能日漸成形。「仁」，正是許多人生之經歷之總合，亦是許多德目所展演之總體終極價值。在這樣的調合歷程當中，「仁」的全然表現，意味著對「中道」的全然呈顯。

在《論語》當中，對於人的「德性」描述是相當多元，並且是複雜的。在記錄中，它們大多是以「成組」的方式出現。「成組」的形式意味著，一個全人的生命體（仁）之完滿絕對不是單一面向的。然而在這種「成組」結構中，每種德性並非只是以單一「靜態」的方式存在；德性與德性之間有時是平等的結構，甚至有時是一種德性須被另一種德性加以輔助才能呈現的互動結構；或者是更為深切的，一種德性須與另一種德性相互配合，進而轉化，才能顯現其各自的完成。事實上，他們的關係是「動態」的。

這又引起我們思考到史華慈的一個極為重要的看法：

> 目的本身就預設了某種特定的傾向和關於世界的通見，正是在這種
> 通見中汲汲以求。《論語》中有許多與各種道德氣質的相互關係有關

[註28]　《禮記·中庸第三十一·第十四章》。參見國立編譯館主編：《十三經注疏分段標點 12·禮記注疏（下）》，頁 2216。

的論述，也許並不關注有關自然事實的、公正無私的真理，卻意味
著對所發問的事物的倫理狀態（ethical state of affairs）說出了某些含
有真理成分的內容。〔註29〕

事實上我們可以說，德性與德性之間存在著一種「相輔相成」的結構關係。由
這項結構關係推演（「成組」的人性觀點），《論語》中有一套「成仁」（「成人」
——不斷的自我成長）的歷程值得我們注意。

在所謂相互關係的論述歷程中，充滿啟示性的思維活動與豐富性的激發
潛力，正時時在發生中。曾子為此，有這樣的感觸：

曾子曰：「君子以文會友，以友輔仁。」〔註30〕

孔子曾言及：「不學詩無以言。」〔註31〕在他與弟子討論《詩經》的過程中，
群體之間的互動，開展了所謂生命完善的可能性〔註32〕（孔子時時讚嘆弟子們
能在其「論詩」的歷程中給予他莫大的啟發〔註33〕）。在相互的對話時空中，
我們得到無比的前進動力。值得注意的是，這種基礎認知不僅僅是零碎或片面
的知識，因為在「學詩」而「能以言」的前提下，「通達」的組織是全面性人
格養成的重要關鍵與其最終的目標。依此，「以文會友」的意義將能適度地達
到調整各自所能相互學習的空間。正因是一個「成仁」的過程，所以我們必須
時時思考我們的不足，我們需要更多的參照值。

「友直、友諒、友多聞」〔註34〕提供了我們正面性的學習資料（所謂的
「益友」）。我們必須了解，所謂的「輔」不是在強求於任何一方必須無異議地

〔註29〕 參見〔美〕本杰明·史華慈：〈孔子：《論語》的迪見〉《古代中國的思想世界》，
頁117。

〔註30〕 《論語·顏淵》。參見國立編譯館主編：《十三經注疏分段標點19·論語注疏》，
頁284。

〔註31〕 《論語·季氏》。參見國立編譯館主編：《十三經注疏分段標點19·論語注疏》，
頁380。

〔註32〕 筆者按：在《論語》一書中，記載著許多孔子與弟子之間「引詩」、「論詩」的
內容。他們藉由引論《詩經》的內容來理解人生，並闡發他們各自的思想以及
人生的觀點。

〔註33〕 誠如幾項記載：子曰：「賜也，始可與言詩已矣！告諸往而知來者。」《論語·
學而》。參見國立編譯館主編：《十三經注疏分段標點19·論語注疏》，頁33。
子曰：「起予者商也！始可與言詩已矣。」《論語·八佾》。參見國立編譯館主
編：《十三經注疏分段標點19·論語注疏》，頁66。

〔註34〕 《論語·季氏》。參見國立編譯館主編：《十三經注疏分段標點19·論語注疏》，
頁374。

接受任何一方的意見；「輔」所展現的意義正是在相融的過程中能達到彼此的共識，在各自能認同的基礎之下，任何一方都能使得任何一方變得更為完善（如切如磋，如琢如磨），並且不失其各自原有的良好品質。

然而另一方面，「友便辟、友善柔、友便佞」〔註35〕則提供更為積極的效應——雖然是所謂的「損友」，但卻可以讓我深思借鏡；當我們可以見賢而思齊的同時，孔子也提醒我們，見不賢也能激發我們內心的自省能力。〔註36〕這便是「輔」的另一層意涵，也是呈現平衡觀點的重要特質。而所謂的「仁」便是在這樣的歷程中得以實證的，而得以展現它的完善，以及所謂的中性質地。

因此，中性質地的可貴並不就此放棄「不賢」之輩，反能透過自身的經驗與能力來回饋人群，使之所學、所成、所感、所悟落實於生活中〔註37〕——經由自身能力的實踐來取得自我認同，亦能在此回歸歷程中再度輔助他者與認同他者，這才是「中性品質」的真義；這又是「輔」的另一層意義。

每一個個體都有其獨特的條件，每一個條件都有它存在的價值；但是，往往每一個主體都太強調自我的價值，把自我的意義化約成「唯我」的思考，所以造成更多的障礙。如何突破與解消這些障礙，便成為一個實際性且具有操作意義的尋求生命和諧的課題。

> 子曰：「由也，女聞六言六蔽矣乎？」對曰：「未也。」「居！吾語女。好仁不好學，其蔽也愚；好知不好學，其蔽也蕩；好信不好學，其蔽也賊；好直不好學，其蔽也絞；好勇不好學，其蔽也亂；好剛不好學，其蔽也狂。」〔註38〕

事實上，六言是可以被肯定的，但也極有可能地被否定；正當我們執意我們所擁有的、我們所認知的，那麼再好的德性也有它自身潛在的盲點。仁（關愛之心）〔註39〕、知（理智之思）、信（不妄之言）、直（不假之行）、勇（果敢之

〔註35〕《論語・季氏》。參見國立編譯館主編：《十三經注疏分段標點19・論語注疏》，頁374。

〔註36〕子曰：「見賢思齊焉，見不賢而內自省也。」《論語・里仁》。參見國立編譯館主編：《十三經注疏分段標點19・論語注疏》，頁97。

〔註37〕季康子問：「使民敬忠以勸，如之何？」子曰：「臨之以莊則敬，孝慈則忠，舉善而教不能則勸。」《論語・為政》。參見國立編譯館主編：《十三經注疏分段標點19・論語注疏》，頁49。

〔註38〕《論語・陽貨》。參見國立編譯館主編：《十三經注疏分段標點19・論語注疏》，頁389。

〔註39〕筆者按：這裏所指的「仁」，不是全德之仁；它所意指的是基本的親親之觀，是單指「仁」的基本面。是情感的關懷，與人際之間的等差之愛。

決）、剛（強健之為），都是相當可貴的；然而，問題就「蔽」於一個「好」字（太過於強化了）。正當過度的美意形成他者的壓力時，生命的整體將落入「失衡」的狀態。誠如《荀子》所提及的一項重要觀點：「凡人之患，蔽於一曲，而闇於大理。」〔註40〕；真實遮蔽我們的，是自己偏執的一面。

　　然而，關於每一個偏執面都有它存在的合理性，我們不能依此消極地否定這些存在；所以，我們的不周全不是因為他者的偏執，而是出自於我們對他者之見無以釋出融通的空間。據此，一個完全的人格將需要涵蓋多樣性的品德；然而，「學」正是解決這些德性各自偏頗的最佳方法，將其「失衡」的狀況引導至「平衡」的狀態。「好學」無異議地，將這六項德性緊密的串連起來；在相輔歷程中，此六項德性，被統合成為一個全德的生命——「仁」（人）。

　　《論語》從相輔相成的觀點，把古代文明中的「中道」觀念落實下來；透過實證性的學習過程，把抽象性的理想論述放入人生當中來進行。我們以為，孔子的中道觀念除了有其古代可以依循的方向之外，在《論語》中確實也提點了我們一項可以參照的方法，並且也有了持續前進的方向（全人目標）。所謂：「中庸之德」的核心意識，確實能與「仁」的總體意義相為謀合。我們可以說，全德之「仁」（人），正是一個具備中性品質的人。

　　從基本面拓展至完善面，由個人的位置互通至群體的位置；很顯然地，「仁」這一個德性觀點在《論語》當中有一個全面性的意義。

　　　子張問仁於孔子。孔子曰：「能行五者於天下為仁矣。」請問之。曰：
　　　「恭、寬、信、敏、惠。恭則不侮，寬則得眾，信則人任焉，敏則有
　　　功，惠則足以使人。」〔註41〕

我們可以清楚得知，單一德性似乎不能滿足一個全人的品質；甚至，如果你只是處於某一種德性的狀態，再好的品德都很可能會產生「太過」或「不及」的困境。很顯然的，面對「仁」的內涵問題不只是單一選項而已。所謂：「能行五者於天下」的見地，在在地顯示著「仁」的內涵是相當多元、豐富的；而此處的「仁」是一個理想性的「仁」，事實上，它已被作為一個崇高的理想範疇來看待。它的本質不再只是停留於「我是一個人」的思考中，它實際已經被轉向於思考「我要如何成為一個真正的人」的問題上，那麼也就能進一步再推展

〔註40〕　《荀子·解蔽》。參見熊公哲：《荀子今註今譯》（台北：台灣商務印書館，1995），
　　　　　頁425。
〔註41〕　《論語·陽貨》。參見國立編譯館主編：《十三經注疏分段標點19·論語注疏》，
　　　　　頁387。

出「我是一個什麼樣的人」的思考當中。

　　這五項德性的成組並列顯現另一個事實，正是一個不可被切割的整體──「仁」──一個有活動力、有生命意識的人。

　　對於子張的請益，孔子的回應的確是相當開闊的（略帶有些廣泛性的意味），並且是趨向於「完善」的。「仁」疑似被分析了，但又似乎回到沒有被分析的立場上。理由是，孔子的主軸並沒有脫離「人」的主體，在多樣性的回應中，它所指向的卻還是一個全面性的融合體。確實如此，五種德目的實質內容與「仁」的內容有其不同之處，並且這五種德性各自有它自己的特質；在成為一個全面性的仁人歷程中，「仁」的地位被提升為一個理想性的全貌代表，「仁」的內容暫且被分為在這五種德目的「聚集」上──這證明一件事實，「人」（仁）是生活在不同時空，並不斷在進行自我轉化的生命體。

　　但是，從另一方面回想，「聚集」只是靜態的，並不能產生作用；「仁」的成立，與「仁」之所以有其作用性、動態性，正是因為這五種德性緊緊與「仁」的基本性質相通、相融；這項基本性質，正是在於這些德性與「仁」一樣都是呈現著人與人之間的互動關係。因此，這五種德性在生活過程中，因相互之間的「交集」關係而使「仁」有了明確的意義，這個意義使「仁」有了動態；從「聚集」進而產生「交集」，再由「交集」發展至「相融」；五種德目的靜態並列結構不能清楚說明「仁」，而是經由五種德目的互動過程才能說明「仁」的意涵。所以分析終究回到沒有分析的狀態中。

　　五種德目的並列顯現另一個重要的事實，在它們之間似乎無法取代彼此的重量。這一個完善的考量，不但出自於它們之間的「不可取代性」外，也說明著五種德性之間的「相互需要性」，與在其互動過程中所生成的「平衡性」。恭、寬、信、敏、惠各自是獨立的，它們所指向的狀態以及應對也是不同的；但是，當我們回歸到個人的主體時，它們之間其實是相互支持彼此的，甚至是相互需要的。不同的德性展現，正說明著人生有不同的時空條件正在進行轉換；在這個變化歷程中，正足以說明這是人生的全貌。也因此，在變換的歷程中，我們隨時都需要「調整」；這讓我們意識到，孔子是從這些基礎德性的聚合論證來達到一個完整性的生命狀態；而這一個狀態即是一個「中庸之德」的平衡狀態。

　　我們之所以會有「調整」的機能，絕對不是出自於單向性的思考，這還是回到人與人的互動性開始，甚至是人與環境的關係開始（如果環境可以無限推

演，那便是中國古代的基礎思想信仰——天人之間的關係）。對於一個完善的人格養成，孔子本身不斷藉由「調整」的方式來呈現他的想法，甚至他並不只限於思考，他還如實地展現在他人眼前；因為，心境呼應於環境，個體對照於群體，那麼單向性也就成為雙向性了。

誠如《論語》中一則形容孔子的話：

> 子溫而厲，威而不猛，恭而安。〔註42〕

溫柔和順，但有其嚴厲的一面；行為舉止讓人感到威儀莊重，但不會過於嚴苛而無理；雖然態度是恭敬謹慎的，然而心境卻也能從容不迫。從某個意義來看，只是單一擁有或過度的溫和、威嚴、恭敬，是絕對不行的；美好的德性不在其本身的美好，它們的完善似乎需要有其相互的調整才能完成。「過」與「不及」事實上都不能呈現完滿；但其中巧妙的是，正因為有了「過」與「不及」的相互參照，所以能平衡彼此的缺失。

一個德性被另一個德性來「相輔」，一個條件被另一個條件來支持（或者它們之間是以削弱的方式來獲得支持）；由於它們之間的相互引導，進而才能「相成」為一種平衡的機制，而這一個平衡的機制，其實正展現著生命本質上無限的「可能性」與「靈活度」。

相輔相成的整體積極意義在於，聖者正處於不斷「調整」的狀態中。我們可以簡單地說，這是「視情況而定」的狀態；但令人感到深刻的是，這應當是「智慧的積累」，而絕非只是「世故的判定」。這種「相輔相成」的過程正說明著，生命是活化的，生命必須不斷面對問題的發生，以及如何調整他所要面對的處理方式；這裡的終極意義正是在表明，我們這一個人（仁）的本質，事實上就是「平衡」的狀態，它所呈現的正是處於「中」的狀態——「中」，意味著靈活。一個仁人，就是一個持以中道的人。這儼然是「君子不器」的另一種註解。

我們以為，《論語》的思想核心被指向於對「仁」的終極關懷，當然是無所異議的；但是從思想根源的探析中察覺，「仁」與「中道」思維的關聯，是如此的緊密。當孔子對所謂「中庸之德」感到「其至矣乎」、「民鮮久矣」的同時；他事實上，是將其（中庸）思維的本質著落於人間，而以「仁」之觀點來呈現這古老的和諧精神。

〔註42〕《論語·述而》。參見國立編譯館主編：《十三經注疏分段標點 19·論語注疏》，頁 172。

德性與德性之間的「相輔相成」關係，被如實地展現在一個「理想君子」的型態上。它們各自獨立，但卻也相互影響；在它們相互之間的動能中，各自獨立的特質將成為彼此重要的參照值。

　　子曰：「知者不惑，仁者不憂，勇者不懼。」〔註43〕

智、仁、勇三達德被指向一個完全人格的狀態表現上〔註44〕，一個全人──「仁」──實質上包含著理智的判斷、仁愛的胸懷，以及果敢的勇氣；它們之間存在著不能被單獨解釋的必然性。不會疑惑、不會擔憂、不會畏懼三者，是相互依存並且能有所共通的。我之所以明白（智），正值我能體恤他人（仁），並且真切地面對所發生的問題（勇）；我之所以關切、體貼（仁），正值我有判斷的能力（智），以及勇於處理事物的態度（勇）；我之所以不害怕（勇），正值我有足夠的智識（智），與關懷且同理的胸襟（仁）。三者不僅能互通，更能相互提供參照資源。

　　孔子在感嘆子路的性格中說道：赤手空拳敵虎可能是不智的，徒步涉水也是愚昧的；如果死前都不能悔悟，那不是我要學習的！面對一切事物必定要戒慎恐懼，經過了縝密的思維後才能行事，這才是我要學習的人！〔註45〕當有其自省能力並且具有其戒慎恐懼的心（仁），以及縝密的思維（智）時，那個人身上的所謂的真正的勇氣（勇），才可被稱得上是有意義的生命。

　　根據《中庸》的闡釋：「好學近乎知，力行近乎仁，知恥近乎勇。」〔註46〕得知；我們更能清楚地說明三者之間，有其「不可取代性」與「相互需要性」。

　　學習的用意正在於我知道自己的不足（知恥的另一個意涵），實證於生活中的一切才是真實的學習（力行於每一件事物）。相對看來，生活中實際的體

〔註43〕　《論語・子罕》。參見國立編譯館主編：《十三經注疏分段標點19・論語注疏》，頁211。同樣的觀念也被記錄在《論語・憲問》中。子曰：「君子道者三，我無能焉。仁者不憂，知者不惑，勇者不懼。」子貢曰：「夫子自道也。」參見國立編譯館主編：《十三經注疏分段標點19・論語注疏》，頁328。

〔註44〕　余英時指出：「仁、智、勇雖分為三，其實都可以統一在『仁』這一最高概念之下。所以『君子』答到了最高境界便和『仁者』沒有分別了。」參見其著：〈儒家「君子」的理想〉《中國思想傳統的現代詮釋》，頁160。

〔註45〕　子謂顏淵曰：「用之則行，舍之則藏，唯我與爾有是夫！」子路曰：「子行三軍，則誰與？」子曰：「暴虎馮河，死而無悔者，吾不與也；必也，臨事而懼，好謀而成者也。」《論語・述而》。參見國立編譯館主編：《十三經注疏分段標點19・論語注疏》，頁154。

〔註46〕　《禮記・中庸第三十一・第十五章》。參見國立編譯館主編：《十三經注疏分段標點12・禮記注疏（下）》，頁2219。

驗正能說明我學習的目的（好學的本意），而反思的能力是體驗一切的開始（這是知恥的意義）。依此，省思自我的錯誤與不足，正是我需要學習的動力（好學之所以可以不斷進行的原因），然省思自我的錯誤正是一種最大的體悟（力行所謂的不貳過）。依此，好學、力行、知恥是同一事。

誠如孔子告誡司馬牛一樣，一個人之所以能「不憂」且「不懼」，正是因為他能「全然」地面對自己，正所謂：「內省不疚，夫何憂何懼！」〔註47〕這便是一個完整人格的呈現（全德之仁──智、仁、勇三者相互通達）。

當個人能具備恭敬、寬恕、信用、敏銳、施惠五種德性時，事實上已經可以被稱之為「仁」。但這項「具備」勢必有待在「能行」的相輔基石上而得以成立。是誰「能行」呢？答案肯定是由自己開始的。然而，能實踐這些德目的舞臺又在哪裡呢？這便是你我所處的「天下」。這儼然是自我（克己）與群體（復禮）之間的課題再度重現；這是「內省」之思（德性涵養）與「外推」之用（能行天下）的平衡課題。

誠如之前所論，「仁」─全德之性─實際具備眾德性之間的協調及其協調之後平和狀態的展現；因此，這存在著「省察」與「類推」的具體過程，它的本質絕不會只停留於抽象思維的論證中而得到滿足，它必須在實際生活裡予以應變，將自我的感觸落實於外境中，亦從外境中得以學習更多的感悟。思索的理路還須實際的經驗，複雜的狀況也須沉靜的判斷。「省察」將意味著，外境狀態對於我們思維的良性刺激；而「類推」則蘊含著，內部思考落實於我們生活中的良性運用。

> 子貢曰：「如有博施於民，而能濟眾，何如？可謂仁乎？」子曰：「何事於仁，必也聖乎！堯舜其猶病諸？夫仁者，己欲立而立人，己欲達而達人。能近取譬，可謂仁之方也已。」〔註48〕

「施民」、「濟眾」顯現我們是有能力之人，生命將在他者身上尋得我們存在的意義；這不只是一種「成就」而已，而是一種「成就感」；這也不僅僅是一種「認同」，而是更具思維意義的「認同感」。我們的感悟不是單獨依靠形式上的付出而獲得；事實上，是我們在「設身處地」中活絡了起來。著想於他人的處

〔註47〕司馬牛問君子。子曰：「君子不憂不懼。」曰：「不憂不懼，斯謂之君子已乎？」子曰：「內省不疚，夫何憂何懼？」《論語·顏淵》。參見國立編譯館主編：《十三經注疏分段標點 19·論語注疏》，頁 267。

〔註48〕《論語·雍也》。參見國立編譯館主編：《十三經注疏分段標點 19·論語注疏》，頁 147。

境是將自己先放下，當站在一個等同的平臺上，我們才能知曉他者思考的是什麼、需要的是什麼，以及不要的是什麼，甚至可以說我們是一體的。「立」是合乎於你我之間的相處狀態；「達」則是知曉於你我之間的應對思維。「立」是「安」，「達」是「通」；生命能就此安身而立命，思維能依此融會通達，這正是我們能以自身去「體仁」的道理。「設身處地」似乎是站在「中性品質」上所開展的，「立場」在此時可以是沒有的，「通盤」的認知則顯得如此寶貴。

其實，思索可以再深入到最為真切的自己，當面對群體時，實際上就等同於是在面對自我。這一個「通盤」性的考量將由自身的檢閱開始──「為仁由己」，我們之所以可以「類推」、「省察」，乃在於一個「己」字將所有的觀點接連起來；失去「自身」我們便會脫離「群體」。事實上，「自身」是一個無法逃避的實體，如實面對著它，就是如實地看待群體。

> 子貢問曰：「有一言而可以終身行之者乎？」子曰：「其恕乎！己所
> 不欲，勿施於人。」〔註49〕

我們自身所不要的，當然不能加諸於他人身上，這一層意義顯然是「省己」而同時又能「思人」的最佳說明。余英時曾提到，所謂「立人」、「達人」是積極的態度；「己所不欲，勿施於人」是消極的態度，他詳論說：

> 「己欲立而立人，己欲達而達人」是「己所欲，施於人」，用意雖好，
> 但未必人人都能做得到。「己所不欲，勿施於人」則是「君子」的最
> 低標準，這應是人人都能做得到的。故孔子以為這是「一言而可以
> 終身行之者」。如果連這一點也做不到，那當然便不能算是「君子」
> 了。〔註50〕

這一思維的推論當然有其道理，它顯現著孔門學派對生命的要求與熱忱；但我們可以再補充的是，「己所不欲，勿施於人」不是一個消極的態度（所謂的：最低標準），它應當是一個「基本」的態度，正直有其「基本」態度，所以才能培養一種「中立」的觀點，它其實是在落實「中性」品質上的。它關切的應當是他人的思考，而不是自我的立場，如果「君子成人之美」的觀點是可以被落實的，那生命與生命之間才有相互輝映的可能。

事實上，孔子並無提及「己所欲」就能「施於人」的觀點，所謂「己欲立

〔註49〕《論語·衛靈公》。參見國立編譯館主編：《十三經注疏分段標點 19·論語注疏》，頁 356。
〔註50〕參見余英時：〈儒家「君子」的理想〉《中國思想傳統的現代詮釋》，頁 163。

而立人，己欲達而達人」的思索，角度依然保持在「中性」的品質上，其確切的方向應當是在「省察」與「類推」之基礎上才能進行，而不是一味的將自己的想法施展於他人身上。我們更加需要說明的是，「己所欲，施於人」的觀點用意雖好，但未必能行之以後而達到最佳的成效，因為，我們以為的美意很可能會形成偏執而傷害到他人。

我們必須深入思考的是，全面性的考量不是崇高的，更不是將自我抬高到無限性的尊貴，它反而是以最為平凡的姿態來展現其最平凡的道理，所有的美意也需要設身處地的考量他人的立場。分析總會有一套公式，但智慧不是演繹與歸納的結果，它是每一個當下所呈現的據實且靈活的判斷；實際狀態中的經驗，對他（仁者）而言，是最好的參照值；因為，最好的解答，就在每次發生的歷程中才能找到。

據此，所謂的「仁之方也」，不只是提出有一個具體「行仁」的方法而已；它實質上意味著，生命中有一種整體前進的「方向」，一個誠摯的心態，一個隨時處於省察、類推的狀態。從某個角度看來，方法可以不是一種的，方法很可能都在過程中轉換，方法也可以被理解成是沒有的。「常態」便是在「沒有常態」中獲得的；孔子並沒有從中分析出「方法」到底是什麼！或定義出「最好的」是什麼！在更廣、更深的思維上，「取譬」的意義將賦予我們，必須以更「謙卑」的態度來面對種種可能的變化；然而「能近」的精神，則時時提醒我們，在應對外境的變化歷程裡，所有一切將由自我的「同理心」開始做起。

道理就在生活的總合上；曾子有這樣的感悟：

> 子曰：「參乎！吾道一以貫之。」曾子曰：「唯！」子出。門人問曰：
>
> 「何謂也？」曾子曰：「夫子之道，忠恕而已矣。」〔註51〕

門人對生命的感觸之所以疑惑，是將孔子的學問只停留於學問本身，此時的「學問」顯得相當高深莫測；然而諷刺的是，它的「高深」卻是來自於「分析」的眼光，它的「莫測」卻是出於自身的「抽離」。道理是如此簡單，因為我們沒有「將心比心」。曾子的體悟，便能將「自心」與「外境」的關係統合起來；事實上，這個方法是相當具體的、平凡的。朱熹提及：

> 盡己為忠，推己為恕。忠恕本是學者事，曾子特借來形容夫子一貫
>
> 道理。今且粗解之，忠便是一，恕便是貫。有了這忠，便做出許多

〔註51〕《論語·里仁》。參見國立編譯館主編：《十三經注疏分段標點19·論語注疏》，頁96。

　　恕來。聖人極誠無妄，便是忠。〔註52〕

就此進一步言之，所謂「盡己」絕不只在自我內心思維中盤旋，這同時也能看
出個體在外境中的實際活動，其實「盡己」也是「推己」，盡一己之力，正等
同於成就群體之功；然而，所謂的「推己」也絕不只是在於對外境的深思考量，
在為他者設想、體諒他者之時，也是對自我的寬恕及接納，「推己」事實上也
同於「盡己」，推展群體之功，也能等同於自身的受惠。

　　誠如劉寶楠對「忠恕」之意的詮釋說道：

　　　　是故仁者，己欲立而立人，己欲達而達人。己立己達，忠也；立人

　　　　達人，恕也。二者相因，無偏用之勢。〔註53〕

那麼，「道」將回歸至本屬於它自身的狀態中，雖然它暫時被選擇了，也確實
地被賦予方向了，但「道」並無因此而被所謂的任何一種「立場」給左右；「道」
應變於相異的種種，而相異的種種也能從中滙歸成為「道」的全體。「方法」
不是沒有，而是「方法」隨時都處在「變通」上運行著。「忠」與「恕」實然
為一事，且不可分割；因為「學問」可以回到平實，「道理」就在人間。

　　在實行的過程中，我們不難發現這些不同德性都展現在「自身」與「群體」
之間的平衡關係上。誠如：「恭則不侮。」──「恭」，即是平和的態度，唯有
自重則人能重之。「寬則得眾。」──「寬」，即是穩定的心境，寬恕他人就等
於寬恕自己。「信則人任焉。」──「信」，即是真實的自己，不欺騙自己才能
受命於人。「敏則有功。」──「敏」，是切中時宜的判斷，成功取決於你不為
偏頗的敏銳觀察。「惠則足以使人。」──「惠」，是無偏頗的付出，群體的友
善回應將來自於你自身的誠摯關切。

　　所以，「推己及人」的觀點不是強加外力於他者，它必定是回歸到「自身」
與「群體」的和諧上才能往前推進，在經由自我省思之後，以最為「適中」（能
近取譬）的方式來實行並予以繼續地推展。「能行五者」的觀點，除了體現出
一個全德之人所需的五種德性條件外，它還具體的觀察到每種德性之間的「調
和」狀態；正因他們各自有著「中性」的品質，所以五者之間才能相融並進，
進而展現出全然性的生命，即所謂的：「仁」（全人）。

〔註52〕參見〔宋〕黎靖德編：《朱子語類》，頁671。朱熹也有這樣的見解：一是忠，
　　　　貫是恕。又言：一者，忠也；以貫之者，恕也。體一而用殊。參見〔宋〕黎靖
　　　　德編：《朱子語類》，頁670。

〔註53〕參見〔清〕劉寶楠：《論語正義》。清人十三經注疏之《論語正義》（上海：上
　　　　海古籍出版社，1993，11），頁57。

第四節　片刻不離的精神訓練——無終食之間違仁

以「仁」而言，沒有自認完成的一天，但卻時時相應在片刻不離的生活當中；這實質呼應「中」的基本精神，即是我們必須不斷地「學習」與「思考」。面對繁雜的人間課題，我們無不是在「行仁」，也無不是在尋求生命的和諧（中道）；古典儒家這種「念茲在茲」的精神訓練，正是對「中道」的一種完整的要求與寄盼。「中性品質」的最大特點，即是能不斷吸收與推出，在叩問自身的另一面時，也同時在進行另一自我之創造；「仁」的思維，是讓生命時時行走在不斷可以相互通融的狀態上，而透過對一個生命的整體性探討來警惕自我之不完滿；我們不能說我們已經成聖，但我們深知有其成聖的本質。成聖顯然不是目的，成聖的意義正是一個永無止盡的歷程，而所謂的完成，就在每一次吸收與推出的歷程中展現出來。

「仁」被轉化成全德之仁的觀念是一個重要的里程，它不僅象徵著「人文精神」的再提升，它更蘊含著，「仁」（人）是一個全然性，並且是持續進行的生命表述。然而，對於落實這項目標而言，卻是一個極大的挑戰；當「仁」被認定為是一種完全人格概念的同時，孔子除了針對每位弟子的需求予以回應之外，他尚無對任何弟子給予這樣崇高得肯定，並且他也時時依此期許自我對這一完善的追尋（事實上，他認定自己是沒有做到「仁」的）〔註54〕。

這裡將關係到何謂「理想」的問題，以及這項設定背後所傳達的意義。對於「完善」的追尋是基於一種崇仰？還是一個可以被進行的期盼？或者是一條永無止盡的路？還有，所謂的「完善」有沒有完成的可能性？都將引領我們做更為深刻的思索。

從另一個角度切入；想要達到全德之仁的目標，除了藉由不同德性之間的涵養來完成之外，我們尚且能以去除缺點的方式來補充生命的不足。在面對自我的缺點以及過失時，禁止它們的發生是最快的方法。所謂：

> 「克、伐、怨、欲不行焉，可以為仁矣？」子曰：「可以為難矣！仁則吾不知也。」〔註55〕

〔註54〕子曰：「若聖與仁，則吾豈敢？抑為之不厭，誨人不倦，則可謂云爾已矣！」公西華曰：「正唯弟子，不能學也。」《論語‧述而》。參見國立編譯館主編：《十三經注疏分段標點 19‧論語注疏》，頁 170。

〔註55〕《論語‧憲問》。參見國立編譯館主編：《十三經注疏分段標點 19‧論語注疏》，頁 305。

好強求勝、驕傲自矜、怨懟憤怒、貪欲妄念都是「失衡」的狀態，它們是「太過」與「不及」的具體行為，當然它們是不被允許的。誠然如此，孔子似乎也沒有直接認定克服這些就等同於是「仁」。

在更為謙卑的語境中我們得知，實際要求自我做到這些是何等困難的。如果我們有更深的體悟；孔子理當是在藉由這一項對自我期許的謙卑語句中來闡發他心目中「仁」的意義；事實上，正當你以莫大的勇氣來應對你自身的缺失並且以謙恭姿態來領受時，你應當可以體會到「仁」的真義。

然而，我們也只能說，你此時是可以接近「仁」的狀態的。因為，即使控制了這些失衡的狀態，我們仍須不斷地再往前行駛；「仁」的真意並沒有休止符，其可貴的是你「持之有恆」的心力〔註56〕，從不斷「調整」生命的平衡觀點上看來，這是最為基礎的動力。

孔子以「吾不知」來回應這一切，其意味著：課題的核心將回到每一個個體的親自體驗上（悟—自得）；他所關切的，不是依靠知識體系的分析而完成的，對於一個完善性的人格追尋，他沒有一個特定的答案。所謂的完善，將有賴於你實際上做了些什麼？你遇上的問題是什麼？你又何以解決它們？最為重要的是，你有沒有從這一歷程中來肯定「生命」，以及對重新從中尋得另一次的「自我認同」。

> 孟武伯問：「子路仁乎？」子曰：「不知也。」又問。子曰：「由也，千乘之國，可使治其賦也，不知其仁也。」「求也何如？」子曰：「求也，千室之邑，百乘之家，可使為之宰也，不知其仁也。」「赤也何如？」子曰：「赤也，束帶立於朝，可使與賓客言也，不知其仁也。」〔註57〕

孔子對這些弟子的行為基本上是認同的；不論「治其賦」、「為其宰」還是「立於朝」，對於實際的事功作為，孔子並沒有否定；然而，孟武伯所關切的問題，卻只接受到所謂：「不知」的回應。孔子所謂「不知」的回應，給了我們一個重要啟示：當每一個個體在顯現出他自我的某種特質時，這些特質還需要經

〔註56〕　子曰：「聖人，吾不得而見之矣！得見君子者，斯可矣！」子曰：「善人，吾不得而見之矣！得見有恆者，斯可矣！亡而為有，虛而為盈，約而為泰，難乎有恆矣！」《論語・述而》。參見國立編譯館主編：《十三經注疏分段標點19・論語注疏》，頁164。

〔註57〕　《論語・公冶長》。參見國立編譯館主編：《十三經注疏分段標點19・論語注疏》，頁107。

歷多重的淬煉。

「不知」的回應並不代表學生們沒有「仁」，也不是一味地抹煞他們可以「成仁」的可能性；反而是客觀地指出，「仁」的完成是一條永無止盡的道途。這存在一項合理的推演；那就是，我們的立足點是平等的，正因為我們本質上是一個「人」，所以我們將有成為仁人的可能；但對於理想的完成卻是一條永無止盡的路；因為，目標是一個「完人」（成為一個仁人其實沒有所謂的終點）。

從另一個角度來看，「歷程」是最為重要的、實際的；孔子雖然沒有輕易給予弟子在「仁」上的肯定，但他卻如實地在實際的進程中給予鼓勵。實際上，孔子相信這些事功，正是可以淬煉仁德的本質，進而達成完全人格的目標，它們都朝向所謂「完全人格」的方式之一。在朝向完善的進路上，生命必須不斷接受考驗，而考驗便顯現在如何調整的課題中。

完善不是憑空的假設，這項終點又將回歸到事物的運行中才顯其意義，也因此，終點沒有了，完善的本身是沒有終點的；事實上，每一個完善的終點又是另一個實證的起點，它緊接朝下一個完善前進。誠如之前所論，「分析」難敵實際上的「體驗」。誠如陳榮捷所認為的，孔子不是不「言仁」，而是他少「論仁」之原因，也正在於此。

孔子罕言「仁」的另一意義是，除了不以分析的語言來定義「仁」之外，它還意味著：「仁」是回歸至歷程中而獲得肯定的，這也是「仁」之所以可以不斷往前推進的確切理由。相同的，理想性的設定也正面地給予生命一股動力，這一個終點的設立讓生命的歷程可以是有意義的，而生命才能是一個整體性的呈現。這是難以掩藏的，歷程顯現出目標的意義性；而目標帶動起歷程的務實感；在多樣且具變動性的生命過程中，「仁」不斷被調整與落實，不斷被呈現在眼前，進而從中得到朝向完善的目標前進。〔註58〕

> 子曰：「知及之，仁不能守之，雖得之，必失之。知及之，仁能守之，
> 不莊以莅之，則民不敬；知及之，仁能守之，莊以莅之。動之不以
> 禮，未善也。」〔註59〕

從某個意義上看來，觀念必須不斷被調整；一個好的面相必須參照於另一個面向，並使之視野擴大，進而才能朝向更為完善的目標前進。所謂的「中」，並

〔註58〕孔子曾言：「視其所以，觀其所由，察其所安，人焉廋哉！人焉廋哉！」《論語·為政》。參見國立編譯館主編：《十三經注疏分段標點 19·論語注疏》，頁 44。
〔註59〕《論語·衛靈公》。參見國立編譯館主編：《十三經注疏分段標點 19·論語注疏》，頁 360。

不只是取得平衡就靜止不動了，它必須保有一種精神，它得繼續再往前尋求另一個更為平衡的點前進。

　　理智的判斷將有待情感活動加以潤飾，一味的理智很可能導致無情的羈絆而不能切身體驗（理智與情感相輔）；然而，在實務的推動上，態度是莊重的，完善的意義正需要實際的參與，否則再好的觀點也只是備受質疑的空談（人民的信任將來自你的誠懇）。從內在的推陳到形式展現的出新（內在與外在並行）；我們不斷從中找到最為適宜的方式，這便是前進的目標，正是所謂的「完善」。這個歷程存在著多樣性、變動性與複雜性，這說明著，我們必須時時保持心境上的中立；嚴格說來，「中道」──所謂的「完善」，正是在變動、複雜，且多樣的事態中而成立、成熟、成就的。

　　據此，更為深切的是，「不知也」並沒有建立在一種晦澀的錯覺上，事實上它出乎意料地、積極地提醒我們必須將「保持現狀」轉為「提升自我」，甚至是轉為對「自我轉化」上的努力，在任何時空的變遷中持續涵養我們全然的品質。孔子曾告誡弟子，不管是造次、急遽、顛沛、偃仆〔註60〕都需要以「仁」來面對一切。這一「面對自我」的事實便證實了「成仁」歷程的意義。

　　　　子曰：「富與貴，是人之所欲也，不以其道得之，不處也；貧與賤，
　　　　是人之所惡也，不以其道得之，不去也。君子去仁，惡乎成名？君
　　　　子無終食之間違仁，造次必於是，顛沛必於是。」〔註61〕

黃式三《論語後案》言：

　　　　終食時暫，造次時遽，顛沛時危，君子無違仁，觀其暫而久可知也，
　　　　觀其變而常可知也，言為仁無間斷之時也。〔註62〕

所謂「觀暫知久」與「觀變知常」的見地正提醒我們，變動的可能性不只是外在條件上的移轉，就連同內在的思維也要隨時更迭，其實我們需要轉化的正是我們心境。對於「無終食之間」這句話，其意味著，我們將是處在長期且永無止盡的精神訓練上；而不管是「造次」或「顛沛」的環境，則體現出我們對時刻變換的處境是投入且具關懷的。

　　在不斷流轉與變動的生命當中，我們隨時都在接受考驗，考驗我們與外

〔註60〕馬曰：「造次、急遽。顛沛、偃仆。雖急遽偃仆不違仁。」參見〔魏〕何晏：
　　　　《論語集解》卷第二。王雲五主編（臺北：臺灣商務印書館，1975），頁7。
〔註61〕《論語・里仁》。參見國立編譯館主編：《十三經注疏分段標點19・論語注疏》，
　　　　頁91。
〔註62〕參見〔清〕黃式三著張涅韓嵐點校：《論語後案》，頁86。

境之間的應對;「必於是」的觀點並非只是在彰顯我們對「仁」的堅持,如果「仁」是一個全德之性的開展,那麼我要培養的是一種活化的生命觀,我們將呈現一種「常態」,那極有可能是一種「變動中」的「常態」。「必於是」,乃是「必於仁」,乃是「必於」此變化的「人生」。

因為,「仁」不是死亡的、靜態的,它是「活動」的。如果我們只是將「仁」視為是一種觀念工具,以為強調「仁」就等於是做到「仁」,那我們可能會停滯不前,甚至因此而陷入某種極端,更可能表現出一種無知。因為一味的「好仁」,將導致自我陷入在「愚昧」的困境中。

依此,我們可以進一步說,孔子對於理想的思考並不是為達成某種目的而存在的(目的論);「仁」正是需要在不同「歷程」的變化中,才能展現它更為「成熟」的一面。變動一直是存在的,在面對外在環境的考驗時,心境上的「中立」不但使我們的思維活絡,亦能使我們冷靜地面對一切;所謂「中立」的另一層意義正是,突顯出心境上的「安穩」與「平衡」的狀態;「平衡」於我與他者之間的融洽,「安穩」於內心與外境之間的坦蕩。

頃刻之間、危急之時、困頓之際,生命都是「安然」的;正因心思是活絡的、應對是適中的、狀態是平衡的,所以生命是全然開展的面貌;它所指向的是一個不斷尋求自我的一個進程。

根據這樣的思維啟示,且讓我們再度回到這些門徒上來進行思索。

史華慈在對孔子門人的探討中發現〔註 63〕,門人對孔子思想的發揮,有著不盡相同的內容,甚至有些意見是相當不同的。他更藉此指出:

> 人們甚至能說,某些「歧出的路線」本身甚至有助於敵對思想模式
> 的興起。〔註 64〕

由於具備著「中性品質」的思考維度,異質的存在並不令人訝異,不同的聲音可以相融其中,然亦能從中再被各自提顯出來;倘若一種思想只被冠上一種「絕對性」的名號,那失衡的狀態可能就是出自於它本身所自稱的「唯一」。《論語》所闡明的「通見」,正能行走在時時可被再闡明的進路上而更顯其之所以能被稱之為是「通見」的意義。

〔註63〕〔美〕本杰明·史華慈在對孔子門人的探討思考中指出:我根據大多數可以找見的古代文本材料,對孔子的某些門徒提供了有選擇性的印象主義式的勾勒。參見其著:〈孔子:《論語》的通見〉《古代中國的思想世界》,頁 131。

〔註64〕參見〔美〕本杰明·史華慈:〈孔子:《論語》的通見〉《古代中國的思想世界》,頁 129。

　　誠如不同的聲音又再度響起,「中性品質」不會予以抗拒,它反而能以更為寬容的態度、謙卑的心境來接迎,確切的理由是,這些聲音其實是來自於「中性品質」它自身的;因為,它知道它的雅量是來自於要準備接迎更為「完善」的到來。在具有共同認知的同時,不盡相同看法是可以並存的;理由在於,和諧並非建立於一個終點而就此停止,在更多的談論中,藉由異質的不斷再激盪而繼續追求相融的認同(此實的認同已非前者之認同,而是另一進程中的新認同),進而能同異相輔、異同相成。

　　史華慈認為,門人的思維差異將使得孔門學派的「思想內容」更為豐碩。這是可以被肯定的見解,並且我們亦能從中再度深入得知,其「思想內容」為何更為豐碩的確切原因。他提出:

> 可以肯定,從局外人的立場看,應當替這些門徒說點話。大師的通見也許並不像他自己以為的那樣完全融貫一致。事實上,可能含有許多遭遇到不友好的反對意見時他們的門徒們不得不加以論辯的、尚未解決的模棱兩可與晦澀之處,而且,現實本身也可能要比大師的通見更為豐富多彩。〔註65〕

無庸置疑的,《論語》對生命所建立起的「全然觀點」,並無輕易靜止地因站在某一取向上而自足;《論語》明白地告訴我們,個人的修養是需要不斷往前行進的,生命正是在錯綜複雜的條件交流當中而更為茁壯的,能因應於不斷變化的事物,則等同於在調整自我這一個不斷變化的自己。

　　正因於這一項基本要素,「方案」暫時顯現出所謂「模棱兩可」以及「晦澀之處」;但我們以為,正因必須透過不斷的「參照」與「學習」,所以才能展現出孔子對生命之理的活性觀察;更因此,比大師(孔子)更為精彩的思想內容即在這一「中性品質」中不斷地孕育而生。除了「思想內容」更為豐碩之外,我們尚且可以再做補充的是,從「中性品質」所開出的思維本質,實際上不僅能將思想的「量」予以增加,它並且能同時使思想的「質」持續往優良的向度發展。

　　一種十分「平實」的態度,卻可以產生無限的共鳴。「仁」確實在《論語》中被賦予了創造性的詮釋(指向一個完善性的全德之仁),但實際上孔子只是發現它原具的本質而已;如果「述而不作」有另一個詮釋空間,那以下這段話

〔註65〕參見〔美〕本杰明·史華慈:〈孔子:《論語》的通見〉《古代中國的思想世界》,頁128。

將顯得如此貼切——我是在陳述生命中一個本具的品質,以及一種基本的態度,我沒有其它可以再說明的部分了,為此如果有所認何補充的話,那就是以自身去力行吧!

通盤性的生命認知,其實將回到其各自所發生的事物之上才能理解;對於完善的體悟,其實是從每段歷程中開始實踐的;事物是「平凡」,歷程是「實然」,所以「共鳴」出於「平實」。思維想來如此平常,行動顯得非常踏實;思維沒有因「理論」的建立而封閉,行動也沒有因「觀點」的分析而僵化。事實上,理論與觀點是可以被放下的;因為,孔子正走在與我們相同的生命旅途上。

史華慈最終在這一部分上提出他的見解:

> 他們中的大多數人都是因為孔子投射的通見而被吸引到孔子周圍的,而且毫無疑問,大多數人希望吸收這一通見。然而,每一位門徒又不可避免地從他自己的特殊視角去看(通見的)整體。這些視角通常採取了僵硬而誇張的形式,特別當它們最終再傳門徒中又以極其複雜的形式與既得利益關連起來之後更是如此。通見因而轉變為一種問題意識(problematique),然而在某種意義上,還繼續保持著它作為一個完整通見的地位,並且召喚著每一種創新的闡釋性的努力。〔註66〕

問題確實一直表現在我們的意識當中,因為《論語》中的「通見」是一連串生命中的「實然」,並且是生命中最為「平凡」的課題;因為,我們面對的是自己。嚴格說來,我們思考的重心並不只是環繞於孔子這一個體,引發我們真正需要思考的是,他所發現到並且體悟到的生命本質;唯有如此,我們才是真正地在思考(其實,我們是在思考著我們自己)。這些所謂創新的闡釋,正來自於這項「平實」的本質上,那便是我們都處在一個需要不斷調整的生命狀態當中;我們之所以需要不斷努力地詮釋,乃在於我們正進入一個沒有被限定的「中性思維」當中。如果所謂的「吾道一以貫之」,將有著更為廣闊的詮釋空間,那我們將要回到一個基本態度上;那便是,孔子實際上是提出一個需要不斷被調整、持續思索,以及無限轉化的生命議題。

「吾不知」,事實上被保留了一個莫大的空間;那便是,它是一個可以被持續「思維」、「推演」的主體,它並沒有被鎖定在一個「固定」的答案當中。

〔註66〕參見〔美〕本杰明·史華慈:〈孔子:《論語》的通見〉《古代中國的思想世界》,頁131。

這項思維，具備著靈活的機制，它將留給每一位想親身「參與」的個體；同時也正是在經由他們實際親身的體驗中，「吾不知」才能持續地被活化起它原有具備的「活性」本質。

依此，所謂「無終食之間」實深切意味著，最為完善的品質正是在沒有終點的歷程中持續進行的，不斷透過省思、調整、參與，來提升生命，並且時時保有生命中的平實狀態。我們可以說，所謂的「完成」，事實上是回到每一件事物的「發生」與「經過」中才得以成立；而所謂的「完善」是極有可能的，因為「完善」自身並沒有為自身設下一項「終點」的預設。

最終，我們可以提出一項事實：當「仁」被作為《論語》思想中的核心時（全德之「仁」），它與「中道」表現（中庸之為德也，其至矣乎！民鮮久矣！）之觀點有著思維上的一致性與關聯性。「仁」不是處於模糊不清、不可理解的抽象心理；其實際的關鍵在於，它指向的是一種「中性品質」的展現，一個實然並且完善的總和；某個意義上它更意味著，思維可以不斷推陳出新，行動可以繼續因應其變——這才算是一個「志士仁人」。

以這樣一個核心來思考，尚能連結本文的論述主軸，即對「創新的闡釋」持續保有努力之心態的確切理由，正是在其生命能將「中性品質」展露出來。就「突破」的整體性而言（繼承與轉化），古典儒學早在其發展的初期就「承繼」了古代宗教中的純淨精神（禮樂文化的持續），並同時「轉化」了人性價值的存在意義（人性自覺的開展）；當孔子在重新詮釋「仁」的深層意義時，他同時也在提升「禮」的實質精神。

孔子並沒有讓自身走進任何一個偏頗的狀態中；誠如自己所言的，他正行走在一條必須不斷進行自我調整的道路上。〔註67〕我們是可以這麼認為的：對於孔子自身的神聖特質，乃是源自於我們對他所開啟的人性自覺之一面的崇仰；而對於他平凡且具人性化的性格，則是出自於我們對他在人間落實之一面的禮敬。我們正在一個平凡無奇的聖者身上感受到我們自身也是如此的。崇仰與禮敬，絕對不是將之「神格化」，而是從中學習那需要不斷自我超越的精神。這種精神，事實上是在召喚一種和諧的本質，生命中的「中性品質」。

〔註67〕子曰：「君子之於天下也，無適也，無莫也，義之與比。」《論語·里仁》。參見國立編譯館主編：《十三經注疏分段標點19·論語注疏》，頁94。

第四章　儒家中道思維的生命體證與實踐——從心所欲而不踰矩

本章提要

　　所謂的「從心所欲」，即能透過自我內在的思考來表達對生命的認知，以及藉由其中之所得來表達自我的看法；而所謂的「不踰矩」，則是能相應於外在的事物變動，以求其自我與這些事物之間的和諧與穩健的關係。正如朱熹所言及：「從，隨也。矩，法度之器，所以為方者也。隨其心之所欲，而自不過於法度，安而行之，不勉而中也。」〔註1〕嚴格來說，兩者實為一體，互為影響；正因為在尋求並保持在一定的和諧穩健的關係上，所以自我的表達與對生命的認知是具有其深刻的「自我省思」意義的（內思）；也同時地，正因為自我能思索生命的內容與提出我內部心思的轉折，所以在相應於外在事物的變動，以及求其和諧穩健的關係上，當有其確切的「群體參與」的意義（外推）。誠如黃式三所言：「心與矩一，猶以矩自印聖心，不自是也。」〔註2〕深入而言，所謂的「從心所欲」，就不能等於是一種「散漫」的生活態度，正因為有其「不踰矩」的參入，自我便能藉此而有所調伏，進而體現出一種「怡然自得」的境地；而所謂的「不踰矩」，就不能因為有其法度上的遵從與恪守而呈現出一種「僵化」的狀態，正因為有其「從心所欲」參入，自我便依此而思索其中，進而呈顯一種「靈活變通」的生活智慧。

〔註1〕參見〔宋〕朱熹：《四書集註》（臺南：大孚書局，1991，1），7頁。
〔註2〕參見〔清〕黃式三撰張涅韓嵐校點：《論語後案》（南京：鳳凰出版社，2008），頁28。

　　內於自省，外於推行，生活的應對與思維的啟動相互接軌，這正是一種「平衡」，即是所謂：「中」也。誠如徐復觀所指出的：其實，從容中道，即《論語》所說的「從心所欲，不踰矩」，乃孔子七十歲才得到的結果。〔註3〕本章將以此生命情態為其探討核心，藉此思考儒家對「中道」思維的體悟與實踐。

第一節　誠摯穩健的生命品質——擇善固執

　　「中道」並沒有模糊的界線，它本身也沒有被建立在曖昧的假設情境中；它之所以真、之所以實，乃在於它是可以繼續往前與推進；它之所以能因應一切轉化與變動，正來自於它具有不變的真切感受能力，這正是古典儒家所謂的：「誠」。「誠之者，擇善而固執之者也。」〔註4〕古典儒家對「中道」思維的落實，將在「道德」意義上伸展其特色。而這樣的特質也實質呼應於「中性品質」一項基本要義，即是生命時時都在實際之狀態中推進的，實踐讓我們知道「真」在哪裡，參與使我們體驗「實」的意義。「真實」體悟生命的價值與意義，這便是「誠」。

　　別以為「模糊」即等於「中」，或言「順從」與「中」可以畫上等號；據實而言，方向是確定的，並且是直指人心的。「中道」本身的品質（中性品質）是相當「光明」且有「活力」的。

　　　子曰：「由，誨女知之乎？知之為知之，不知為不知，是知也。」〔註5〕一個人的「真知」，不在於他耳聰目明的表現上，也不只基於他有多少知識的積累；因為，這般的「知」只是習於應付外緣的變化，而稍嫌有其過多地世故。對孔子而言，「真知」實來自於「真誠」——真實、光明，具備活力。事實上，真實的認知不是遊走在「知」與「不知」之間；能引導你朝正確方向前進的，正是在你所面對的實際事物上，「真知」的認定正在於當下所發生的事物之上。

　　如果知識的豐富只是停留於理論的建構，那我們往往只是為知識而知識，而沉浸於純粹性的分析中也可能沖淡我們的對實務運作的能力；因此，我們常

〔註3〕參見徐復觀：〈從命到性——中庸的性命思想〉《中國人性論史》（臺北：臺灣商務印書館，1999），頁155。

〔註4〕《禮記・中庸第三十一・第十九章》。參見國立編譯館主編：《十三經注疏分段標點12・禮記注疏（下）》（臺北：新文豐出版社，2001），頁2225。

〔註5〕《論語・為政》。參見國立編譯館主編：《十三經注疏分段標點19・論語注疏》（臺北：新文豐出版社，2001），頁47。

常自以為是的「知」，很可能就此會是「不知」，它更可能變成所謂的「無知」。我們應當這麼說，真正的「知」是建立在對實際事物的應對之上，當我們將所有的可能性還給事物本身時，「智慧」才是存在的，才能同時與我們的生命交融而被顯現出來。

深入來說，莫把「真誠」的意義只停留於抽象的內心感知，所謂的「真」還指向於真實發生的事物上；「真誠的心」正是表現在「真實的事物」上。在實際所面對的狀況中，若我面臨有所缺乏的部份，我將誠摯地說出「我不知」；當我明白且有所獲時，我也能真誠的表述「我知」。態度不僅實際（我真的能參與），而且是謙卑的（我確實在面對）。

據此，當我誠摯地說出我的「不知」時，我正能由他者的「知」來充實自我，並從中獲得更為完善的方向；若當我誠摯地說出我的「知」時，他者便能從中調整其所「不知」之處，並且與我達成共識，進而體驗其和諧的狀態。整體而言，這是處於「中道」的狀態，這是「平和」以對，這是「誠實的心」面對於「真實的事」所相融的狀態。

因此，這裡所謂的「是知也」，除了能經由外在事物的學習中而有所獲得之意義外，它還包含著發自於我內心坦然以對的態度——「誠」。

對於這項「坦然以對的態度」可以接連並通向兩種向度，一者指向對自我的重新認知，一者則推展到群體的共存；這是一個具有重建與轉化的力量。《中庸》言及：

> 其次致曲，曲能有誠；誠則形，形則著，著則明，明則動，動則變，
> 變則化；唯天下至誠為能化。〔註6〕

「曲者」，乃「一偏也」〔註7〕，它意旨的是「沒有完美的」自己；然而，正因為洞視到這層自我的真實面目，所以對於這場自我生命的修養與精神的訓練才起了實質的作用、努力的方向，以及最終的思維意義。而所謂的「致曲者」，乃是進入這場必須重新不斷認識自我之不完善的進路當中，透過對自我的坦然認知，以朝向更為完善的境地而前進；所謂「致」，便是一種「學習」，便是一種「推展」，即能經由種種對事物的接觸，以及在其對應當中所能產生的參照進行思索與成長。更進一步來說，「致曲者」是針對生命更為細微的部分進

〔註6〕《禮記‧中庸第三十一‧第二十三章》。參見國立編譯館主編：《十三經注疏分段標點 12‧禮記注疏（下）》，頁 2228。

〔註7〕參見〔宋〕朱熹：《四書集註》，頁 21。

行觀察，透過這些對生命的檢閱，來完成自我以及群體的認同。徐復觀為此指出：

> 「曲」是局部之善，局部之明，「致」是用力加以推廣，即是博學、
> 審問、慎思、明辨、篤行。〔註8〕

所謂「局部」的意義，止指向於一種最為誠懇的自我檢討，這是一種有其正面性且蘊含力道的為自我所提出的叩問，而這項檢討便直接聯結在這種對於自我必須有所成長的反應中繼續展現出來；認識並認清到自我的「局部」，那便是朝向完成生命之「整體」所具的重要且基本的精神。「致」正是不斷地「推展」自我，使自我如實面對生命的種種，這是一場不斷需要擴充自我內涵的訓練。

　　據此，生命真正進入一個實質可以「操作」的狀態，這是可以得到確切的推展與運行的——實際的親臨與實證；這種狀態正是所謂的「形」。正如我的生命可以在這些所接應的人事物當中進行；那麼，相互之間的成長便會因此而受到某種程度的激發、彰顯而有所相生相輔；這便可稱之為「著」。然而，在這些人事物的關係推展上，自我必須有所調整，群體也必須進行思考共榮的意義，自我與群體的相互認同便是這場功課的核心；那麼，思維的質地便會受到啟迪與引導，這種狀態就可以被稱之為「明」。當思維被啟迪時，正如所謂的「局部」已經被開啟，而對於這種生命的認同若進而產生信念時，生命的進程便會不斷地保持在對這些「局部」的努力上；這正是「動態」的生命體，持續不斷地叩問自我，這就是所謂的「動」。進而，生命思索的是一種不斷擴充與推展的歷程；所謂的「平衡」，正是體驗到必須在這些「不平衡」當中進行調整才能得以「平衡」，這便是能與思考到如何使自身的「局部」朝向「整體」而努力的精神相通；這就是所謂的「變」，「變」即是一種「通往」。最終，這場所謂：「博學、審問、慎思、明辨、篤行」的努力進程，實意味著是一種對自我的重新認識，以及重新的建構；這就是改變自我，便是超越自我，也就是「化」。

　　正是因為我們認識到了這一層的「不完滿」，所以我們才有朝向「完滿」而前進的動力；更重要的是，有「曲」，才有「化」的可能，倘若我們一直滯留在某種獨斷的自我狀態時，所謂的「轉化」就如同華麗的假設一樣，只是空談。一個生命的真實認知，以及其認知中所獲得的最大尊嚴，就在於如實面對

〔註8〕參見徐復觀：〈從命到性——中庸的性命思想〉《中國人性論史》，頁155。

這種自我的不足；那麼，此「偏一」（不足）才有其存在的意義與價值，也才有通往「中」（完善）的可能。

　　就某個意義來說，「真知」的切實意涵正是一個「真實的自我」。這一項真實的感悟，實源自於自心的誠懇，也同時來自於外在的實質回饋。「誠」即是一個「真」〔註9〕，真實地呈現一個我。我知即知，我不知即不知，將自己處於一個「中性」的狀態中。依此，誠於中，便能「誨人不倦」（因我有所知，所以能教育他人──在教導的同時，我也能同步學習。）；亦能「學而不厭」（因我有所不知，所以更須發憤於學──請益更多不同的聲音。）。

　　然而，嚴格說來，「知」與「不知」此時是相融的；因為，「是知也」所呈現出來的是，教學相長的平穩狀態（「不知」將有所得於「知」，而「知」亦將有所得於「不知」）。換言之，正由於有一個「平衡」的機制，所以才能誠懇地展現「知即知」與「不知即不知」的「真知」。中性品質實有一股「誠摯穩健」的力道；此「力道」將使「知」能以健康的態度去包融「不知」，而「不知」則能以謙卑的心境來學習「知」；更具積極的意義是，「知」與「不知」能相互砥礪，而往更為「平衡」的方向推進；因為，它們各自都要避免因過度的自傲而可能導致的「無知」。

　　誠摯穩健的力道，證實我們具有一個高尚的靈魂，而這一個高尚的靈魂將呈現在我們可以推展出來的和諧的生命當中。史華慈認為：

> 當簡樸的善（質）相對於修養（文）取得優勢時，得到了粗野氣質；
> 當修養相對於簡樸的善取得優勢時，得了文秘職員（的圓滑氣質）；只
> 有當簡樸的善與修養恰當地加以混合，你才會成為高尚的人。〔註10〕

在史華慈對「文質彬彬」的詮釋中，我們發現了一項潛藏的觀點：即所謂的「質」是「簡樸的善」，而「文」便是「修養」。其深刻意味著，人性當有其基本的自然質地；我們以為，這裡的「善」是一種中性（簡樸）的品質，是一個可以被開發的品質，它並非是與惡相對的善；若能日後加以學習並擴充之，則所謂「高尚」的生命整體就能呈現。然而，這裡所謂的「恰當地」加以混合的看法（彬

〔註9〕錢賓四曾言及：「自然」二字，乃道家語，謂其自己如此，即是天然這樣。這是中國道家誦述最所貴重的。又稱之為「真」。儒家則稱之為「誠」。不虛偽，不造作，人生該重。儒家所言之性命，便是此義。參見錢穆：《中國思想通俗講話》（臺北：素書樓文教基金會，2001，2），頁98。

〔註10〕參見〔美〕本杰明‧史華慈：〈孔子：《論語》的通見〉《古代中國的思想世界》（南京：江蘇人民出版社，2005），頁82。

彬），更是意味著，在我們複雜且龐大的生活應對中（文），我們不能忘卻原有的那一顆簡單的心（質）。那麼，所謂的「修養」才有它健康的向度，學習才可以回到充貴生命的真義上來繼續進行。依此，我們原有所具「簡樸」的心（中性品質）才能靈活起來，並且能在生命的旅程中一起不斷接受淬鍊而前進。因此，所謂的誠摯穩健的力道便能由此展現出來的。

「質」，實際上蘊含著一種自然的基調，這項本質正是一種「中性」的品質；然而，對於這個「中性」品質而言，我們尚待培養與擴充。而「文」則是在變換的環境中，時時加以調整自我，這正是所謂實際生活中的進程；正因它出自於所謂「修養」的用意，所以「文」本身也具備平衡的基調，那便是「和」（調和）。因此，正當「質」（中性基質）與「文」（調和機制）相為融合時，生命才有持續不斷「平衡」地往前推進的可能。誠如《中庸》所言：

> 喜、怒、哀、樂之未發謂之中，發而皆中節謂之和。中也者，天下之大本也；和也者，天下之達道也。致中和，天地位焉，萬物育焉。[註11]

依此看出，所謂「中也者」，正是生命中本具的平衡本質，失去這一項本質（簡樸的善）我們的生命就無動力可言。而所謂的「和也者」，則是生命中朝向平衡的進程，沒有了學習（修養）就沒有調整生命的機制。進而，兩者之間相互輝映；將本具的「中」，在生命機制的「和」裡運作，在朝向完善的歷程中一一呈現，這便是所謂的「致中和」。「致中和」，即是能時時調整生命，並保持在一定的穩定性上——這也就是《論語》中所謂的「彬彬」也。

「真」將應對於「真」；真誠的我，將得到真誠的應對。當樊遲問「知」於孔子時，孔子的回應是：「知人」[註12]。「知人」除了在表達要有選賢與能的判斷能力之外，它還有一個基本的認知，那便是知其是否「真誠」；然而，我之所以能有此判斷能力，正是在於我也具備一個真誠的心。所謂的：「舉直錯諸枉，能使枉者直」實然凸顯出一個問題；能真正「認識他人」（知人）所蘊含的意義是，實際上也在召喚自我，其等同於你能否真正的「認識自己」（知己）。

[註11] 《禮記·中庸第三十一·第一章》。參見國立編譯館主編：《十三經注疏分段標點12·禮記注疏（下）》，頁2189。

[註12] 樊遲問仁。子曰：「愛人。」問知。子曰：「知人。」樊遲未達。子曰：「舉直錯諸枉，能使枉者直。」樊遲退，見子夏曰：「鄉也，吾見於夫子而問知。子曰：『舉直錯諸枉，能使枉者直。』何謂也？」子夏曰：「富哉言乎！舜有天下，選於眾，舉皋陶，不仁者遠矣！湯有天下，選於眾，舉伊尹，不仁者遠矣！」《論語·顏淵》。參見國立編譯館主編：《十三經注疏分段標點19·論語注疏》，頁282。

　　孔子曾提醒過我們：我們的憂愁不是關乎於名位本身而已，我們真正擔心的是有沒有德性可以相稱相符；我們不憂愁他人了不了解我們，我們真正關心的是，我們有無良好的道德修養與人知曉。〔註13〕事實上，「舉直錯諸枉」的用意，正著落在自身的要求上（反躬其身）。自我的真切之知，實際上是由了解他人之思所學習到的；而在了解他人的過程中，正是補足自我自身所不足的最佳良方。從認識、關懷，到了解他人的歷程裡，自我也同時在認清自己。〔註14〕

　　孔子曰：「益者三友，損者三友。友直，友諒，友多聞，益矣！友便辟，友善柔，友便佞，損矣！」〔註15〕

朋友正如一面鏡子，由他們所照映出來的不是別人，而是真實的自己，這等關係實存在著一種可以「對話」的平臺。五倫中的「友」，實際隱藏著無限的生命活力；因為，我們可以由此來觀照自我、增其不足、減其太過，在這裡我們有了更多的調整空間。正如朋友所應對於我們一樣，我們必定也真實以對於他們；真實地面對他者，便是真實對應於自己。

　　「直」是不造作、不矯情的真實表述。「諒」是誠實、坦然的態度。「多聞」則能提供更為豐富的參照值，是相輔相成、切磋琢磨的最佳基石。在這一個成組的觀點上（三益友），「質」與「文」的相輔和諧性將由此再度呈現。事實上，簡樸的心靈（質）正直接地表現在真誠與正直上（友直、友諒），而修養（文）的進路則展露在相互學習的謙卑態度中（友多聞）。我們是在「真切」的實際生活對應裡「相互成長」的。在這個實際的生活歷練中（文），我們沒有失去真實的情感（質）。然而，相對於在「巧言令色」的擁護之下，友便辟、友善柔、友便佞的組合，則將「質」與「文」的關係變得僵化；他們不但從中「醜化」了「文」的美意，更「遺棄」了「質」的真情。據此，孔子所言及的「損友」，不但證實我們因此而失去更多，它更是道出了我們的生命也會因為如此而「失衡」。

　　孔子當然深信人間有其公理與其道義，但他並不全然相信「表面化」的「制

〔註13〕　子曰：「不患無位，患所以立；不患莫己知，求為可知也。」《論語‧里仁》。
　　　　參見國立編譯館主編：《十三經注疏分段標點19‧論語注疏》，頁95。

〔註14〕　孔子同時也是這樣叮嚀的：「人不知而不慍，不亦君子乎？」《論語‧學而》。
　　　　參見國立編譯館主編：《十三經注疏分段標點19‧論語注疏》，頁17。「不患
　　　　人之不己知；患不知人也。」《論語‧學而》。參見國立編譯館主編：《十三經
　　　　注疏分段標點19‧論語注疏》，頁34。

〔註15〕　《論語‧季氏》。參見國立編譯館主編：《十三經注疏分段標點19‧論語注疏》，
　　　　頁374。

度」可以作為永恆的「人間秩序」；所謂的「公理」，並非只是站在法治底下而形成的定律或法條，也並非只是虛擬化的形式與原則。這一項嚴苛的考驗並非在於有沒有一個設計完好的模式得以實行，它所面對的是有沒有發白於一顆誠然的內心。〔註16〕誠如之前所言，我們並非只是在「演禮」，在整個「行禮」的過程中（其意味著生命的整體運作），內在精神落實於外部形式，而外部形式則能展露出內在精神。外部形式因得力於內在精神的誠摯，而顯其高貴而具備其涵養；相同的，內在精神同時也能藉由形式的推演，而實際地運行在人間。

依此，孔子的「人間秩序」將捨棄單一且桎梏的法則，作為一個內外兼融的生命體，他所朝向的理當是，在不斷實踐的人生歷程中，以「調整」與「協同」來自許的進程。史華慈在針對《論語》中的「仁」所具有的一項基本性質中提到：

> 人們可以在不愛「學習」與不講「禮」的人身上發現質樸的善心，
> 但只能是一種不辨好壞的善。然而，若沒有這種善作為永遠的源頭
> 活水，人們將會成為玩弄文化遊戲的騙子。〔註17〕

內外實際上是必須是相輔的。對於真切情感能不計利害關係的付出與關懷，的確是一個重要的本質；所謂的「活水源頭」，實意味著我們有一顆「真誠」的心可以不斷推展我們的生命。當人民能感召於這樣的真誠時，從善如流將成為一個實際性的行為（有恥且格）〔註18〕；那麼，「禮」就不只是一個外在的形式，「仁」便不只是一項內在的思維；因為，「和諧」的意義不是單只界定於外在的行為或內在的玄思。

「知人」的實質意義不在其分析性的探討或是最終的演繹與歸納；因為，真正的「知」將接迎多元、變化且不斷重組的「人生」。「知人」將意味著，有沒有其「智慧」來應對於「人生」（「知」可以被解釋為「智」，但它絕非只是「知識」的意義而已，「知人」是「智」與「慧」的結合）。對於理智的堅持，不因情感的充實而有損其高度；真實的理智，將有待情感的滋潤而顯其深度、

〔註16〕筆者按：這一顆誠摯內心的啟迪與養成，必須內外相互交融而成。正如孔子所說：「道之以政，齊之以刑，民免而無恥；道之以德，齊之以禮，有恥且格。」《論語·為政》。參見國立編譯館主編：《十三經注疏分段標點19·論語注疏》，頁38。

〔註17〕參見〔美〕本杰明·史華慈：〈孔子：《論語》的通見〉《古代中國的思想世界》，頁82。

〔註18〕筆者按：外在得宜的行為表現，攸關乎內在的深層省思；而內部的自我省思，則連結於外部實際的生活場域。「有恥且格」，是「自覺」所現，而非強加所能。

廣度。嚴格地說，情感與理智的相融是「智慧」的展現與生活中的實質運用，而非只限於「智識」上的習得或「理論」上的分析。當葉公理直氣壯地提出「子證父攘羊」的公正之舉時，此時的「正義感」對孔子而言將顯得如此薄弱。

　　葉公語孔子曰：「吾黨有直躬者，其父攘羊而子證之。」孔子曰：「吾

　黨之直者異於是，父為子隱，子為父隱，直在其中矣。」〔註19〕

「吾黨異於是」的回應並沒有否定葉公的見地；事實上，對話的用意將回到心態上的調整，孔子的見解似乎是一個參照值，是一種補充。當孔子以「誠然」之心來回應時，「父為子隱，子為父隱」將回到「情感」層面上的關懷。此時，極端並沒有從單一的理智進而轉向於單一的情感而被展現出來；恰恰在兩者之間，孔子想提出的，是一種較為「和諧」的處事態度。「隱過」的確是一項事實，但「隱過」的動機與其深層的意義或許更為重要；當立場、角色與情境不同時，單一性的考量即將轉為多重角度的關切。孔子希望此時的世態「薄弱」能否藉由親情之間的情感「強度」，將人生的向度調整至更為「中和」的品質上。畢竟，正義並非只是出自於冷血的法度，它實際包含著情與理的平衡考量。因此，在此語境下，我們將意識到；孔子所謂的「父子相隱」，是否也意味著孔子所要關懷的是：為何其父要攘羊？而子證之的目的又是為何？這將實然地能投射出一個問題，即「真切」之心是否可以被自然地呈現出來。如果此項關懷得以成立，那麼「父子相隱」的實質意義正是在說明著：當必須面對責任時，他們並沒有選擇逃避應當處理的問題；然而，更為深刻的處理方式──予以「相隱」。這正是相互真切地關懷彼此，並且從而選擇對責任上的承擔──「直」。事理不違於情感，情感不悖於事理，這才可能被稱之為「真」。孔子心中的「直」，呈現了人類最為寶貴的內在省思意義與其精神。

　　讓我們再度檢視這條材料：

　　子曰：「事父母幾諫。見志不從，又敬不違。勞而不怨。」〔註20〕

　　因為內心的誠然，所以凸顯出來的行事態度是真實的「憂慮」（且敬且勞）；雖言「仁者不憂」，但此時的「憂慮」，實際上是兼具著「理智」與「情感」的交融。在經由內在多重思索與轉化下，外在行為的應對將顯現得如此安穩。確切的理由是，「不違」、「不怨」並非來自於所謂「服從」心態的轉移；不相違

〔註19〕　《論語·子路》。參見國立編譯館主編：《十三經注疏分段標點 19·論語注疏》，
　　　　　頁 296。
〔註20〕　《論語·里仁》。參見國立編譯館主編：《十三經注疏分段標點 19·論語注疏》，
　　　　　頁 97。

背的省思是源於「尊敬」的態度，不予怨懟的心境是出於「分憂解勞」的用心。此時，因「敬」而「憂」，因「勞」而「慮」；順從源自於自然的情感，憂慮則取決於理智的延續，兩者之間互為影響，並彼此補足、承擔生命的不足之處。那麼，所謂的「憂慮」，在此時將一併保有感性與理性的平衡機制，進而在「尊敬」與「分擔」的實際行徑當中展現其融合性的智慧型態，這可稱之為「知性」。據此，生命的意義將回到以「中性」的維度來繼續體察，體會父母的思考向度與其用意，觀察事物之變動而予以應對。事實上，這是發自內心的「真誠」動力，並且是走在更為平和、健康的溫和路線上。

在親情之外，更為廣闊的生命交流歷程中，孔子對事物的應對將顯現的如此「知性」。在深具中性品質的涵養與應對之下，處事態度雖然沒有絕對性的氛圍，但也不至於表現出曖昧的情緒；事實上，《論語》整體思想的宗旨確實有一定的指向，尤其當我們在審視其「中行」的內涵時，其力道是具足的，並且方向是「清楚」的。

> 或曰：「以德報怨，何如？」子曰：「何以報德？以直報怨；以德報
> 德。」〔註21〕

中性品質無需任何美名來潤飾；它確實需要的是，理性判別與感性認知的二者兼融。「以德報怨」是否可以成為一項事實？對孔子而言，這一個美好的假設，在其心中卻儼然只是一個極度「理想化」的想像境地。然而，值得注意的是，孔子並沒有毅然決然地為這種極度理想境地的追尋提出否定；在更深層與基本的生命應對上看來，「以德報怨」很可能已走向偏頗的路線，在其「理想化」的探求中，德性原先所具的平衡可能因此而招來「失衡」的後果。「失衡」的理由相當簡單，正是出自於沒有處在合理的「常態」當中；而對於這種常態中的變調，我們確實因此而失去了真誠。《論語》不將自己侷限於某種假設性的超越，其著重的面向正在於務實的人間秩序。

縱使如此，生命的和諧性並未全然的交付於「理性的判別」而就此停止；在面對「失德」於我的對象時（所謂的「怨」），我的態度不是冷漠的，因為過度的理智也很可能導致為無情的報復。此時心境當然還需要「感性的認知」來加以輔助，畢竟孔子沒有教導我們要「以怨報怨」。

可以肯定的是，「以直抱怨」的外在行徑是一種客觀的原則（處理事物具

〔註21〕《論語·憲問》。參見國立編譯館主編：《十三經注疏分段標點 19·論語注疏》，
頁 331。

有理智的原則），但它內在的思維並無因此而失去它該有的厚道（應對生命具有真誠的情感）；嚴格說來，此時的「直」必定是歷經一種沉澱（思考）與反芻（反省）的過程所做出的決定，它兼具理智與感知的雙重交流作用。因此，所謂的「真誠」的心境，將包含著對「公理」的肯定與「情感」的流露；公理被肯定於「事」的真，情感則流露於「人」的真；情感與事理的相輔相成即是「真誠」的「直」──「以直抱怨」，是一種真摯的態度，也是一種實際的合理行徑。

此時的「直」，沒有過度的情感投射與強化的理性分析；因為，過度的直接或坦率很可能喪失其「真心」而轉為濫情，而過度的冷靜與思辨也極有可能迷失於「法度」中而呈現冷酷。孔子曾說，一個人如果只是一味的「好直」，那麼生命可能會因此而失衡；如果能加上虛心的「學習」，而從中協助並調整生命的步調，生命才能行進在適當的軌道上。〔註22〕據此，所謂的「學習」的用意正是體會「情」與「理」之間的平衡。

這項「抉擇」並沒有鮮明的光環，它將回到極為平實的生活狀態中；因為，這是「真」於自我與他者之間的「誠」。質樸的心對應的是質樸的本然世間，雖言中性品質有其無限前進的調整動力，但它絕非是建構於抽象的理解與極端的理想中；「完善」的信仰不是空口白話，它將回歸到每一項真實的事物裡，我們可以借用佛家之語──「每個當下」來表明它。正因隨時都處於調整的狀態中，所以它沒有立場、沒有預設；那麼，極端性的「理想」是可以被停止的幻覺。依此，「直」（質樸的心）有了真誠、純淨與平凡的內涵。當孔子說道：「直在其中矣」時；所謂的「直」，正是經由理智與情感的交融而做出的適宜決定（「在其中」正意味著處於調整的過程），便是在最為適中的決定裡展現其全盤人性的「真」。

在具有中性品質的德性表現上，所謂的「折衷主義」，絕對無法說明我們為何可以做下這樣的決定，以及決定時的那一股動力是從何而來的；在一般人看似柔弱的行徑中，或是相對性的思考底下，柔弱可能是剛強的，相對也可能最終是取決於毅然的（然而，嚴格說來，此時是剛柔並濟的，它指向的是：「中」所帶動起來並能往前推進的力量）。因為，這樣「平衡」於一切的決定，往往需要相當大的勇氣與真摯的心力。我們可以這麼說，「中」的力道正是生命它

──────────

〔註22〕誠如「好直不好學，其蔽也絞。」的告誡。《論語‧陽貨》。參見國立編譯館主編：《十三經注疏分段標點19‧論語注疏》，頁389。

本身的力道（生命本然的真），它必須面對自己一切的抉擇；在考量一切外境的變化而取其最佳方式時，也等同時在於考驗自己所能承擔的耐力與責任。

第二節　永無止盡的生命實證——中行之毅

　　一個「不器」的「君子」，正行進在不斷需要調整自我的生命狀態中，透過相互參照與求取認同的歷程，「不器」當指向於一種「中行」的狀態，一種不斷朝向「完善」前進的狀態。嚴格來說，「中」是一個需要不斷推展的動態結構；在古典儒家的思維中，「中道」的落實將凸顯一種不斷需要涵養自我之意義。一個具有中庸之德的「器」，必當有其思索而能外推的實質毅力。

　　「活絡」的基調理當包含著外部的活動性能與內部省思態度，它們互為表裡，並且相互推進；那麼「完善」也就不是華麗的糖衣，或是暫時性的某些滿足，這股動力事實上除了將不斷往前努力之外，並時時保有被檢驗的特質。杜維明對於這樣的生命品質有如此的感觸，其言：

> 如果我們最後選用一個「好」字標示一種可與其他值得嚮往的品質
> （諸如聰明和創造性）區別開來的品質，那麼，我們可能必須以更
> 加中性的詞語，諸如「學做更本真和更完全的人」來重新規定儒家
> 的首要關切。〔註23〕

這一項關切將遠超乎我們現有的想像；因為，中性品質的基調絕對不能只是滿足於現成的狀態，它將必定回到生命本有的「動能」上，不斷往前進行並且隨時調整它應有的適當步伐。步伐沒有被停止，思維與行為是同時並進的。《孟子》中有一段材料：

> 孟子曰：「中也養不中，才也養不才，故人樂有賢父兄也。如中也棄
> 不中，才也棄不才，則賢不肖之相去，其閒不能以寸。」〔註24〕

　　中性品質的可貴正在其具有無限的拓展性；因為不斷地進行自我拓展，所以「中」可以被暫時的解消與遺忘，被解消在實際的行動中，被遺忘於生活的事物裡。因為，「中」的本質沒有束縛、沒有停留於概念上的推演；事實上，它已經與生活中的種種相融合；所謂「中」，正是與事物和行動同步；更確切

〔註23〕 參見杜維明：〈儒家論做人〉《儒家思想——以創造轉化為自我認同》（臺北：東大圖書，1997），頁 53。

〔註24〕 《孟子·離婁下》。參見國立編譯館主編：《十三經注疏分段標點 20·孟子注疏》，頁 353。

地說，它正展現它自身所擁有的，生命的本質就是「中」。也正因沒有自己執著於「中」的觀點上，所以能不斷展現「中」的可能，另一種新穎的可能；但這種無限不會自滿，不會流於沉寂，更不會因此而自認為自身已經達到「中」了。

《孟子》提醒我們，「中」如果一時進入「放棄」的心態，那麼「中」的生命力將會「失衡」，而中道與無道將沒有任何差別，其最終的演變結果，將會是混亂而不清的；無道的原因很可能是出自於「不養」——所謂的「棄」。「養」所呈現出來的意涵實際上包含著「教育」的全體意義以及「學習」的實證態度；〔註25〕事實上，這不只是單向關係，而是雙向的互動關係。

透過雙向的互動，「養」是增進彼此之間的潛能，當「中」養「不中」時，他們正進入互動式的調整，從一個基本的「中」，再朝向另一個更為適當的「中」前進（此時，中與不中，將以漸進的方式達至彼此的和諧）；嚴格來說，因為「教」與「學」是互動的，所以「中」可以依此不斷地「涵養」下去。〔註26〕我們的生命本來就具備著各自原有的狀態（我們所熟識的），在藉由向外推展與內部省思的學習動力中，我們更能使我們原有的狀態豐富起來；然而，使之豐富的原因不是別的，它確實是源自於我們各自相異的本質。對於任何的差異性，宇宙將包攬所有；因為我們唯有的相同之處，正在其我們都有其相異的基本特質；那麼，所謂「包攬」的意義就在其能平衡這些差異上，而持續不斷演進推動。

誠如朱熹所謂的「自化」；「中」與「不中」正在這種良性的互動歷程裡，能各自調整出適宜的步伐；「不中」當然可以藉此自省轉化為「中」，而「中」更能依此朝向更為良好的品質前進（這不僅是互補，更為積極的，它是如切如磋，如琢如磨的實際體驗與養成）。

由此觀之，過去儒學傳統中所認定的「內在主體性」，確實是孟子思想內容中的基調；然而我們也同時可以發現，在「養」的觀點中，孟子或許不只是

〔註25〕依據朱熹的看法：「養，謂涵育薰陶俟，其自化也。」參見〔宋〕朱熹：《四書集註》，頁113。

〔註26〕孟子曾清楚地表明「養」的實際作用性。其言：「以善服人者，未有能服人者也；以善養人，然後能服天下。天下不心服而王者，未之有也。」《孟子·離婁下》。參見國立編譯館主編：《十三經注疏分段標點20·孟子注疏》，頁358。依據朱熹的看法：服人是「欲以取勝於人」的心態，而養人是「欲其同歸於善」。參見〔宋〕朱熹：《四書集註》，頁114。筆者按：事實上，能服人之心的人，正在其有溝通、互動、與相融的能力，並且內心是真誠的。

關懷「Human Being」的問題，孟子理當還注意到「Human Becoming」的實際性。中道思維中的「精進」意義正在於此；因為，我們必須去實踐。

　　　孟子曰：「博學而詳說之，將以反說約也。」〔註27〕

語境沒有滯留於封閉的氛圍，思維總是被開啟的；「中」賦予我們的是「開放」、「積極」、「樂觀」的態度；如果可以界定這種思維模式的話，我們可以說，這是一種深具「啟發性」的語境。正是出自於「雙向的」、「互動的」心境，我們的視野不在只是侷限於一方之隅，就某個意義來說，「養不中」實意味著，能藉此進而反觀於自身的缺乏與不足，而得以再度「培養」、「滋長」這中性品質。啟發性的語境沒有預設任何的可能，它並不是在尋求一種固定式或者唯一性的答案，在廣泛的學習歷程中，「融會貫通」與「反芻創新」是啟發最重要的良性特質。因為採取的是「融會貫通」的方式，所以能不斷地保有「啟」的雅量；因為投入的是「反芻創新」的精神，所以能持續地保有「發」的動力。最終，中性品質所指向的是深具靈活度的良性進程。

　　《論語》對此則意識到，生命的推展將是以「平和」的態度進入每一個實際的狀態中，而所有的推動也將朝向「健康」（健全）的方向前進。當然，平和的態度不是一時的屈就與附和，而健全的關照更不是出自於投機的反射與應付；因為，生命需要不斷的反芻與創新。

　　　子曰：「君子周而不比，小人比而不周。」〔註28〕

如果對一項理念只停留於假設階段，那麼所有的見解終將只是一些看法而已，很可能將成為一種理論；所謂「調整」必定落實於實際的「行為」當中，而這些見解才有機會成為見證。在融入的狀態中，彼此是進入彼此的，我們的心境很可能暫時沒有了自己，但我們是在找尋更為健全的自己，或者可以說，我們是在尋找更為健全的整體（包含自我與他者之間的健全）。「周」所呈現出來的，正是一種普遍性質的總和；〔註29〕它的對象是普通的，它的心態是平常的，而它的精神是健全的，嚴格來說，「周」是全面性的、整體性的關懷。

　　君子能夠於「整體」當中展現其生命最為普通的質地，很可能的，他並不覺得此時自身有多重要，然而他卻能於平常的行徑中得以展現出他可貴的一

〔註27〕《孟子・離婁下》。參見國立編譯館主編：《十三經注疏分段標點20・孟子注疏》，頁358。

〔註28〕《論語・為政》。參見國立編譯館主編：《十三經注疏分段標點19・論語注疏》，頁46。

〔註29〕朱熹指出：「周，普徧也。」參見〔宋〕朱熹：《四書集註》，頁10。

面。如此可貴，是因為他盡心於事物當中；何等平凡，則是他不以自身立場為立場。生命正是在這般的「普徧」當中而被統整起來。由於普遍，所以有其一定性的恆常態度，但恆常不是建立於不變的公式或制式化的規範，它所依據的是不斷透過對話的模式，以及透過修養的進程來提升自我。依此，普遍性所帶領出來的是面對「整體性」的關懷，它關心著所有「一方」、「一隅」的存在，它同時也一併在尋求「眾隅」之間的和諧，與調和「眾方」之間的關係。相異性並沒有阻擋生命本身的發展，而發展也沒有就一時的見地被而停止；「周」是公開性的平臺，是健康的向度，它使對話可以繼續被開啟而沒有被封閉。

我們相信，生命的本質將有其自身的「適應」能力，但我們更深信，朝向一個良性發展的機能更是君子所要關切的。相對於小人的性格而言，「比」只是暫時性的和諧，只是假設性的回應。事實上，他們的顧慮將遠遠超乎君子的思考，在偏激的個人立場上，〔註30〕顧慮終究會推演成為「顧忌」，而他們所思索的面向也將只是成為一種盲目的「憂慮」心態，而不是君子所發自內心的「憂患意識」。當全面性的考量落在這兩種截然不同的性格時；一則將以「反觀」作為基石，讓自身先退居於可以被參照的品質中，好讓良性的思索得以發展（周）；然另一則是先以自身立場作為前提，時而前進，時而又後退，它可以是沒有立場的，但它極有可能只是遷就的態度（比）。

最終，「比」所顯現的「鮮明」（巧言令色）會逐漸走向曖昧難辨的狀態，而所謂的「沒有立場」，也只是遊走於兩端的「假性」中道而已。因為，「顧忌」使生命停頓下來，但相對而言，真實出自於君子內心的「憂患意識」卻還時時保有往前推進的動力。

對於小人而言，可以「圓」，但未必能「融」；他們或許可以做到「融」（進入），但卻也未必能調整至「圓」（認同）。只有圓滑而沒有通融，那只是暫時性的「令色」外衣；只有言語而沒有情感，那也只能是假設性的「巧言」回應而已。據此，因「比」而產生的「憂慮」只能是一種「太過」擔憂的表現，擔憂自身的立場是否受到重視、受到讚揚，片面的「憂慮」實難與君子發自內省之「憂患」相比。從某個角度看來，「憂慮」也可能只是「不及」的偏差行徑；因為，小人將失去他在面對事物變化時所該有的一點勇氣。正因「太過」與「不及」，他們的心境所呈現出來的，是過度的理想化與超乎實際層面的想像力；當極端的表現只停留於所謂的「偏黨」時，過與不及將損壞我們生命的本然，

〔註30〕朱熹指出：「比，偏黨也。」參見〔宋〕朱熹：《四書集註》，頁10。

使之落入一時的欣喜，而非恆常且平靜的喜悅。

　　反觀君子的「憂患」，其思維的運行實際上是先將自身的立場退下，並且參照其他外界的看法與意見，在其未達平衡與和諧的調整過程中，能實際且不斷地觀察著（關懷著）事物本身的發展與去向；這種「憂」將深具「高度」，這種「患」將賦予「深度」（事實上，高度與深度不是言及智能的高低，而是在於實際生活中智慧的運用；某個意義上看來，「憂患意識」還具備著生命的「廣度」）。一個仁人君子所展現的，是一種對中性品質的觀察與體現，一個持續往良性發展的中道能力；因為，君子所考量的，不是一時的，不是褊狹的，而是全盤性的總體思維──「周」。

　　中性品質將不流於一種經由妥協之後的不安狀態（假性的安然），在更為高尚的心靈修養上，中性品質所展現的是相互尊重的態度。每一個個體都是獨立的，聲響總是不同的，然而在彼此之間的「調整」過程中，每種聲響將因其「自重」而被保留，正因個個「自重」，所以能彼此尊重。然而，更可貴的是，能使之三月而不知肉味的聲響，同時地被和諧地演奏出來──「和」。

　　　　子曰：「君子和而不同，小人同而不和。」〔註31〕

「和」的本質將來自於萬物的相異，也正因為萬物有其相異的質地，所以生命才有「調整」的功課；對君子而言，「和」實意味著：進入、調整、轉化，到融合的不斷循序且良性循環的歷程。「和諧」，不是制式的規則與決然的方向，它是在我們原先不同的相異品質上所獲取得參照認知，並且又能回歸到各自相異的本質上而開出新意（因此，生命有了成長），而新意也才能不斷往另一個新意前進；它所關懷的重心是在其如何進行彼此之間的「重組」，而不是全盤的認同，或者是偏頗的放棄；「和」所展現的，還是回歸至深具「啟示性」的語境中；因為，成己即是成人（於內成己，對外成物）──在尋得自我生命之認同時，我們也同時在尋求群體生命之認同，生命與生命之間需要的力量是「和」，正是經由認同之後所產生的「認同感」。

　　君子雖然沒有刻意地要凸顯自己的重要性，但他也不是全然地要讓自己的聲音消失。反思於這樣的觀點，不同的意見將有它存在的必要性，而自身的（各自的）聲音也能在此必要性的存在原則下被容納進來；正因為有著不同的聲響，所以才能發展出和諧的韻律。因為，「和」將尊重任何一個個別差異的

〔註31〕《論語‧子路》。參見國立編譯館主編：《十三經注疏分段標點19‧論語注疏》，頁300。

存在與其存在的價值。然而，所謂的「同」，很可能只是傾向於以「命令式」的語句，來滿足一時的現狀而已。

巧言令色之人，表面上可以是一個德性的擁護者，但實質上卻是一個德性的談判者〔註32〕；他們確實可以依此一時地獲取雙方的認同，但他們終究抵擋不住最為真誠的叩問。

> 子曰：「君子易事而難說也：說之不以道，不說也；及其使人也，器
> 之。小人難事而易說也：說之雖不以道，說也；及其使人也，求備
> 焉。」〔註33〕

君子之所以不悅，乃在於他對「道」的關懷是深入的、真切的、開放的。君子是容易相處的；因為他們知道，事物總是隨著時空在轉變的，他們的輕鬆正展現在對任何不同聲音的體諒與寬容（易事）。縱使如此，他們內心的態度可是相當專注的、認真的；也正因為事物總是在變化，所以心境是憂患的、戒慎的（難說）。

據此，君子知道，「道」是變動的，並且是需要調整的；正如生命也是變動的，也是需要不斷調整的一般。也因此，君子並沒有依靠他個人的情緒來要求他人，他所展現的是「全面性」的考量；反到是在「毋我」的狀態下，能更為清楚地適才而用（器之）。君子或許沒有外在浮誇的要求，但他總是忠於他所面對的事物。

反觀之，小人之所以感到欣喜，是因為他封閉了「道」，將原有活絡的方向斷除，並且同時斷除所有他者的可能性，以致產生全盤性的否定，或是全盤性的認同（為否定而否定，為自身利益而認同）；最終的整體是粗淺的、偏頗的、沉寂的。因此，小人的欣喜將暗藏內心的憎惡，他們所關注的，只是表面化的安穩，他們也永遠不會有適才而用的智慧；因為，小人總是以失衡的成見來苛求於他之外的假設性的、暫時性的圓滿（求備焉）。

在此，我們可以再對「君子不器」一語給予一個更為深層的解釋：身為一個中性品質的人，我不僅只是一個「活絡」的器；我應當思考於我之外的任何

〔註32〕子曰：「鄉原，德之賊也！」《論語·陽貨》。參見國立編譯館主編：《十三經注
　　　　疏分段標點19·論語注疏》，頁393。孔子也曾提醒我們：「色厲而內荏，譬諸
　　　　小人，其猶穿窬之盜也與？」《論語·陽貨》。參見國立編譯館主編：《十三經
　　　　注疏分段標點19·論語注疏》，頁393。
〔註33〕《論語·子路》。參見國立編譯館主編：《十三經注疏分段標點19·論語注疏》，
　　　　頁301。

一個他者與其所具有的不同能力；在這些他者身上，無限的可能將存在著、變化也將不斷在進行著，我必當認識到他們之間的不同、我與他們之間的不同，以及我與他們之間不同之處的可貴性。

我們的生命正因認清「不器」的意義，所以才能因應於一切，並且知道如何運用這些不同的「器」。這便是「備也」與「器也」兩種態度的真實差距。

回到最為平衡的處世態度，「中行之道」不是制式化理論，而是須要從各種生活中的變動裡加以調整。「中行」或許相當難得，但真正可以落實的卻是我們自身，我們都是不足的，正因我們的相異，所以「中行」才有它存在的意義。也因為不足，所以才能顯現相互切磋的動能。

> 子曰：「不得中行而與之，必也狂狷乎！狂者進取，狷者有所不為
> 也。」〔註34〕

胡適曾提到，孔門思想中有其「擇善」與「進取」的改革態度與新穎的思維創見〔註35〕。余英時則據胡適《說儒》一文中所謂：「弘毅進取」的觀點，來肯定孔門思想之積極進取的精神，並且言之：孔子的「仁」是剛性的。〔註36〕在其論述中他言及：

> 「中行」當然是「君子」最為理想的境界，但是並不能期望人人都
> 能達到。退而求其次，則是「狂」與「狷」，前者是積極地「進取」，
> 而後者則是消極地「有所不為」。而在孔子的心目中，「進取」又是
> 比「有所不為」更高的一種價值。〔註37〕

余英時的這一看法可以在《孟子·盡心下》〔註38〕中得到論證的基礎。然而，

〔註34〕 《論語·子路》。參見國立編譯館主編：《十三經注疏分段標點 19·論語注疏》，頁 299。

〔註35〕 胡適對孔子思想在其轉化歷程的結論是：他把那有部落性的殷儒擴大到那「仁以為己任」的新儒；他把那亡國遺民的柔順取容的殷儒抬高到那弘毅進取的新儒。這真是「振衰而起懦」的大事業。參見其著：〈說儒〉《胡適作品集15》（臺北：遠流出版社，1994，6）頁，81。原《胡適文存·第四集·第一卷》。

〔註36〕 參見余英時：〈儒家「君子」的理想〉《中國思想傳統的現代詮釋》（南京：江蘇人民出版社，1998），頁 167。

〔註37〕 參見余英時：〈儒家「君子」的理想〉《中國思想傳統的現代詮釋》，頁 168。

〔註38〕 孟子曰：「孔子不得中道而與之，必也狂狷乎！狂者進取，狷者有所不為也。孔子豈不欲中道哉？不可必得，故思其次也。」「敢問何如斯可謂狂矣？」曰：「如琴張、曾皙、牧皮者，孔子之所謂狂矣！」「何以謂之狂也？」曰：「其志嘐嘐然，曰『古之人！古之人！』夷考其行，而不掩焉者也。狂者又不可得，欲得不屑不潔之士而與之，是獧也，是又其次也。」《孟子·盡心下》。參見國立編譯館主編：《十三經注疏分段標點 20·孟子注疏》，頁 642。

關於孔門這點「積極剛毅」的性格補充，實讓我們了解到其思想中對理想追求的信心與用意，這當然是一個事實；但是所謂「積極」與「消極」的看法與分述，以及取其「狂者」而論其「進取」的見解恐怕有些需要補充與梳理的部分。〔註39〕

　　縱使「狂者」雖比「狷者」來的積極進取，但有些太過的行徑，恐怕是「中行」之道難以接受的；很可能的，「狂者」的太過將等同於「狷者」的不及一樣，是一種失衡的狀態。事實上，孔子理當在提醒我們的是，「狂者」須調整自我的「太過」，進而轉至「中行」之道上的毅力，而不是一味的魯莽與空想；相對於「狷者」而言，孔子將叮嚀這一類人，須調整自我的「不及」，使之朝向「中行」之道上的進取之心。

　　有了這樣的雙向調整，才能保有健全的積極態度與良性的進取精神，〔註40〕孔子所要引導的方向理當還是以「中行」（中性品質）為最終的依歸。回到「中行」所開出的「進取」，才是最為平和且穩定的「進取」。

　　「仁」的本質確實有其「剛強」的一面，它的「毅力」將以無限性的本質持續拓展；然而，生命必須接受任何事物的挑戰，在變動得歷程中，「剛強」的意義不能只是全盤指向「狂者」而已；在朝向成為一位全方位的個體努力歷程中，「全人」之「仁」尚有其「狷者」的一面。事實上，孔子曾清楚地說明

〔註39〕　筆者按：我們須補充的是，《論語》並無直接否定所謂「狷者」的立場，孔子更無單取唯一角度而肯定所謂「狂者」的作為。並且須要進一步梳理的是，實際上論述之依據是由《孟子》的解讀而來，若按照《孟子》思想中的「道德理想主義」看來，「狂者」當然被賦予了強烈的革命性格，生命當然是果敢堅貞的；但是《孟子》卻也提出「狂者」有其「志大言大」的缺失（嘐嘐然），這還是需要注意的問題。所以，實際上的「中行」之價值又將如何解讀？我們理當再度深入思考才是。

〔註40〕　筆者按：約束其中的缺失，將失衡調整至平衡的狀態，是需要努力的，且可貴的。誠如孔子所說：「以約失之者鮮矣！」《論語・里仁》。參見國立編譯館主編：《十三經注疏分段標點19・論語注疏》，頁99。其實，孔子對自我的「約束」不是將自我的生命隱蔽，也不是對自我的削弱；從對自我的要求與審視的心境中得知，這依然還是「謙卑」的本質。正如孔子是這樣教育他的學生，並希望他們能保有「中性的品質」──子路問：「聞斯行諸？」子曰：「有父兄在，如之何其聞斯行之？」冉有問：「聞斯行諸？」子曰：「聞斯行之。」公西華曰：「由也問聞斯行諸？子曰『有父兄在』；求也問聞斯行諸？子曰『聞斯行之』。赤也惑，敢問！」子曰：「求也退，故進之；由也兼人，故退之。」《論語・先進》。參見國立編譯館主編：《十三經注疏分段標點19・論語注疏》，頁255。由此觀之，反倒是經由「適度」的「調節」（自我的省思──約束），才能使我們的心胸更為開闊而明確。

過一件事,即真實的「剛強」應當是「無欲」的心境。〔註41〕「剛強」的內部思維並非只是著重於個人自身的考量而已,拋開自身立場,以更為寬廣的角度去思考人間世事,才能算是一個平衡的方式;或許,「狷者」的有所不為,正是一位「狂者」所必須參酌與考量的。

據此,我們可以再深入地補充一點,即《論語》中的「剛強」,或是所謂「進取」之態度,理當是存在著經由「中性」品質的體悟與思維的輾轉之後所感召而出的態度,其中所推展出來的正是一種「適中」的剛強之心境與進取之精神。也因此,「狂者」不能全然代表著積極,而「狷者」也不能只等於「消極」。真實的「積極」,是以「中行」來調整生命中的任何際遇;真實的「進取」,是以「中行」來面對生命中的事物變化。身處在變換的時空中,我們將須要從「積極」與「消極」兩者身上不斷學習,進而能以轉化過後的穩定「毅力」之精神繼續往前行走下去。

《孟子》曾援引了《論語》中一則有關「水」的隱喻,〔註42〕在孟子藉由對這段文字的闡釋過程中,使古典儒家找到了生命之所以能不斷前進的動力,以及其所能依靠的中行「毅力」。更有意思的是,在這段文字裡,更意味著「中行」是如何以生命的「毅力」來繼續前進的。

> 徐子曰:「仲尼亟稱於水,曰:『水哉,水哉!』何取於水也?」孟子曰:「源泉混混,不舍晝夜,盈科而後進,放乎四海,有本者如是,是之取爾。苟為無本,七八月之閒雨集,溝澮皆盈;其涸也,可立而待也。故聲聞過情,君子恥之。」〔註43〕

〔註41〕 子曰:「吾未見剛者!」或對曰:「申棖。」子曰:「棖也慾,焉得剛?」《論語·公冶長》。參見國立編譯館主編:《十三經注疏分段標點 19·論語注疏》,頁111。在孔子對申棖的評價上我們得知,減低不必要的「慾望」,是表現剛強意志的最佳方式。另外,從王肅在《論語·子路》中的一條材料:「剛、毅、木、訥,近仁。」的釋解上,可以幫助我們的理解。其註曰:「剛,無欲。毅,果敢。木,質樸。訥,遲鈍。有斯四者,近於仁。」參見國立編譯館主編:《十三經注疏分段標點 19·論語注疏》,頁302。筆者按:所謂「無欲」是回到心靈的澄淨;「果敢」則須理性思索,而非莽撞;「質樸」則是回到生命最為純潔的本質上來面對一切;「遲鈍」則非愚笨,而是以不假思索的心來面對事物。這些將是「中性品質」的表現。

〔註42〕 子在川上,曰:「逝者如斯夫!不舍晝夜。」《論語·子罕》。參見國立編譯館主編:《十三經注疏分段標點 19·論語注疏》,頁206。

〔註43〕 《孟子·離婁下》。參見國立編譯館主編:《十三經注疏分段標點 20·孟子注疏》,頁359。

　　生命最終的「根本」，是來自於「恆常」的態度與「推進」的動力。「原泉混混」正象徵著生命有其「真誠」的源頭，倘若我們先脫離道德上的思維，這「真誠」很可能還意指著生命有其「變通」的質地，這不禁讓我們想起朱熹的一首詩〔註44〕；這是一脈可以不斷進行思索的「活水」。

　　然而，更為深刻的是，「盈科而後進」正意味在生命的歷程中將有許多未知的可能，在這些無法掌握的情境下，真切的進入才是負責的態度（盈科，正象徵著對環境的適應能力與真誠態度）；這也意味著，中行之態度正是站在一個可已被開啟，以及可以讓自身融入其中的狀態。

　　這種精神將再度回歸至「不舍晝夜」觀點上持續擴充；因為，中道之行的本身並沒有特定性的決然答案，或是有一個預先設定的完成概念；事實上，「完成」並沒有落在一位君子的真正內在感知上，君子的目標將永遠在他每日生活中進行的，或許我們可以說，這是一種所謂「念茲在茲」的精神。然而，沒有了這項「根源」（苟為無本），縱使有著「鮮明」且「華麗」的外表（聲聞過情），那也都只是虛張聲勢而已。畢竟，「華麗」的外表很可能導致一時的「潰堤」；而「鮮明」的色彩也只能朝向永久的「乾枯」。一個平和與安然的狀態，將在中性品質自身的「毅力」裡持續漸進；或許可以這麼說，生命本身正在為其整體找到一個可以「永續經營」的方法。〔註45〕如果只是暫時的利益，或是片面的獲取，那極有可能會削弱我們原有的「根本」。

　　然而，在面對這一個全然面貌的生命歷程裡，《論語》自身給了自己一個莫大的挑戰；正也是藉由這一項挑戰，便使它對生命的實然質地可以全然掌握。倘若有哪麼一刻是可以被終止的，那便是生命的結束；在對於死亡意義的認知裡，孔子從中找到所謂「完善」（完成與良知）的另一信心。

　　　　子曰：「志士仁人，無求生以害仁，有殺身以成仁。」〔註46〕
正當我們即將要面對死亡那遙不可知的氛圍時，我們的生命從某一層次上看來是那麼的真實；正因為有死亡的存在，我們的生命才不是空虛的建構，我們的生命正藉由死亡的出現來證實我們的存在，進而能展現出生命自身的完整

〔註44〕 朱熹曾言道：「半畝方塘一鑑開，天光雲影共徘徊，問渠那得清如許，為有源頭活水來。」
〔註45〕 正所謂：「天行健，君子以自強不息。」《周易・乾卦》。參見國立編譯館主編：《十三經注疏分段標點 1・周易正義》（臺北：新文豐出版社，2001），頁 31。
〔註46〕 《論語・衛靈公》。參見國立編譯館主編：《十三經注疏分段標點 19・論語注疏》，頁 349。

性。事實上，死亡是生命中最為巨大的轉變歷程，這項極大的挑戰正全然地指向自我本身；它所帶來的消失與停止並不可怕，可怕的是，只是生活在一切自以為美好的錯覺中而不知。

歷程中條件正不斷在變化，實證完善理想的心境其實並沒有被終止過；因為，在我們的生命中，「弘毅」的精神並沒有因死亡的到來而停止。

曾子曰：「士不可以不弘毅，任重而道遠。仁以為己任，不亦重乎？

死而後已，不亦遠乎？」〔註47〕

頃刻之間、危急之時、困頓之際都是在人間裡活動的，那怕是死亡的到來，也都反映出我們的生命是活生生的。暫且不要把「殺身」認定為只是一種終極的無奈感嘆，也無須將「求生」解讀為只是一種絕對性的道德勸說。在生命行進的歷程中，我們將依據彼此的調整而前進；「無求生以害仁」，實意味著，我們不能因一時的己見而落於失衡的狀態，我們必須讓自己更清楚地往前走下去，走在一個平衡的路徑上（事實上，平衡也不斷在接受另一平衡的協調）。所以，當終極的生死抉擇出現眼前時，生命的力量將不會因此而停止，正如中性品質一樣將持續下去；因為，「殺身成仁」並沒有讓我們的生命死去，它遺留下來的是不斷可以被參照、審思的「有恆」〔註48〕精神。

所以，曾子所謂「死而後已，不亦遠乎！」的告誡並不是在說明當死亡的事實來到我們眼前，我們就能藉此而停歇；從歷程中的全然實證立場上來思考，所謂全然的面貌正意味著，我們的生命必須是謙恭為懷的，誠如完善是沒有終止的，死亡的有限正可以反觀出其無限；有限的生命或許是可以被結束，但無限的慧命將繼續前進。換言之，「完善」的意義並不是單單指向於死亡的成立而能圓滿或是就此終止，再回溯性的思索中，生活中的每一當下才是我們真正需要戒慎的地方（我們需要不斷「調和」其中）。

也因此，生命必須有其誠摯的責任心持續走在這多變的世道上（所謂：任重而道遠）。超凡的意義並沒有脫離普遍性，正是在這些「平凡」、「無奇」的事物中，我們才能從中汲取不同的養分，便藉由這些條件的互動，進而使我們

〔註47〕《論語·泰伯》。參見國立編譯館主編：《十三經注疏分段標點19·論語注疏》，頁180。

〔註48〕子曰：「聖人，吾不得而見之矣！得見君子者，斯可矣！」子曰：「善人，吾不得而見之矣！得見有恒者，斯可矣！亡而為有，虛而為盈，約而為泰，難乎有恆矣！」《論語·述而》。參見國立編譯館主編：《十三經注疏分段標點19·論語注疏》，頁164。

能朝向所謂的「完全」境地；那麼，這項被稱為可能實證的理念，事實上就在我們行進的路程中逐一展開。依此，原先全德之仁被賦予的終極意義（死）將繼續轉化，其將轉化成為一種無限性的運用（生）。

「巧言令色」，或許可以給予我們「中行」的感覺，他們或許也真實地考量過每一項我們不可得知的細節；但是，這一切美好的背後，卻失去生命原有的「真實」；因此，這般的「中行」極有可能是經不起考驗的文字遊戲與虛張的外表而已。終究他們是少有「仁心」的。〔註49〕然而，一種不假雕飾與誠摯的品質將使我們為之動容，因為我們將以「剛毅」的心境來認真面對事物，並且能以「木訥」的態度來傾聽不同的聲音。

「剛毅」不是固執與強求，「木訥」更不是愚昧與軟弱；「剛毅木訥」是將生命回歸到一種「真」，一種「中行」之道上。

孔子曾讚許能有這樣質地的人是接近「仁」的。〔註50〕然而，也正因為是「近仁」，所以我們將必須在生命歷程中持續涵養自我；所謂「近仁」的實質意義，將富含生命與生命之間持續且必須相互切磋砥礪的作用，「近仁」實際上則意味著生命有其不斷前進的動力與信心，因為，對生命的總體之探索與其最終的體悟而言，是「近仁」，而不是輕易地稱之「等於」仁。此時，或許我們可以對所謂「中行」的毅力精神做出這樣的理解：「弘毅」是一股自然而然的生命力量，它必須從多元角度的觀察開始，在傾聽不同的聲音時，能讓自身與全體朝向健全的方向前進；這裡理當可以超越一般性的善惡的對立（好與不好的簡易分別），在沒有終點的進程中持續不斷努力。聖者必定要表明些什麼，他必然是要表達一個中心思想，那便是不斷的對自我進行叩問。

第三節　平靜實然的生命認同——安然之境

當生命投身在一個穩健的狀態裡，道理是不需要被反覆重申的，因為生命正與這樣的秩序相符吻合。正所謂：「道不遠人」〔註51〕，「道」就在「生活」

〔註49〕子曰：「巧言令色，鮮矣仁。」《論語‧學而》。參見國立編譯館主編：《十三經注疏分段標點19‧論語注疏》，頁21。

〔註50〕子曰：「剛、毅、木、訥，近仁。」《論語‧子路》。參見國立編譯館主編：《十三經注疏分段標點19‧論語注疏》，頁302。

〔註51〕《禮記‧中庸第三十一‧第八章》。參見國立編譯館主編：《十三經注疏分段標點12‧禮記注疏（下）》，頁2202。

之中。亦誠如孟子所言:「自得之,則居之安;居之安,則資之深」。安然的自身體驗來自平穩的生活秩序,平穩的生活秩序則歸源於相互之間的求取認同,而這些秩序與感同則能進一步推向各種人間的事物而予以應對,並且能觸類旁通。生命的坦然一方面對於自心的無愧,一方則推展於社群的共識,這是一種自我的認同,也是群體的認同;更重要的是,從中啟迪了生命無限的創造力。「安然」,「安」於「生活」當中,如此的平實、自然,使之生命平實地在生活中繼續行進與轉化,自然地在事理中尋其穩固與發展。古典儒家在呈顯「中道」思維的同時,正也重新肯定人間秩序的價值與意義。

所有事物的應對將回到自心的體認,絕無他者,對孔子而言,自心的認同是相當核心並且是具體的事。這項核心將回到自心的體認,而具體的表現則顯現在適中的行為上。杜維明就此指出:

> 修身觀念中蘊涵的宗教訴求與知性思考渾然不分的情況,對於理解
> 中國哲學的性質具有深遠的意義。與純粹的思辨活動不同,中國哲
> 學是一種指向人的發展的精神訓練。那種毫不關注日常生活實踐的
> 抽象理論被拒斥於恰當的心靈生活範疇之外。〔註52〕

誠如思辨活動必須落實於生活一般,所謂的意義都將呈現在每件事物的應對中;禮儀行為的神聖意義並沒有被停留於儀式本身而滿足,當自身在進行這些禮儀活動時,同步進行的正是內在心靈的認同與反躬。「儀式」存在的確實意義,正在其能顯現出自心的內在感召;而內在的「感召」也必須透過行為的運作而展現其深刻的認同。依此,二者共同組成所謂的「恰當」的生活模式,它絕非只是思想,也絕非只是行為,它是兼具理智與情感的知性活動。它所指向的是「心靈」上的交流,而不是知識性的論辯;它必須回歸的是「生命」的認同,而不是理論上的假設。於外,是和諧穩定的環境;於內,是處之泰然的心境。

外部環境的變化,實際上能提供無限且可貴的修養條件,而內部心境的轉化,則能思索且調和事物的正確位置;當心境與環境相互交融時,生命則佇立於一種「安然」的境地。

所謂的「中行」之道,並非只是於內的發想或是於外的假象。透過形式的展現,情感能破除其自身的抽象;經由情感的沉澱,形式則修整了自身的虛榮。

〔註52〕 參見杜維明:論著選譯,〈修身〉。收錄於《杜維明文集》第四卷(武漢:武漢出版社,2002),頁607。

禮儀行為將包含著情感思維的融入，而情感思維也真實地表現在禮儀行為中；確切的說，生命的意義就呈現在如實的「生活」裡。這項平穩的生命觀──「安然」的境地，在孔子與其門徒宰我的對話中，將有著深刻的探討。

> 宰我問：「三年之喪期已久矣！君子三年不為禮，禮必壞；三年不為樂，樂必崩。舊穀既沒，新穀既升，鑽燧改火，期可已矣！」子曰：「食夫稻，衣夫錦，於女安乎？」曰：「安。」「女安則為之。夫君子之居喪：食旨不甘，聞樂不樂，居處不安，故不為也。今女安則為之！」宰我出。子曰：「予之不仁也。子生三年，然後免於父母之懷，夫三年之喪，天下之通喪也。予也有三年之愛於其父母乎？」〔註53〕

孔門四科中，宰我以「言語」著稱；在他與孔子探討三年之喪的對話裡，他以分析的語言具體力爭禮儀之所以必須存在的理由，思辨內容的合理性似乎在其充足的論證條件上被成立；在他所關注的焦點上，「議題」確實被引發了。然而值得我們深入探討的是，孔子將如何面對這項「議題」。事實上，對於這項問題的回應者（孔子）而言，他所表明的觀點，將有助於我們對聖者內部心境的轉化歷程有更深入的了解。

宰我「理智」地針對一項事實而提出疑問：當我正為父母守喪時，所有的禮、樂活動幾乎是停滯的，三年之期何等漫長，禮、樂制度必因此而受到損壞。確實如此，宰我所謂：「禮必壞、樂必崩」的看法實際上隱含著：我原有的生活將受到牽制，自我與群體的互動也可能因此受到影響與改變。當然，這是一個可能發生的事實，而這個事實更可能因此而被擴大為整體社群上的變動。

宰我就此並無放棄，除了思考問題本身之外，他還積極性的提出他的建議；他說：舊的糧食吃完，新的就必定取而代之，鑽木取火的木棒也使用過一輪了，守喪之期應當一年就可以。這個「譬喻」直接挑戰三年之喪的「適當性」與它此時的「必要性」；其思索實際還意味著，禮儀本身必須隨著時空的不同而應當有所改變，實際層面的考量戰勝於一切，三年之喪確實需要被「調整」。

然而，這種極度「務實」的思索，卻反讓孔子感到相當「不安」；「理智」的關懷，卻儼然成為種種敏感的觸及點。就孔子而言，這是相當不合「情理」的。宰我確實提出一個強而有力的論述，但在失去「情理」的考量下，這是一首失衡的變奏曲；其中的「變調」正源自於情感與形式之間的失衡，而所謂的

〔註53〕　《論語·陽貨》。參見國立編譯館主編：《十三經注疏分段標點 19·論語注疏》，頁 398。

「不安」，則顯現在自身的行為沒有建立在內心的體認上。

事實上，宰我的見解就某個角度看來，確實充滿著無限的「改革動力」；其實他發現了一個相當敏感的問題，那就是：禮儀本身往往會因為其失衡而自己束縛著自己。禮儀確實需要依據不同的時空而做出適當的調整，在變動的條件中，找出它應該擁有的位置。

但是，宰我很可能忽略了另一個事實：三年之喪並沒有就此停止過禮儀本身的活動性；因為，三年之喪本身就是一個「行禮」的表現，它是「通喪」，是一種在長期穩定中所發展出來的禮儀形式。〔註54〕其意味著，三年之喪的形式實包含著情感認同的介入；它的存在，實際兼具「情」與「理」二者之間關係上的平衡。據此，困擾宰我的並不在於守孝時間的長短，其實真正困擾宰我的是禮儀本身的「形式」問題被強化了，而「情感」的認同被削弱了；〔註55〕宰我不僅忽視了「情感」的作用性，同時也忽略了「情感」與「形式」之間的連帶關係，以及他們之間的平衡點。

當孔子提出「食夫稻，衣夫錦，於女安乎？」時，他確實有深入地思考過；但遺憾的是，宰我的「安然」只是將其「理智」的思索緊抓住於「形式」本身而已；因此，他的「改革動力」最終將必須接受「情感」層面的莫大叩問。因為，這是由自身開始的提問，所以它最終也將回到自身才能尋得答案；更確切地說，因為它是「安」與「不安」的問題。

自身的領略是相當具實並且是完整的，它並不抽象，反到是落入理論化的分析時，生命原有的整體性才顯得支離破碎，甚至讓人感到相當不具體。對孔子而言，守孝是否需要三年不是一項可被討論的「議題」；事實上，它只是一項生活中原有的「自然」行為而已。嚴格說來，在孔子的回應中並沒有採取「議論」的手段；對話中，孔子並不想以「言語」的方式來說服宰我，他所採取的是發自於內心的「誠摯」態度；具體而言，孔子針對的是「人」，而不只是「事」，他所考量的是「生命」的意義，而不只是「生活」的形式。

在其「子生三年，然後免於父母之懷」的述說中，孔子不但針對宰我，同

〔註54〕筆者按：「通喪」之意正訴說著，守孝三年的禮儀行為是一種長久且被認同的習慣，也是最為普遍性的禮儀模式，它本身不僅具備著所謂傳統的力量，它還存在著一種生活中的平衡、默契，以及最為重要的歸屬力量與其認同感。

〔註55〕筆者按：很可惜的，宰我這一層轉折原本極有可能可以轉向與內在省思進行交流，但因受限於「形式」的阻礙，他終究只能被視為是一種對「形式上」的「好辯」而已。

時也在提問自己，他正以「反觀」自我的方式進行對生命意義的探索；而所謂「食旨不甘，聞樂不樂，居處不安」的體認中，孔子正以「自省」的方式來回歸並落實於「群體」生活中（我依然有在「行禮」的軌道上，找的內心止時時刻刻地感念親恩）。

　　「議論」被停止，「分析」被解消，從對自身的叩問到回歸於群體之間的融洽歷程中，「安然」所展現出來的是生命的完整性。孔子絕不是在「說服」宰我，而是誠摯的在「教導」宰我，因為「反觀」與「回歸」確立了生命的品質，在情感與形式的調和過程中，實際包含著「融入」、「省思」與「轉化」。對父母的敬愛與思念不只是在其三年的守喪；經由「轉化」，三年之喪的確實內涵，正是在教導我們應當保有永遠思念的精神，因為生命沒有就此而消逝，生命因「融入」而可以接連，因「省思」與「轉化」而可以完滿。

　　誠如「中行」之道所真正關懷的，在面對「過」與「不及」的極端表現上，避免「過」與「不及」是較為消極的基本做法，然真誠的參照兩種極端並尋得其中之平衡（不是平均）才是積極的態度。宰我以簡化「形式」本身來推展並保存所謂的「形式」，然事實上，宰我的思維很容易被推向一種極端；若只是一味地依據「形式」而論，守孝之行其實是可以完全不被需要的——正因為要推行禮樂，所以連一年之期都是可以被免除的。

　　這項極端早已被孔子所洞視，它的缺失並不在其守喪之期的長短，其最終的「失落」，不只是「形式」會日趨消逝，連帶「情感」的作用也會因此而淡化。形式的日趨消逝很可能會淪為只是一種無意義的象徵而已；而情感的淡化也只能被表現在一種被僵化的儀式上。最終，「形式」被曲解了；而「情感」也被削弱了。宰我的出發點並無惡意，〔註56〕但依此來判定禮儀的適當性，並不是最佳的「中行」之道；因為，對「形式」存在的意義曲解（太過），使之「情感」也同時被削弱（不及）。

　　倘若我們再度省思孔子的觀點，守孝三年的形式最終也是可以被免除的，因為內心的思念與感懷，將永遠不需假藉外在的任何形式而存在；實際能支持我們繼續這樣的推論理由是，生命的立足點正是站在「反觀」自我的基礎上。據此，我們的感懷不僅能於儀式中呈現，我們的思念也將常伴在他們已經消逝

〔註56〕筆者按：我們比較傾向於這麼說：正當宰我提出這樣的議題時，維護禮儀的用
　　　　心當然是不可否認的；至少他這一次直率性格的表現，是遠遠超過那些所謂
　　　　「德之賊也」的「鄉愿」者。

的生命中而體認所謂的永恆；正因我們將時時地在「反思」。孔子所關注的，實際上已脫離禮儀本身的形式問題；然而，他並沒有就此想要放棄禮儀或重新界定禮儀，在經由自身的反思過程中，孔子將禮儀行為與個體本身相為結合，進而昇華為一種精神象徵，其中介入的正是人與人之間的真切情感；它出於「情」，也合乎「理」。

　　當情感與形式結合時，孔子的「安然」可以推向兩邊而貫通其中──安於己心（自我認同），也同樣安於他人（群體的和諧與認同）。

　　這一層轉折若通向於形式，則能呈現禮儀本身的「和諧」作用；如果推向於自身的反思與領會，和諧所能容納的還包含情感上的穩定態度。當雙向貫通為一時，禮儀本身不再只是代表形式上的種種規定，而情感的內在表露也不只是抽象的思維。誠如孔子告訴我們的，與其奢華，倒不如儉約；與其通曉禮儀形式，倒不如以誠摯的心去體會。〔註57〕值得注意的是，儉約並不是簡化，而所謂的誠摯並非只是個人的感受而已；在「安然」的心境中，「儉約」使我們得以調整我們過於形式化的缺失，而「誠摯」之心則能使我們能拉近彼此之間的距離，在感同身受的情境中，自我與群體是合一的。據此，禮儀行為本身正融洽地展現出內心真實的感受與安定的狀態。因為心安才可以理得，也因理得所以心安。

　　事實上，我們可以藉此清楚地意識到一點，《論語》一書不但一方肯定過去在傳統中的和諧，另一方它也在為傳統本身加以革新；其洞悉到傳統的價值與可貴，也使之價值再往更高的層級邁進，所謂人文精神的提升、轉化與再造，可以由此得知。從文化觀點上來看，孔子的思想本質是動態的，是一個活潑且具創造性的，他不斷地在調整他自己，以及他與他自己所處的時代關係；禮儀（形式）並沒有消失，思維（情感）也沒有停滯。很巧妙的，因有其自我內在的反思，進而滋養了外部的行為；因外在行動的落實，進而成就了內部的思索。這樣的「昇華」，不僅保留了形式，同時也體悟了形式本身的精神意義；也正因這樣的「昇華」，當形式在進行的同時，情意的感召將體現在實際的活動中。

　　正所謂：

〔註57〕林放問禮之本。子曰：「大哉問！禮，與其奢也，寧儉；喪，與其易也，寧戚。」《論語‧八佾》。參見國立編譯館主編：《十三經注疏分段標點 19‧論語注疏》，頁62。這是孔子對林放在請益禮儀之根本時所回答的誠摯內容。

　　生，事之以禮；死，葬之以禮，祭之以禮。〔註58〕

　　祭如在，祭神如神在。子曰：「吾不與祭，如不祭。」〔註59〕

誠如之前所論述的，「以禮」不僅是形式，「以禮」是兼具情感的投入與形式的表現；「以禮」是真摯的自我參與，「以禮」事實上是「以人」來「行禮」。正當我能實際親身參與祭祀的同時，神的蒞臨，事實上是出自於我誠懇的精神感召──正因「人在」，而「神在」；事實上，這是自我最為「安然」的處境──有身（肉體）與心（靈魂）的合體感受。因此，孔子所展現的是內在與外在的融洽，理智與感知的和諧，孔子的「安然」是兼具情感與形式的合和體；它既能相應於「情」，也可以符合於「理」，「情理」的世界沒有他者，「情理」的世界就是如實地生活在「人間」。

　　誠然如此，但「禮」所要面對的挑戰是，在變遷的環境底下，形式是否要有所更迭，而且要如何加以變動？不僅如此，更重要的是，這中間將面臨如何再次尋得最為「平衡」的可能性。中庸之道之所以活絡，並非只停留於它當時的時空條件而滿足，它的活絡正在於它必須接受下一個「更為中庸」的挑戰。依此，孔子所採取的正是以「安然」的態度來面對事物的變化；「安然」之境所更加考慮的是整體人事物中的「質」，而不只是「量」而已。事實上，孔子並無直接否定宰我的看法，但孔子卻質疑宰我在面對事物實的真實態度；因為，孔子希望宰我知曉一件事實，即形式是源自於情感的，而情感則有待形式來展現。

　　「安然」所呈現的正是，從內在以觀外在，由外在以成內在的雙向互動；「安然」即是「中行」，即是相互進入、反思，進而轉化的平衡歷程。

　　「安然」之境不是一個理論上的假定情境，正因它內外全然相通，所以於外有了切實的行動，於內則有了穩定的思考；它所推向的，正是中性品質的平衡進路。它是「活絡」的。「安然」並沒有就此停止不前，正由於有著穩定的思考（靜態），所以能清楚地推向於實際上的行動（動態）；相同的，從實際的生活行為應對中（動態），思維正不斷被激勵以及試煉（靜態）。事實上，動與靜是相互交替的；嚴格的說，動與靜是合一的。內在思維與其反觀正屬於靜態

───────────────

〔註58〕　《論語・為政》。參見國立編譯館主編：《十三經注疏分段標點 19・論語注疏》，
　　　　　頁 40。

〔註59〕　《論語・八佾》。參見國立編譯館主編：《十三經注疏分段標點 19・論語注疏》，
　　　　　頁 70。

（靜態並不等於停止），它正來自於對外在事物變化的省思，以及培養其應有的應對態度；而外在行為與其應對方正屬於動態（有時它也以寂靜的方式來應對，它不是一面的，或是衝動的），它正體現著內在成熟且穩重的判斷與抉擇。整體而言，其重要的環節則緊扣於「自身」，緊扣著「自身」的「領悟」。

對於一切事物的發想，終將回到自身的體會；對中國思想而言，所有理路的拓展都將起於自我的參與，以及最終的自我完成。這是一條實踐之路，一條修養之路。

> 孟子曰：「君子深造之以道，欲其自得之也。自得之，則居之安，居
> 之安，則資之深，資之深，則取之左右逢其原。故君子欲其自得之
> 也。」〔註60〕

「欲其自得之也」，沒有太多的假設與遙遠的憧憬；它不但相當真實，也十分平凡；所謂的「自得」，正由自身的「反思」而開始（由自身做起，所以真實），最後也因其「反思」，而又回到（返）自身的認同（回歸於自我，所以平凡）。這便是「領悟」。

這一個「自得」的歷程，正將自我與群體接連，把外與內相互融合，而天與人之間便無所謂的二者之分。深入而言，「領悟」則代表著「領會」與「感悟」。「會」是融會其中，它正代表著實際上的「參與」，以及所謂的「進入狀態」；而「悟」則是感知事物的變化，正由於親身的「參與」，讓生命進入一個狀態中，所以能從中深切的獲取對事物的體會。

誠如朱熹對「自得」的看法：

> 默識心通，自然而得之於己也。〔註61〕

對於一切認知的最終歸屬，終將回歸到自己；自心的認同與自身的行動。「默識心通」絕對不是一種純粹理路的發想，或是抽象思辨的結果；回到古之人所謂「為己」之學的歷程而言，「默識」乃起自於自心最為真切與踏實的「反思」，而「心通」則成就於最終自身對事物相融的「體驗」。當自身面臨各種事物的應對時，變化的事物將提供無限可以反思的資源給內在自我進行思考，這便是所謂的「默識」。「默識」是一種能自我自省的力量。然而，當自我能經由反觀而真正認清自我時，也就能體認自我與群體的適當位置，進而能外推在一切事

〔註60〕《孟子·離婁下》。參見國立編譯館主編：《十三經注疏分段標點20·孟子注疏》，頁356。

〔註61〕參見〔宋〕朱熹：《四書集註》，頁114。

物的應對中，此時則可稱之為「心通」。「心通」便是一種弘毅的力量，一種通透的應對。

因此，我們對「自得」有了新的看法，對朱熹所謂「默識心通」的見解也有了更為深入的補充；那便是，「默識」者實保有一股自我省察的內斂精神；而「心通」者實體現出一種推己及人的永恆毅力。

正因為有這股自我省察的內斂精神（默識），所以沒有自私狹隘的意識型態；也因為有了自我與他者之間的相互通融（心通），所以能呈現出生命的平衡與秩序。據此，也就能因「識」而「通」，因「通」而「識」；最終，我們即能由內在對自我的真實認識來面對自己，因為心思能自反於內，而又能進而類推於外；對外能「安」，對內亦能「安」。

某個意義而言，所謂的「居之安」，正說明其自心能夠領略到內在思緒的平靜與穩定，以及認識到自身於外在環境裡的適當位置；一來是發於自我內心的誠摯，一來是得於群體外務的應對。所謂的「安」，正是一種平衡的「安然」狀態，一則向內收，一則可以向外推；內收於自心的平穩與安定，外推在對事物發展變化中的融會與貫通。

自心的平穩與安定，正是所謂的「自得」；而對事物發展變化中的融會與貫通，便是所謂「資之深」。「安然」對內部而言（內收於心），是自心的心安理得，是通曉自我與明白事理的心境（自得）；而「安然」對外部而言（外推於事），是自身與群體的和諧，是具體的行動與穩固的方向，每項事物都有其平穩且安定的位置（資之深）。

據此，自心的平穩與安定，便是「成己」；而融會與貫通，則可被視之為是由「成己」，進而推向於「成物」。於己於物，沒有差距；在事物與自我的互動之中，得到了一致性的肯定與認同。那麼，所謂「成己」、「成物」，便是能相互「取之」，並且能「左右逢其源」。方向是確立的，但卻不落於任何一種偏見；正因為是「心通」，所以能通達明白，也因由是「默識」，所以能有其設身處地的著想與體貼。

且讓我們再度回顧孔子與宰我的對話；在「女安則為之」的回應中，實際充滿著對生命全體性的思索以及其應有的應對態度；思索始於自我的反身而誠，應對則落實於感受到他者的實際心境與所處之狀態。事實上，自我最為真實且確切的「安然」，正在其我能領受到父母三年懷之的辛勞與心情；在感同身受於他者的心境中，這便是自我反身而誠的最終生命之「體悟」。

　　「安然」是無法預設的，它無法以想像的方式來呈現，我們的內在思維，更是無法隱藏；「安然」是呈現在每一個穩定且踏實的當下，思維正表現在行為當中。我們的一舉一動，都在演繹著我們最為深邃的靈魂。

　　　　子曰：「視其所以，觀其所由，察其所安，人焉廋哉！人焉廋哉！」
〔註62〕

「所以」，是外在的行為表現；「所由」，是內在的意念活動；「所安」，則是行為表現與意念活動合而為一的坦然狀態。對每項事物的應對，我們不只關心其外部的行徑，我們還理當認真面對其內部的變化。當我們深入並且以參與的態度進入到每項事物時，外在的行徑與內在的思索將是一體的；我們所面對的是心靈與身體的結合，「所安」正是意念活動與行為表現的共同體。

　　因為有了這一層的交融與認知，我們有了一切行事的依據，我們將行走在「誠然」且「如實」的道路上。孔子是這樣叮嚀我們的：對事物的探索，單靠其外在感官（外部的形式）的「視」，是絕對不夠的；所以，若能加上其內在思索（內部的情感）的「觀」，我們將可以更深入的了解到事物的原由。

　　即便如此，真正的「安然」，還需要將「視」與「觀」相通；正當我的表現某種行徑時，我們的思維是與之相符的；行其所思，思其所行；映照於內在思維的「觀」，就表現在行動上，顯現於外在行動的「視」，正蘊藏著其思考；然而，真實的洞視就在其對「安然」狀態的「察覺」當中。孔子相信，無所隱藏的正是，行為與思維的相符，這種「安然」的心境，將應對在生命整體運作中的「健康」態度上。

　　更為重要的是，「視其」、「觀其」、「察其」的「其」並不只是對外的事物而已，從某個角度看來，所謂的「其」更意味著，能觀照於我們的「自身」、反思於我們的「自心」，以及最終呈現出我們自己的「安然」狀態。事實上，我們不只是在面對事物，不只是在應對他者；正當我們應對於外在事物時，我們實際上也同時在面對著「自我」。此時，我們就不只是在「理解」所謂的道理而已，我們正以自身的參與、自心的思考，來「體會」並且「證實」這其中的意義。「人焉廋哉」？正這也意味著，「我焉廋哉」？

　　「安然」的呈現必經歷其內心裡的一段轉折，誠如其內思於心，而外行於事的全然歷程一般；起於事物的變化，內心便開始進行思維，進而在推向於對

〔註62〕　《論語・為政》。參見國立編譯館主編：《十三經注疏分段標點19・論語注疏》，
　　　　　　頁44。

事物的應對；生命就在其中找到合理且安穩的應對方向。

　　孔子曰：「君子有九思：視思明，聽思聰，色思溫，貌思恭，言思忠，

　　事思敬，疑思問，忿思難，見得思義。」〔註63〕

「思」者，正說明有其「思考」能力，以及「反省」生命的基本品質。「反省」的第一要件便是事物起了變化，正由於事物起了變化，「反省」便能因此而意會到「調整」自我的需要；然事實上，所謂的「調整」其實質的內涵便是「學習」，而「學習」的真正意義就是認清自己所「不足」之處。

　　當「思」與「學」的內涵與意義被相融且相通時，孔子便發現其中的所謂「中行」的道理；正所謂「學而不思，則罔；思而不學，則殆」，學與思之間必須平衡。於是，思考便是學習的動力（反省），學習便是思考的落實（調整）。換言之，君子的九種自我反思動力，是自我的認同與自我的落實。面對事物得看得透徹、聽得明白；待人則須臉色溫和、態度謙恭；為人必當言語誠懇忠信、行事認真且敬重於一切；面對疑惑須虛心發問，內心不可遷怒以免亂事；當然，自身所獲得的，都將建立在合宜的狀態上。這些將是發想於「自心」，而成就於「自得」。

　　在其「反思」的歷程中，實際反映著對中性品質的追尋。〔註64〕正因為自己的「不足」，所以感知到其自身的「失衡」，必然的，當有所「調整」。據此，其中所謂的「臉色溫和」與「態度謙恭」，正呈現著其沉著且平和的處事態度（外推於事的表現）〔註65〕；而其所謂的「誠懇忠信」與「敬重專一」，便出於穩重且真摯的內心（內收於己的涵養）〔註66〕。並且在其對事物的整體關懷裡，看得「透徹」（明），正指向於具有深入且確切的「觀察」能力；而聽得「明白」（聰），便是具有包涵且學習他者的「傾聽」素養。所謂真實的「聰明」，便是有著隨時反省並且調整自我的「智慧」。所以，當「疑惑」出現時，請益於他者的智慧是最為理想且持平的不二法門；那麼，所謂的憤恨與遷怒必當就此消逝；因為，人不知而不慍，不亦君子乎。

〔註63〕《論語·季氏》。參見國立編譯館主編：《十三經注疏分段標點19·論語注疏》，頁378。

〔註64〕根據朱熹的註解中得知：程子曰：九思各專其一。謝氏曰：未至於從容中道，無時而不自省察也。雖有不存焉者寡矣！此之謂思誠。參見〔宋〕朱熹：《四書集註》，頁117。

〔註65〕筆者按：這樣表現於外在的態度，其實也包含著內心的反思。

〔註66〕筆者按：而這樣內收於己心的思維，也同時展現在外在行為當中。

　　然而，最終我們對一切事物的應對得宜與否，將如實地回歸到我們對自心最為誠然的「叩問」，那便是「得」，那便是「安然」之境的最終落實。嚴格說來，「見得思義」之「得」，並不只是「獲得」之意而已；實意味著，「得自於我」最為真實的「領悟」（誠如孟子所謂的「自得」）；領受於外在事物的變化，感悟於內在自心的反省。

　　據此，所謂的「得宜」（義），將包含著對外於事的呈現（對於事，我能否恰如其分的去處理），以及內收於己的思索（對於己，我能否了然於心的面對自己）。這便是一種中性品質的表現，通於外而合於內，收於內而表於外；「見得思義」便是內外相融，這也就是於外能「安」，於內亦能「安」。

　　就某個角度看來，「思義」的真實內涵，正是體現著前八種自心應對於事物的全然面貌。整體說來，孔子所謂的「君子九思」，正是一個反思於事物變化、充實自我，進而轉化自我的全然歷程。自由的另一面便是責任，對於一個具有中性品質的修養者而言，真正的安穩將是建立在自由與責任的相融中；「安然」所呈現出來的，不只是外在行動上的「自由」，實包含著內在精神上的「自在」。

　　穩定的「心靈」得自於自心對事物變化的反省，適宜的「行為」依據於自身與群體的認同。站在內在精神上的「自在」，以及外在行動上的「自由」而言，這種生命全然的尊嚴與平衡，正一致性的展現在內外相融為一的狀態上。所謂的安然境地便顯現在日常生活的對應中。就精神層次而言，「安然」並不等同於「安逸」；就行為層次而言，「安然」必定落實於實際的日常活動上。事實上，正當個體親臨實境的同時，內在的思維才能以更為飽滿得力量進行反思；當然，也在同時，行為的應對也隨著對事物與環境的變化，在其思維的運作中做出合宜的調整。於外則能應對事物，於內則是修養自己；所謂的「應」與「修」，正是「調整」，正是「學習」。

　　誠如孔子所言：

　　　　子曰：「君子食無求飽，居無求安，敏於事而慎於言，就有道而正焉，
　　　　可謂好學也已。」〔註67〕

「安然」將於外在事物的應對中自然呈現，所以「食無求飽」、「居無求安」；對於外在物質的真正需求，孔子所考量的正是一種不會太過、節制且平衡的狀

〔註67〕《論語·學而》。參見國立編譯館主編：《十三經注疏分段標點 19·論語注疏》，
　　　　頁 32。

態，一種生活中的基本穩定性。相同的，「安然」亦從內在心靈的自省擴充而出，便能「敏於事」而「慎於言」；正因有其自心的反省歷程，所以對於事物的態度將具備著高度的靈敏性；在心能表於言行的作用上，謹慎的態度更是最為忠實的應對方式。那麼，對於所謂「正焉」的闡釋，除了有其「正確的」、「善的」基本看法之外；從「安然」的角度上而言，「正焉」也包含著內在心境與外在環境相融的平衡，一種具有健全品質的平衡；其意味著，每一個體都將在其應處的軌道上運行，並且保有因應調整的基本品質。對於這種基本品質，孔子仍然以「學習」作為它本身最佳的註解。「就有道」，正是學習。

　　「安然」並不就此停止，在其「成己」亦能「成物」的品質中，「安然」更能藉此「安然」本身的狀態開啟更多的生命進路。對應於實際的生活裡，「安然」不只是自身心靈上的穩定，它更是確切的思維與行動；事實上，其所蘊含的正是對於自己的省思，以及對他者的關懷。孔子是這樣告訴子路的：

> 子路問君子。子曰：「脩己以敬。」曰：「如斯而已乎？」曰：「脩己以安人。」曰：「如斯而已乎？」曰：「脩己以安百姓。脩己以安百姓，堯、舜其猶病諸。」〔註68〕

對外的關懷正來自於自心的觀照，自心的觀照亦體現在對外的關懷。當自身感受到與外在事物環境有所「失衡」時，「脩己」便是自然之事；所謂的「以敬」，正是以謙卑的態度來面對事物，相應之下，非但自心可以敬重於任何事物，任何事物也同時能敬重於自心。那麼，「脩己以敬」便是誠摯地關懷於每項事物，亦能從中得到啟示而觀照於自心；所以，尊重事物的另一面，便是尊重自己。誠如古之學者為己，從反省自身開始，調整自我的不足便是尊重群體的需要；當百姓處於穩定的生活時，自我的內心便是坦然的。

　　這種「安然」，亦如古典儒家對自身所懷抱的，將付諸於行動：

> 顏淵、季路侍。子曰：「盍各言爾志？」子路曰：「願車馬衣輕裘，與朋友共，敝之而無憾。」顏淵曰：「願無伐善，無施勞。」子路曰：「願聞子之志。」子曰：「老者安之，朋友信之，少者懷之！」〔註69〕

「安然」不只是表現在純粹實際行為的表現上，它也不只是純粹內在心靈中的活動。對於子路而言，其缺少的正是「內在」的思索；然而顏回所缺少的，很

〔註68〕　《論語‧憲問》。參見國立編譯館主編：《十三經注疏分段標點 19‧論語注疏》，頁 339。

〔註69〕　《論語‧公冶長》。參見國立編譯館主編：《十三經注疏分段標點 19‧論語注疏》，頁 123。

可能是「外在」的行動。當然，顏回不是完全沒有行動（正因有所思考，所以他能以「謙卑」的態度來期許自己），而子路也絕非全然沒有經過思索（正因他能與朋友分享與共，所以他有推己及人的精神）；正當孔了回應其自己的「志向」時，恰如其分的，內在的思索（自省——克己）與外在的行動（推己——復禮），便自然地以「平衡」且「相融」的方式表露無遺。

孔子並沒有太多分析性的言語，安之、信之、懷之正是生命整體性的「安然」狀態；它不只是發於自身，也同時推展至群體。子路與顏回將在孔子「身上」（內心的思考與外在的作為）看到「安然」的境地。

事實上，作用顯現在實際的生活應對中，因能自省所以可以體察民之所需；當百姓的生活若能得到安頓且和諧時（體恤、救濟、教化人民），亦能從中認同到我的生命正是這全體中的一部分（反身而誠）。據此，「脩己」即為「安人」，「安人」也就等同於「脩己」；當自我與群體之間達到彼此認同時，「安然」之境正是生命均衡與穩定的實然狀態。

第四節　從容不迫的生命道途——聖之時者

正是處在不定的時空當中，我們的生命必須是靈活的，我們的思維與行為將在這些不斷改變的時空中不斷地被「活化」（不器）。「方法」可能不只一種，但心靈的反省與承擔卻是可以肯定的；至於行走的道路，則有待相互之間的「共識」來引領我們朝更為合宜的「方向」前進。對於古典儒家而言，道路或許崎嶇難行，但生命的意義也因此能真實地展現出它真切的能量。「時中」的思考，將呼應古典儒家經「內省」而「外推」的全然生命情態；一個君子正是行走在這樣的道途之上。「時中」的觀點，將呈顯出一個「不器」的君子的基本態度與精神，其意義亦能呼應於一個不斷朝向「成仁」為目標的德性修養者。

確切的說，「方法」正顯現在其生命本身所可能遇見之複雜且多變的世態當中，那所謂的「方向」也同是在生命經其淬煉時而慢慢凝聚的。美國宗教學家休斯頓・史密士（Huston Smith）對於儒家有這樣的觀察：

> 那些氣流衝擊著老鷹，但是老鷹卻用翅膀的傾斜度，利用氣流來控制它飛行的高度。像一隻在飛行中的老鷹，我們人生也是在動態中，不過人的情形乃是，人際關係是他在其中奮力前進的大氣。孔子的方案是要掌握調節吾人翅膀的技術，使人上升到那無從捉摸，但卻

　　可以到達的完美的目標。或者；有如孔子所說的，指向變成更完全
　　的人的目標。〔註70〕

　　「動態」的人生，正意味著其中的「不定性」，這等「不定性」正意味著：
你是一個不斷在尋求自我成長與其認同的「個體」，一個能呼應於所謂「君子
不器」之思維意涵的生命體。正因為其「不定性」，所以也連同帶來了生命的
「豐富性」；「不定性」的本質並沒有任何消極或負面的語氣，而所謂「豐富性」
的內涵也沒有特意要導向正面思維的單純用意；恰恰相當合宜的，「動態」的
見地正表明著生命所具備的「中性」品質，「豐富性」與「不定性」正是一體
之兩面。如果以思維的角度切入，所謂「不定」與「豐富」正是意味著：我理
當思索如何運用我這樣的一個生命個體，以及我對這些事物變動的體會，甚至
蘊含其最終我在這「變動氣流」當中所學習的種種與認同。這便是古典儒家對
「道」的體驗。

　　就整體思維上看來（個體與他所處的外在環境──自我與群體的關係），
任何一項可以被放入生命中得以證實的思想，其本身就將預言自己是一種可
以不斷被檢視的思想（它是開放的，它兼具「中性」的品質）。一個可以被反
覆思索、不斷省察、隨時調整的思想；基本上就不只停留在其自身只是一則「思
想」而已，它必須落入實際的人間來「證實」，所已它是活絡的。就某個意義
上來說，一個具有自我反省能力的思想，它勢必接受更為多元、不同角度的考
驗；活絡的本質被顯現在「謙卑」上，中性的觀點也因「相互尊重」而被呈現
出來；對於孔子而言，智慧將表現且運用在對每一個實際變動的事物上。

　　對於過度盲目的崇拜與神化的語句，似乎是不必要的（「中行」並不讓自
己處於絕對且不變的傲慢當中）；這些不僅會扼殺「中行」的進程及方向，其
思想本身更會因此而喪失平衡與活絡的機制，而思想自身的生命力很可能就
此而永遠終止，甚至淪為爭奪與獲取眼前利益的工具。

　　誠如「大氣」的隱喻一樣，生命的品質正不斷藉由適當的「微調」與「節
度」而得到提升。我們可以發現一項事實，《論語》對生命的整體觀感與態度
是朝向健康、樂觀，並且充滿毅力的；即便是在生命中所遇見且不可抗拒的限
定出現時，終將都能成為轉化生命的動能。我們若以「變化」的角度來省察我

────────────────

〔註70〕參見〔美〕休斯頓‧史密士著劉述先校訂劉安雲譯：《人的宗教》（臺北：立緒
　　　　出版社，2003），頁 243。書中此段譬喻，對儒家思想之分析相當深刻，頗有
　　　　見地。筆者以為，此段文字陳述可以與《莊子‧逍遙遊》一文中之「鯤化而為
　　　　鵬」的哲學寓意相互參照，並有其思想上互較探討之價值。

們生命的本質（從古典儒家思維來看，「變化」的哲學意涵正是不斷地進行自我之「轉化」），是更為恰當，且較為中肯的註解。誠如所謂的「人際關係」，正是孔子對宇宙觀察的實際體驗，在這一個實證的歷程中（人生），身處在這一個不斷「變動」的氣流當中，正可看出一個體驗宇宙實體變化的縮影。當孔子感嘆「中道」之難行時，事實上他已經進入這一狀態了。

　　曾子曾經對這樣的變動（人生的氣流變化）進行了一番自我的省思；在其對人生體驗歷程的自省中，我們發現一個有力且相當具體的引申。讓我們再度省思這段話：

　　　　曾子曰：「士不可以不弘毅，任重而道遠。仁以為己任，不亦重乎？

　　　　死而後已，不亦遠乎？」〔註71〕

對於古典儒家思想而言，所謂「任重而道遠」的發想並不是一項沉重且難以確定路；事實上，「道遠」所顯現的另一層意義正是，「人」可以在不斷變動的生命歷程中，展現它自身多元的特質；路程持續往前推進，生命不斷在這旅程中進行「轉化」。「轉化」的條件正是出自於這些不斷變化的真實處境。

　　因此，「遠」的切實意義絕非只是遙不可及的感嘆或是神化心態的崇仰，在面對不可預知的氣流轉換裡，「人」可以為自身在其多元視野的交流歷程中，尋得自身不斷轉換而得出的「定位」。

　　確切地說，「定位」一直是在「動態」中的──「定」於「不定」當中；這就是最為理想與實際親證的狀態──「中」。「知」於中、「思」於中、「行」於中，這將全然指向於能「動」於「中」的狀態。

　　那麼，所謂真誠的崇仰與發自內心的敬重，則是出自於自心對生命不斷變動且須轉化自身的真實體驗。曾子的忠告不是沉重的；所謂的「任重」，是將任何的「處境」轉化為力量，把「思維理路」落實於生活中的一種信仰，任我們的生命在歷程中有品質地不斷成長。換言之，「任」何以「重」？「道」為何「遠」？乃是因為人生的本質是「變化」的，不是制式的；乃是因為人必須從中學習，並進行自我調整。

　　誠如我們之前所探討的，「仁」的完善與完成並非只侷限於一個特定的時空當中而得到滿足，在活絡的本質上，我們的姿態是多元的，我們正在不斷地落實我們不同的定位；「仁」的最終成就，正在於我們曾經歷過這些轉化的過

〔註71〕《論語・泰伯》。參見國立編譯館主編：《十三經注疏分段標點 19・論語注疏》，
　　　　頁 180。

程，「仁」（人）的呈現，就是在這些轉化歷程中的總合。

就某個意義上來說，生命中最大的變化很可能就是「死亡」，它將寓意那生命中最不可預知的「轉化」。對於這項不可預知的改變，其實都將回顧到每一個活著時候的當下；「死亡」的寓意不只是對最終消逝的緬懷，在不斷調整自我的生命歷程中，時時都是對「變化」的生命本質做出應對；這種「動態」的生命應對，正是對「死亡」思維的昇華。因為，每一次具實的「變化」，便寓意著一次的「死亡」；它所省思的，正是回到每處「活著」的當下所必須的調整與轉化，它確實的意義正是所謂「未知生，焉知死！」的思考——回到每一件必須面對處理的事物上。據此，「死亡」不是恐懼與停止，對於「死亡」的真實認知，則是一連串對持續變化的生命狀態的學習與認同。

在經歷每一次的「蛻變」中，「死亡」就在發生的，但我們又是因此而能「重生」——這正是所謂的「轉化」。「死而後已」是在叮嚀我們，唯有生命尚且可以行動的時候，我們應當要持續提升自我；「死而後已」給予我們的最大啟示是，我們將如何省思我們「活著」的時候。

對於那「無法捉摸」的境地而言，生命絕對不是建立在片面且零星的神祕思維投射上；經由人文思想沉澱後的中國思想家們，在面對生命本質的再轉化終將有著更為成熟的思索。以儒家而言，譬喻中所謂「無法捉摸」的實質意義便訴說著，「人生」正顯現在多變的實際情境當中。當然，我們可以認定這項情境是相當複雜的群體關係，乃至是複雜的結構體；但事實上，我們也需要認清這其實是非常簡單的生命狀態。因此，我們則以「變」來表述這當中的「中性」特質，來補充過於神祕與玄思的漏洞；那麼，情境就不是想像的，「人生」是一步步踏實地往前行進的。由於真誠、毅力、心安，使其生命能如實地在這「複雜」，並且也是「簡單」的軌道上運行。

我們還可以進行說明的是：這些經驗最為寶貴之處，正是與其他抽象或純粹理論的空想或揣測不同，這些經驗真實地發生在每一個確切的時空中，並且都是直接觸及生命自身的，這些感觸或所謂的體驗是自身所親臨的；一種感官可以領受，思維可以發想的真切活動。誠如孔子將「道」的根源回溯到人間一樣；「孝弟」，正是它源源不斷的泉源（君子務本，本立而道生。孝弟也者，其為仁之本與！）。如果我們將「為仁」視之為通往完全人格發展的一條進路，那麼此一進路正是「道」的整體縮影。

事實上，這些關乎自身體驗的內容或因其而發想出來的任何形容，將遠遠

超過語言文字上的限制;因為,體驗時時被更新,發想也刻刻在重組(我們真的很難訴說什麼才是最完善的狀態)。面對這樣一個「變動的氣流」(人生),我們將如何「轉化」自我,孔子有深入的體會:

> 子曰:「可與共學,未可與適道;可與適道,未可與立;可與立,未可與權。」〔註72〕

「學習」是我們面對生命最為基本的一種態度,從發揮生命任何可能性的觀點切入,「學習」是一個重要的平臺,它啟迪了我們溝通與轉化的機制。然而,在朝向一種可以共同進行努力的共識(道)底下,並且因在其可以共同努力的進程中所引領出來的自我認同(立),以及因其自我認同而最終回歸於群體之間的相互認同(權)而言,實在是一件不容易的事。

孔子並非只是在感嘆,反到是藉由這樣的省思在「轉化」自己的思考,好讓自身的思考落實於人間進而再次等待更多的「變化」來涵養自我。從而立,不惑,而知天命的歷程中,人生的變化不斷促使思維的提升──孔子對「道」的體驗不僅在「變」其層次,實際還包含著「化」的領悟。知其命有其限定,但能依於限定而反思自我、充實自我,最終轉化自我──變動的氣流,很可能就是促使自我成長的最佳力量。所謂「吾道一以貫之」所採取的,正是這樣的態度(有其變,有其化)。「一」,是前進的整體方向;而「貫」,是行進歷程中的調整力量;在這其中非但沒有絕對性的立場,甚至還有著自省與包容的精神。因為,一個能融通事理的「仁人」,將有其前進的方向,但無制式的模式。

我們雖然無法形容「什麼才是最完美的狀態」,但對於發揮生命中的「中性品質」而言,我們是確信的。對於變動的生命而言,思考沒有一定可以或不可以的「成見」,生命要依循的正是展現因「變」而「化」的精神。「道」沒有因此而模糊(中庸之德不是遊走兩端的),反而是在生活歷程中(氣流)讓我們見識到它的身影。

> 子曰:「君子之於天下也,無適也,無莫也,義之與比。」〔註73〕

「義」在古典訓詁上可稱之為「宜」。從更為寬廣的視野看來,「宜」正展現著通融、應變、適中的品質。對於最為「合宜」的見解,孔子的思維方式將正採

〔註72〕 《論語·子罕》。參見國立編譯館主編:《十三經注疏分段標點 19·論語注疏》,頁 211。

〔註73〕 《論語·里仁》。參見國立編譯館主編:《十三經注疏分段標點 19·論語注疏》,頁 94。

取多元觀點來進行。事實上，多元觀點的產生正源自於「生活中的參與」以及「自我的省思」的同步運作中。

誠如我們對「仁」與「禮」所探討的內容一致，人的全然性正包含著內與外的相互作用（精神與肉體），人本身就是一個均衡的主體，一則以轉向自我內部省思為基礎，一則以外推群體互動為作用——「生活中的參與」（大氣的流動）以及「自我的省思」（在流動中的調整）將促使我們展現出生命「合宜」的狀態。我們以為，所謂「合宜」（義）的基礎，將得力於對「禮」與「仁」的本質闡明，一是對事理的觀察，一是對心境的涵養；其中還包含對「禮」與「仁」相融會通之後的全然呈現。如圖示：

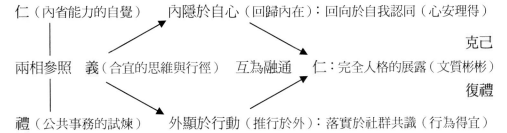

多元的視野並不會使得視野變得模糊，孔子雖然採取「扣其兩端」的方式來應對事物的變化，但他並非要使自己落入不可確定、沒有方向的狀態當中；反而經由對自我的沉澱，讓事物的整體顯得更為清晰。在多次與弟子經驗分享以及對話中我們得知，孔子是一位重視他人觀點的人。所謂的「整體」，除了對外在事物的應對之外，其中還包含著對自身的再認識；對於這些重新整合的過程而言，就是一種所謂「合宜」（義）的狀態。

我們還須補充的是：「合宜」並沒有單就犧牲個體而得到成就，「合宜」也沒也依附在全盤接受群體而得到肯定；「合宜」理當是一個持續不斷在「調整」與「融會」的狀態，它應當都能處於任何時空的變換中而得到肯定。當我們自己能清晰地檢視到自己時，我們對生命本具有的平和品質也就同時打開，「合宜」的機制就此已經開始；在對應於外在事物時，我們也在展現自己的內心。所以這樣的歷程必須重新再迴轉，生命便是在這一良性循環中繼續前進的。

對於身處戰國中晚期的孟子，面對這龐大且變動迅速的氣流而言，有這樣的思考；其言：

> 孟子曰：「楊子取『為我』，拔一毛而利天下，不為也；墨子『兼愛』，摩頂放踵利天下，為之。子莫『執中』，執中為近之。執中無權，猶

執一也。所惡執一者。為其賊道也，舉一而廢百也。」〔註74〕

《孟子》對於楊子的批評則認為在其「不及」，而對於墨子的批評認為則在其「人過」；事實上，「過」是猶如「不及」的，「過」與「不及」本身就已顯現出其各自的盲點，誠如之前所論，其中之視野總是有所偏頗的。然而，對於子莫的「執中」方式，《孟子》並無人意的加以肯定，《孟子》反以「中性品質」必須不斷接受考驗的角度來審視子莫的「執中」態度——倘若「執中」沒有考量其所處的時局變化，〔註75〕那也只是「假性的平衡」而已。畢竟子莫只是「接近」道而已，而沒有「等於」道。

「權」指向的是全然性的平衡，而不是一種單一現象的平均；全然性的觀點使之中性品質朝向更為適宜的狀態發展；嚴格說來，「權」是「均衡」，而不只是「折衷」。由於「均衡」，所以可以產生良好的作用——共識可以達成，自我與群體之間能有所認同，而相互認同則取決於各自對自我的認同；然而，更重要的是，共識並無就此停止，共識還須不斷地在這變化的世事當中來證明。

確切說來，事物在各自的崗位上，以不同的質地相互合作；誠如每一個生命體能在其群體活動中得到認同，並且從中產生其應有的共識，在平穩的狀態中得以推動生命的各種進程。古典儒家對此的信任將坐落於「心靈」的修養，以及「行動」的篤實；省思並考量於實際的事物變動，「知」與「行」是不可分的，而所謂的「修養」便是如實地展現在「篤實」的活動中。

所謂「均衡」的真實價值與意義，就展現在「生活」當中。「權」必須根據事物的實際狀態來應變，其中的應變不僅考量事物的「量」，並且也思索著事物的「質」；更重要的是，「權」必須保有靈活的動態——在其桿秤上（「權」的隱喻意義）尋得它應有的「位置」。

我們如何破除這種「假性」的平衡呢？唯有時時保持良好的溝通態度、謙卑學習的精神，以及無限性的自我轉化，才能發揮出「良性」的平衡機制。據此，「執中為近之」還給予我們一個莫大且具靈活性的啟示，那便是：正因為「接近」於道，所以自心必須更為謙卑與謹慎，勿以「執中」的心態而自滿於當前，往往「過」與「不及」就是這樣產生的；至於是否能「完成」道的理想境地，那這將成為時時叩問自我、充實自我的最好原動力。

〔註74〕《孟子・盡心上》。參見國立編譯館主編：《十三經注疏分段標點 20・孟子注疏》，頁 579。

〔註75〕根據朱熹的看法：執中無權，則膠於一定之中而不知變，是亦執一而已矣。參見〔宋〕朱熹：《四書集註》，頁 197。

　　在《孟子》的論述中，我們能體會到他對中道思想的掌握；然而，在時代的巨大轉變中，我們也依稀可以嗅得其「權」的意義已經有所轉化，其實質上不僅考量到「務實」之層面，它更有大量「現實」性質的挹注。〔註76〕《孟子》書中對「權」的引申，讓我們觀察到春秋與戰國時代氛圍的不同，而同時也使我們體會到思想本身自我的再度轉折。然而，縱使孟子在面對這一變動氣流的與春秋時代不同，但其「中性品質」的呈現與其因應的態度是不變的，因為孟子尚保有自省於心（良知），以及落實於事（良能）的相輔相成之品質。

　　以「重新再迴轉」來看待中道思維，其實不是嚴苛的要求，反經由這樣的不斷「迴轉」來闡明我們生命中「活絡」的體質——生命有其無限的潛能。「道」的本身，就是在這「變動」中而被引申出來的。誠如孔子絕不輕易稱讚一個人已是一位「全人」（仁）一樣（其實也包括孔子自己）；時時保持在一個可以朝良性發展的狀態上，正是其中的寓意。

　　在子張請益於孔子，針對子文與陳文子有何歷史之定位時，我們可以發現孔子對中道精神的最終期望：

> 子張問曰：「令尹子文三仕為令尹，無喜色；三已之，無慍色。舊令尹之政，必以告新令尹。何如？」子曰：「忠矣！」曰：「仁矣乎？」曰：「未知，焉得仁？」「崔子弒齊君，陳文子有馬十乘，棄而違之。至於他邦，則曰：『猶吾大夫崔子也！』違之。之一邦，則又曰：『猶吾大夫崔子也。』違之。何如？」子曰：「清矣！」曰：「仁矣乎？」曰：「未知，焉得仁？」〔註77〕

　　很顯然的，孔子對「完全人格」的期望並不是出自於嚴苛的態度，其依循的方向是本於生命中的「和諧性」所開出。對於子文「無喜色」、「無慍色」的態度，孔子並無否定，但也無予極力的肯定，「忠」似乎是最為誠懇的定位；在「人間秩序」的掌握程度上，子文或許只有完成「盡己」的部分而已（忠也者，盡己也）。然而，孔子要子張思考的是，除了「盡己」（自省）之外，尚須有「推己」（運用）應對部分。另外，在對於陳文子的政事定調上，孔子所給

〔註76〕　孟子曰：「可以取，可以無取，取傷廉；可以與，可以無與，與傷惠；可以死，可以無死，死傷勇。」《孟子·離婁下》。參見國立編譯館主編：《十三經注疏分段標點20·孟子注疏》，頁369。筆者按：孟子不但內心思索也同時付諸行動。因為，真實的參與包括對自我的省思以及對客觀事務的考量。「智慧」正在這樣的參與中不斷被引領出來，而絕非只是單靠空洞的理想架構來呈現。

〔註77〕　《論語·公冶長》。參見國立編譯館主編：《十三經注疏分段標點19·論語注疏》，頁118。

予的是「清」；對於陳文子是否能稱之為「仁」（全人），孔子依然是語帶保留的。同樣的，「清」的定調沒有直接否定的語氣，但孔子也不希冀子張效法之；在「違之」的態度與行徑表現上，抽離「人間」極可能是孔了所擔憂的事實。

當然，對於「人間秩序」的關注向來是儒家的思想核心，但絕對不要誤認為「人間秩序」只是注重外在「事功」而已，當生命據實的落實在人間的運行中時，生命同時是充滿「省思能力」的。換一個角度來看，孔子對於評論人事物的態度也誠如他對自我的期許一樣，他時常站在「中肯」的立場來思索這些課題（也已中肯的心境在觀察自我）；表面上是對於「人間秩序」的評斷，但事實上已是同步進入狀態中，以其自我省思與真實體驗的方式來陳述他的見地；這明顯的也是「中性品質」的呈現。

《孟子》對「全人」之思有進一步的思索，也以「中肯」的精神來審視所謂「中道」的實質內涵。在其對歷史人物的定調中，我們也能觀察到古典儒家對生命的期望與自許。

> 孟子曰：「伯夷，聖之清者也；伊尹，聖之任者也；柳下惠，聖之和者也；孔子，聖之時者也。孔子之謂集大成。集大成也者，金聲而玉振之也。金聲也者，始條理也；玉振之也者，終條理也。始條理者，智之事也；終條理者，聖之事也。智，譬則巧也；聖，譬則力也。由射於百步之外也，其至，爾力也；其中，非爾力也。」〔註78〕

在為這些「聖者」定位之前，《孟子》是這樣分析的：

> 聖之「清」者——目不視惡色，耳不聽惡聲。非其君不事，非其民不使。治則進，亂則退。〔註79〕

> 聖之「任」者——何事非君？何使非民？治亦進，亂亦進。〔註80〕

> 聖之「和」者——爾為爾，我為我，雖袒裼裸裎於我側，爾焉能浼我哉？〔註81〕

〔註78〕《孟子・萬章下》。參見國立編譯館主編：《十三經注疏分段標點 20・孟子注疏》，頁 428。

〔註79〕《孟子・萬章下》。參見國立編譯館主編：《十三經注疏分段標點 20・孟子注疏》，頁 427。

〔註80〕《孟子・萬章下》。參見國立編譯館主編：《十三經注疏分段標點 20・孟子注疏》，頁 427。

〔註81〕《孟子・萬章下》。參見國立編譯館主編：《十三經注疏分段標點 20・孟子注疏》，頁 428。

聖之「時」者──可以速而速，可以久而久，可以處而處，可以仕
而仕。〔註82〕

這些「聖者」展演了不同的形象，在他們各自所擁有的條件當中，《孟子》似乎沒有進行所謂高低或好壞的評論（《孟子》只是將他們同時並列出來）〔註83〕；唯一的一項事實是，在這些「聖者」身上，他們各自所具備的「特質」，都將只是指向成為聖者之路的一部分條件而已。就算是孔子，也須不斷朝「全人」的方向前進。然而，孔子的角色正是在凸顯中道的核心問題──時時保有「中性品質」（時）。

孔子不是「清」，也不是「任」，更不只是二者之間所折衷出來的「和」，他展現的是「時」──不是「此」，也不是「彼」，更不只是在「彼此」之間的游離；孔子所展現的是，在此吸收與轉化的歷程中，推演出更多可能的他者，真正的智慧正被隱藏在這些「可能性」當中。

換言之，所謂的「聖之時者」，極具其潛能地可以呈現出其他三種「品質」，並且持續行進在轉化自我的歷程當中。

值得注意的是，《孟子》以音樂演奏的歷程來譬喻孔子的「中性品質」，其中實已蘊含「和諧性」的隱喻。起於「金聲」終於「玉振」，演奏歷程具備了協調性與完備性。協調，是對「智性」的展露；完備，是對「聖性」的努力。誠如所言，「智性」所啟動的是「技巧」的掌握，「聖性」所引領的是「精進」的態度。兩相參照，行走在「中道」的進程中，「內在信念」與「外在狀態」必定要相融相成。「和諧性」的隱喻顯現著生命的總和，這實然回歸到自我認同與群體相互認同的思考上；在其相互調和的歷程中，當發則發，當收則收。

據此，所謂聖之「時」者理當有底下幾項意涵：其具備著知性的思索（有其自省的判定），情感的融入（有其投入的精神），以及實際環境的參照（有其靈活變動的質地）。理智與情感交融之後，可以相互消解各自的不足；狀態可以是清晰的，但是沒有一個明確可以被定義的條例，因為我們必須不斷融合並且轉化自我，使之保持更具活性的狀態而前進。這正是所謂的：「從容」。

事實上，《孟子》是這樣評斷過伯夷的：如果只是省思自我而忘卻群體，那

〔註82〕《孟子·萬章下》。參見國立編譯館主編：《十三經注疏分段標點20·孟子注疏》，頁428。
〔註83〕筆者按：這樣的呈現方式，極可能是要讓這些「品質」產生相互參照的效應，進而再從中論定其各自存在的意義與價值。

極有可能讓自我的心胸走向「狹隘」；嚴格的自律極有可能因此而展現出對群體的放棄（這是某種程度上的「不及」）。而其對柳下惠的定論是：如果只是假性的中和，那散漫的態度就會顯現而出，標準表面上是沒有的，但是中道也同時被埋沒，那隨和也極可能會變成隨便（這是某種程度上的「比而不周」）。〔註84〕

因此，自我認同與群體認同必定要相輔相成才行；唯有如此，才是處在「時中」的狀態。我們以為，孟子並不認為孔子只是片面擷取了這些「聖者」中各自良好的品質而已；事實上，孔子是從中吸收並轉化這些品質，進而能將自我體驗出來的「自得」落實在生活的運作中（周而不比），並時時再度檢閱自我所融通出來的品質是否可以再繼續被提升（所謂的「集大成」）。

《孟子》給於孔子這樣「聖之時者」的評價，事實上不是美化孔子，反倒讓我們省思，「中性品質」自身是這樣的謙卑學習、靈活運用，並能長期接受更為適中的考驗來轉化自我。

在「成仁」這條自我期許的進程上，《孟子》以「時」的觀點來看來闡釋孔子的生命情態（事實上是「中性品質」的呈現——古典儒家對理想人格的追尋）；實體現出戰國中晚期之整體文化思潮對動盪「時局」的關注。《論語》中的「節用而愛人，使民以時」〔註85〕的觀點，顯然已在這「大氣流」中有所轉化；《孟子》的「以時」早已表現出對「實際狀態」的關懷，實將《論語》中的「以時」大所發揮。這也同時提點我們一項事實，即是從「中性品質」所引領出來的「活絡」思維模式，正可因應時代而不斷被推陳出新；《論語》中的「通見」正持續發揮它思想多元化的效應。

生命的融通，正是如實的面對變化的實境。「中道」就顯現在變化的歷程中，所謂「中」，正是靈活且不斷地善用自我的生命。

> 浩生不害問曰：「樂正子，何人也？」孟子曰：「善人也，信人也。」
> 「何謂善？何謂信？」曰：「可欲之謂善，有諸己之謂信，充實之謂
> 美，充實而有光輝之謂大，大而化之之謂聖，聖而不可知之之謂神。
> 樂正子，二之中，四之下也。」〔註86〕

〔註84〕孟子曰：「伯夷隘，柳下惠不恭。隘與不恭，君子不由也！」《孟子・公孫丑上》。參見國立編譯館主編：《十三經注疏分段標點 20・孟子注疏》，頁 169。

〔註85〕《論語・學而》。參見國立編譯館主編：《十三經注疏分段標點 19・論語注疏》，頁 22。

〔註86〕《孟子・盡心下》。參見國立編譯館主編：《十三經注疏分段標點 20・孟子注疏》，頁 626。

由自我認同外推並受到群體之認同正是「善」，能從群體認同再回歸於自我認同則是「信」；然而，若能從中「充實」兩者則能更為理想（美）。其所謂「充實」正是啟迪自我與群體之間的相互成長與相互認同的進路，然這一進程中實已展現出生命必須在不斷進行「調整」的意義。「二之中」似乎還有所不足，生命應當內外調和，進而從中開出新意，才能朝向美、大、聖、神前進。

　　「大」，正是充實自我，讓更多的可能性注入生命當中；而「化」，則是轉化自我，讓更多的創造力由此而生；「大而化之」正是展演生命在不斷變動的實境中所能安立的情態。事實上，「聖者」正是在不斷細心傾聽與審視己志的狀態中朝完善前進的；所謂的「神」，即是變化，當我們將生命與宇宙的變化同步時，我們的生命品質是相當開闊的──傾聽事態的變動，審視自我的轉化。「聖者」為何「神」而不可知，其確切的理由正在於，「聖者」正生活在「平凡」而多變的人間。〔註87〕「道」不是不可知，「道」正是回到人的「自身」而呈現。誠如孔子所謂：「人能弘道，非道弘人。」〔註88〕；從容地行走在「道」中，我們所展現的是持續不斷提升自我的「中性品質」。

　　在一則對《詩經》的評價中，孔子相當細膩地以「中肯」的角度來陳述他內在最為深層的感觸，並以「反身」而出的觀點來表明他最終對人生的品味。實充斥著一種「從容」的人生韻味。

　　　　子曰：「〈關雎〉樂而不淫，哀而不傷。」〔註89〕
所謂的「樂」，不是在失衡的過程中所引發的「快樂」（淫），它所展現的是一

〔註87〕筆者按：「聖者」絕對不是「神秘」的化身，也不是「絕對權威」的宣揚者；「聖者」是如實面對人間的行者。誠如子貢所體會的：「君子一言以為知，一言以為不知，言不可不慎也！夫子之不可及也，猶天之不可階而升也。夫子之得邦家者，所謂立之斯立，道之斯行，綏之斯來，動之斯和。其生也榮，其死也哀，如之何其可及也？」《論語·子張》。參見國立編譯館主編：《十三經注疏分段標點19·論語注疏》，頁434。也誠如顏回所感悟的；顏淵喟然歎曰：「仰之彌高，鑽之彌堅，瞻之在前，忽焉在後，夫子循循然善誘人。博我以文，約我以禮。欲罷不能，既竭吾才，如有所立，卓爾！雖欲從之，末由也已！」《論語·子罕》。參見國立編譯館主編：《十三經注疏分段標點19·論語注疏》，頁201。「聖者」沒有離開人間，聖者正以他自身的體驗來呈現「道」的豐富性；因為，「聖者」生活在「時」當中。
〔註88〕《論語·衛靈公》。參見國立編譯館主編：《十三經注疏分段標點19·論語注疏》，頁359。
〔註89〕《論語·八佾》。參見國立編譯館主編：《十三經注疏分段標點19·論語注疏》，頁79。

種經由轉化後的穩健「喜悅」。所謂的「哀」，不是在失衡的過程中所觸及的「悲傷」（傷），它所展現的是一種經由轉化後的自然「動容」。「喜悅」與「動容」將生命的質地保持在「和諧」（中）上，它沒有太過，也沒有不及；生命自身表明了自身的思維，但不失其寬闊的心胸與得體的位置——正是所謂的：從心所欲，不踰矩。

如果「溫柔敦厚」是對《詩經》最為中肯的評價，那古典儒家的生命情態也可以就此與之畫上等號；當孔子在「論詩」的同時，他正誠摯地在為自我尋得一個「合宜」的定位。從容之道不僅「坦然」，它還保有一種「欣然」，並且是行走在人間秩序當中地一種「實然」。

在一次與弟子以經驗分享的角度而進行對話的情境當中，孔子藉此展現其自身對生命的最大期望。門人各自以其自身的觀點來陳述他們對自我人生的期許，從中我們不但窺視到門人各自有著不同的性格之外，我們還看到古典儒家多元的生命氣質。在其對話中，我們看見《論語》所建構的理想世界之縮影。

> 子路率爾而對曰：「千乘之國，攝乎大國之間，加之以師旅，因之以饑饉；由也為之，比及三年，可使有勇，且知方也。」夫子哂之。「求，爾何如？」對曰：「方六七十，如五六十，求也為之，比及三年，可使足民；如其禮樂，以俟君子。」「赤，爾何如？」對曰：「非曰能之，願學焉。宗廟之事，如會同，端章甫，願為小相焉。」「點，爾何如？」鼓瑟希，鏗爾，舍瑟而作。對曰：「異乎三子者之撰。」子曰：「何傷乎？亦各言其志也。」曰：「莫春者，春服既成；冠者五六人，童子六七人，浴乎沂，風乎舞雩，詠而歸。」夫子喟然歎曰：「吾與點也。」〔註90〕

子路率性與務實的性格，直接展現在他對人間秩序的重整抱負上，公共事務的參與似乎是他認定生命意義的重心；然而，過度自滿的語氣，極可能讓「自信」反而產生因過而不及的效應。雖然「可使為勇，且知方也」，但不免缺乏內在的涵養與謙卑的品格，驍勇善戰只是治標不能治本。孔子的「哂之」，不是嘲笑，而是希望子路可以藉此思索「中道」。

〔註90〕《論語·先進》。參見國立編譯館主編：《十三經注疏分段標點 19·論語注疏》，頁 258。

　　對於公共事務極有興趣的冉有而言，〔註91〕則從解決民生所需等基本經濟問題的角度切入；他心中的理想除了期望「可使足民」之外，也同時想企圖建立一個「富而好禮」的社會。因為他深知，「如其禮樂」的文明教養，將有待更多的聲音與力量來輔助（以俟君子）。出於對自我的省思，以及要朝向自我與群體的相互認同進路上（對文化的認知與學習），冉有的見地是被肯定的。古典儒家認為，實質的政治運作與其中所獲得的事功，將反應於一個德性上的自省與自知。

　　更為「謙卑」的心境與精神被呈現在公西華的「學習」態度上。公西華面對群體的心境正建立在面對自我的叩問上，「非曰能之，願學焉」正顯現出「中性品質」的深層意涵——學習、溝通、轉化的品質；「宗廟會同」實際上正藉由公共事務的運作來進行對文明的學習、思想的溝通，乃至意識的轉化（文化自身的活力——在交流歷程中體現和諧）。最終，「自我省思」將落實於人間的秩序而昇華；在整體和諧的共識中，我雖身為一個「小相」，但此「器」已有它自身的文化象徵與精神意義——於內、於外，可以融會貫通而為一。孔子為此，肯定甚高。

　　當一種所謂的「秩序」不再被以「秩序」來定名時，「生活」本身就顯現出其所謂的和諧狀態；嚴格地說，生命就運行在其運行的軌道上——對於「道」，不必再多言了。琴瑟的演奏似乎被停止了，但其美妙的餘韻正持續盪漾在曾皙所傳達的理想境地中（生命有了高度的自覺）。暮春三月，浴於沂水，舞雩詠歸，這幅人間圖像正在展演它「自身的秩序」；自身的秩序毋需多言，它只是在告知我們屬於它自身原有的「本然」。但理想並無建立在彼岸，「本然」就體現在其原有的人間當中；如此的一種「無言秩序」，正體現出前三者的思考與期待；它不但沒有選擇離開人間，更能從落實於人間的歷程帶動起協調與轉化的品質，朝更遠的未來持續邁進。「吾與點」的思維內涵，正保有其局勢穩定、經濟安康，以及文化涵養的實質意義。

　　四段對話中，從「哂之」到「喟然嘆曰」的心境轉折，事實上已層層揭開孔子自身對人生的思索與其轉化的心路歷程。

〔註91〕　筆者按：冉求同子路被《論語》稱之是具有「政事」品質的學生。子曰：「從我於陳、蔡者，皆不及門也。」德行：顏淵、閔子騫、冉伯牛、仲弓；言語：宰我、子貢；政事：冉有、季路；文學：子游、子夏。《論語·先進》。參見國立編譯館主編：《十三經注疏分段標點19·論語注疏》，頁242。

　　當孔子在表達對子路有某種程度上的惋惜時，我們可以發現《論語》對生命「純然」之本質還保有某種程度上的肯定。「哂之」，或許意味著，孔子對過於天真性格的自我陶侃（知其不可為而為之〔註92〕）。畢竟，使之「有勇」、「知方」已是相當不容易且難以施行的事情了。

　　在與冉求和公西華的對話中，孔子所表明的已非只是對期望價值的肯定；他啟發我們的是對生命的再認識與再提升；「以俟君子」、「願學焉」實體現出生命必須保有某種程度上的「柔軟」，在所能行經的歷程中隨時自我「調整」。

　　最終，生命展演它自己，信念中沒有所謂的壓力，真情的本然沒有受到汙染；曾皙並沒有說什麼，他依然還在演奏當中──對生命的期望，正是能安然地生活在世間。因此，期待就不再只是期待了，所謂的理想就被化為生活中的實踐。「喟然嘆曰」，不是永無止盡的感懷或是無病之呻吟；「喟然嘆曰」，是確切地再次面對人間的種種課題，是如實地再次面對生命的變化，是誠摯的再次面對自我的不足。這正是回到經由其轉化而自得的歷程，這是「中庸之德」的呈現。

〔註92〕子路宿於石門。晨門曰：「奚自？」子路曰：「自孔氏。」曰：「是知其不可而為之者與？」《論語‧憲問》。參見國立編譯館主編：《十三經注疏分段標點19‧論語注疏》，頁334。